地 方 創 生

―これから何をなすべきか―

橋本行史［編著］

創 成 社

はじめに

　地方の中心的な政策課題として取り組まれてきた「行財政改革」，そして「地方分権改革」「市町村合併」は一定程度実現したといわれる。しかし，地方の産業衰退と人口減少は依然として止まらない。

　そんななか，「地方創生」の政策名称を掲げて地域活性化と人口問題に取り組んできた第2次安倍内閣では，二度目の内閣改造時から国民総活躍という新たな政策目標が加わり，地方が取り組むべき政策の対象範囲は拡大した。

　政策用語である地域活性化や地方創生の用語の意味を追いかけても得るものは多くない。政策庄語として造られた地域活性化の内容は，地方のニーズに応じて産業振興，ガバナンス，コミュニティ，自然環境保全，伝統文化の継承，人材育成，安全安心，福祉充実などに拡がっていく。さらに地域活性化に加えて人口減少の克服が政策課題となって，地方創生の用語が新たに使用されるようになった。

　地方を取り巻く環境は実に多様で，地方創生のワンベストウェイは有り得ない。またグローバル化と少子高齢化によって地方を支援する国の政策や財政にも限界があり，地方は自らの創意工夫によって進むべき道を切り拓いていく必要に迫られている。

　当初は一部の地方で手探りの状態で始められた地域活性化への取組も，現在では全国各地で見られるようになった。地域活性化の成功事例も寄せられるようになった。そのなかには，やねだん，海士町，上勝町・神山町，小布施町，ニセコ町など，全国的に有名になった成功事例も存在する。成功事例には，豊かな文化の残存，キーパーソンの存在，住民の巻き込み，外部人材の活用，域外との連携，活性化に向けた継続的な活動などの共通部分が見いだされている。

　ただ成功事例とされる事例も，人口減少に歯止めがかからない点を見れば，表層的・一時的・部分的な変化はあるものの，深層的・継続的・全体的な変化，いわば地域社会の構造変化ともいうべき変化には至っていないと見ることもできる。

これまでに得られた知見をベースにして，地域活性化の手法は，地域資源を活かして産業振興を図る，観光振興や特産品開発に取り組む，特区を申請して規制緩和を行う，東京とネットワークを築いて活路を見いだすなど，また地域活性化の体制は，行政主体で進める，民間主体で進める，官民協働によって進めるなど，それぞれに地方の事情に合致したやり方で取り組まれている。全国で策定が進められていた地方版総合戦略も，2016 年 3 月末には出揃った。

　その一方で個別施策を統合した全体的な将来ビジョンは，人口減少が不可避であることもあって，未だ具体的な姿が見えてこない。地方は，「人口減少・低成長下でいかにして豊かな日常生活をおくるか」「東京一極集中が構造化するなかで地方の存在価値や役割は何か」という現代的課題に対して，先行事例を参照しながら，差し当たりできることから取り組んでいくことが求められている。

　本書は，先に発行された『地方創生の理論と実践　地域活性化システム論』（創成社，2015 年）の続編と位置付けて，地方創生にかかわる研究者が，自身のかかわりが深い事例を紹介しつつ考察を加えたものである。章立ては，今後の方向性（1 章），人口減少対策（2 章，3 章），歴史文化と観光・まちづくり（4 章，5 章，6 章），産業振興（7 章，8 章），財政・税制との関わり（9 章，10 章），人材育成（11 章，12 章）としており，いずれも第 2 段階ともいえる地方創生のあり方を論じた内容となっている。

　もともと本書は，地方創生の研究書・実践書であることを意図したものであるが，一般の読者にも理解していただけるように，図や写真を入れつつ，わかりやすく平易な記述を心がけた。前書ともども地方創生に関心を持つ方々に役立てていただければ幸いである。

　2017 年 8 月

編　者　橋本行史

| v

目　　次

はじめに

第 1 章　地方創生の取組と展望—成長モデルから定常モデルへ— − 1
1．日本経済の長期停滞と地方への影響　1
2．財政再建から地方創生へ　5
3．学術面からのアプローチ　9
4．国と地方の取組　14
5．課題と展望　19

第 2 章　防災・減災の観点から見た人口対策と地方創生
—長岡京市を例として— ━━━━━━━━━ 26
1．はじめに　26
2．世界の人口と日本の人口　28
3．長岡京市の事例　29
4．課題と展望　35

第 3 章　空き家問題と移住
— NPO 法人尾道空き家再生プロジェクトの活動を例として— − 38
1．はじめに　38
2．わが国の空き家の現状　38
3．「特定空家等」の問題　41
4．空き家問題の本質　43
5．事　例　46
6．まとめ　60

第 4 章　歴史的構造物の保存と活用—朝来市竹田城を例として— − 63
1．文化財の保存とまちづくりへの活用　63
2．歴史的構造物の保存に関する基本理念と問題点　64
3．わが国の城郭遺跡の保存と活用　66
4．竹田城（兵庫県朝来市）の現状　68
5．城郭遺跡の保存と活用（最後に）　77

第 5 章　文化（アニメ）による活性化
—「聖地巡礼」現象の第二フェーズに向けて— ━━━━━ 79
1．はじめに　79
2．「聖地巡礼」（コンテンツツーリズム）と地域活性化　80
3．「聖地巡礼」の先行事例　82
4．静岡県沼津市に見られる「聖地化」初期のファンの活動　88
5．課題と展望　92

第 6 章　地域の歴史を活かしたまちづくり
—大阪北梅田地区：茶屋町・鶴野町を例として— ━━━━ 95
1．私と地域のかかわり　95
2．茶屋町・鶴野町　96
3．代表的な歴史遺産　97
4．戦後史の一端　103
5．歴史に基づくまちづくり　104
6．再開発　105
7．まちづくり協議会　107

第7章　神戸の地域創生策としての起業家支援
―神戸の事例から―————————————————— 115
　1．はじめに　115
　2．阪神淡路大震災からの復興策　115
　3．財団法人阪神・淡路産業復興機構の設立　116
　4．公益財団法人神戸市産業振興財団について　117
　5．公益財団法人ひょうご産業活性化センター　120
　6．神戸市の新しい施策　スタートアップを育成するエコシステム作りの支援　122
　7．神戸ベンチャー研究会　128
　8．まとめ　134

第8章　国家戦略特区域指定と地方創生
―養父市 中山間農業改革特区―————————————— 136
　1．養父市の現状　137
　2．養父市中山間農業改革特区の概要　138
　3．養父市中山間農業改革特区の経緯　140
　4．養父市中山間農業改革特区の取組　142
　5．課題と展望　148

第9章　低補助金社会の実現
―吹田くわい栽培農家の地域活性化・社会貢献活動を中心にして―— 151
　1．はじめに　151
　2．吹田市における農地転用の推移　152
　3．吹田くわい生産農家・平野農園の場合　156
　4．プラットフォーム機能の拡充に向けて　160
　5．おわりに　162

第10章　地域活性化策としてのふるさと納税
―全国の特徴ある事例から―————————————— 166
　1．はじめに　166
　2．「ふるさと納税」の現状　166
　3．「ふるさと納税」の成功事例　170
　4．「ふるさと納税」の問題点　173
　5．「ふるさと納税」の効果と批判的指摘　175
　6．租税原則からの検討　178
　7．おわりに―地方創生策としての「ふるさと納税」―　180

第11章　地方創生における人材育成
―宮津青年会議所の地域で輝く人づくり―————————— 182
　1．はじめに：Act locally thinking globally and virtually.　182
　2．現代史における日本の国の在り方の流れ　184
　3．宮津青年会議所の取組　193
　4．近未来の教育　202
　5．おわりに　208

第12章　地域社会における組織学習
―鹿児島県長島町における地域おこし協力隊の活動事例から―— 216
　1．はじめに　216
　2．少子高齢化の進展と地域社会の動揺　218
　3．地方創生の課題　219
　4．研究方法としてのエスノグラフィー　220
　5．長島町のケーススタディ　223
　6．地域おこし協力隊の活動　227
　7．考　察　234
　8．おわりに　242

索　引　246

第1章　地方創生の取組と展望
―成長モデルから定常モデルへ―

1．日本経済の長期停滞と地方への影響

（1）グローバル化

　東西の冷戦が終結して市場のグローバル化が進み，労働コストが少しでも安い地域を求めて，日本を例にすると，最初は中国へ，次にベトナムへと，生産基地が世界中を移動する。それに輪をかけて標準化された部品の組合せによって製品を設計するモジュール化（交換可能で機能的なまとまりを持った構成単位にすること）が進み，製品の生産工程は驚くほど単純化された。

　製品の製造場所は国籍を選ばなくなり，生産基地の移転期間も短ければ数カ月と言われるほどに短縮された。また，革新的な製品も汎用IT部品の組合せで出来上がっているため，模倣が容易で製品の競争力は長く続かない。高価な製品も簡単に家庭に行き渡るようになってコモディティ化（日用品化，汎用品化）が進み，製品の価格だけが消費者の選択基準となってきてきた。マーケティングの手法も，製品の競争優位を獲得するために，機能的価値だけでなく，情緒的価値や社会的価値を重視する方向に向かっている（フィリップ・コトラーほか『コトラーのマーケティング3.0』，p.19）。

　競争が高度化して変化が激しい時代に，旧来の産業をそのまま残したり，昔ながらの企業経営を続けるだけでは，日本経済が今後成長することは難しい。このような経済環境の変化は，国はもちろんのこととして，地方のあり方に大きな影響を与える。

（2）経済の低成長

　まず日本経済の動向を国際比較の観点から見てみよう。国の豊かさを表す指標として使われる代表的な指標がGDP（国内総生産）である。GDPは，各国共通のルール（現在は2008年に国連によって勧告された2008SNA基準）に基づいて，一国の経済活動を付加価値ベースで明らかにする。物価上昇率を加味するか否かで名目GDPと実質GDPの2つに分かれるが，経済成長は物価上昇を一般的に随伴するので，名目GDPが通常使われている。

　この（名目）GDPを用いて，日本経済の長期的な停滞[1]を見てみよう。1990年代以降，日本経済は，バブル崩壊の影響から抜け出せず，「失われた20年」と呼ばれるように低成長が常態化することとなった。日本のGDPは，1996年4兆8,331億ドル（世界経済に占める比率15.2%），2000年4兆8,874億ドル（14.5%），2010年5兆7,002億ドル（8.6%），2015年4兆3,836億ドル（5.9%）と，金額と比率をともに下げた。その一方，中国が1980年代から急激な経済成長を遂げ，1996年8,637億ドル（2.7%），2000年1兆2,113億ドル（3.6%），2010年6兆1,006億ドル（9.2%），2015年11兆77億ドル（14.8%）と，金額と比率を増大させた。その結果，日本のGDPは，2000年に初めて中国に抜かれ，順位を米国，中国に続く世界第3位に下げた（内閣府HP「GDPの国際比較（1）主要国の名目GDP」）。

　ただ人口の多さがGDPを嵩上げすることを考えると，GDPが必ずしも真の国民の経済的な豊かさを表すわけではない。実際GDP世界第1位の米国でも，2015年の1人当たりGDPは5万6,066ドルとOECD加盟国中第5位である。日本の1人当りのGDPは，2000年3万8,535ドル（第2位），2010年4万4,518ドル（第13位），2015年3万4,522ドル（第20位）と金額と比率を下げるが，中国の1人当たりのGDP（OECD未加盟故に順位未算出）は，2000年959ドル，2010年4,561ドル，2015年8,028ドルと，2015年時点においても日本と中国の差は約4倍強ある。ただ，日本の経済的豊かさが世界に誇るレベルではなくなってきたことだけは確かである（内閣府HP「GDPの国際比較（2）主要国の一人当たり名目GDP」）。

　国家経済の指標が良くない状況で，地域経済だけが良くなることはない。地

第1章　地方創生の取組と展望 | 3

域経済の主要指標には鉱工業生産，百貨店・スーパー販売額，消費支出，完全失業率，消費者物価指数などが使用される例が多い（内閣府 HP「地域経済動向」各指数）。地域間で差異があるのは当然であるが，国の低成長は，地方の低成長の総和でもあって，これらのどの指標も大きな伸びを見せていない。加えて国の低成長は，国が地方に配分する成長の果実たる地方への財政支出を減少させ，ただでさえ財政の硬直化に苦しむ地方財政に追い打ちをかけ，地域経済をさらに下に押し下げる方向に働く。

（3）人口減少

　タイミングの悪いことに，経済成長と人口増加を所与の前提としてきた日本社会に経済面だけでなく人口面からも変化が訪れている。長らく人口増加が続いてきた日本は，出生率が次第に低下して少子高齢化が進んでいたが，2015年10月1日現在の国勢調査（速報値）で，総人口が1億2,711万47人と2010年10月1日の前回調査から94万7,305人（0.74％）減少し，1920（大正9）年の調査開始以来，総人口が初めて減少した。人口減少は，消費人口の減少と生産労働人口の減少に結びつき，需要と供給の双方で日本経済に悪影響を与える（総務省統計局 HP「平成27年国勢調査」，以下同じ）。

　人口減少のスピードは，中央よりも地方に大きく現れている。東京都の人口は，1,351万人と全国の10.6％を占めており，神奈川県の914万人，埼玉県の726万人，千葉県の622万人を合わせると，東京圏（東京都，埼玉県，千葉県，神奈川県の1都3県）の人口は3,613万人と全国の28.4％を占める。これに対して大阪府が884万人，愛知県が748万人で，東京圏の神奈川県よりも少なく，府県中最も人口の少ない鳥取県は57万人にすぎず，東京都や東京圏の人口集中は全国的にも抜きん出た存在となっている。

　人口や産業を始めとするあらゆるものの東京一極集中は，地方の過疎（人口減少，産業衰退）を加速し，東京と地方の格差を拡大する。もっとも東京への一極集中は，明治以来のもので今始まった現象ではない。しかし維新による首都の東京移転，中央への権力集中が行われて以降，中央集権の動きは大正，昭和，平成に至るまで続くが，戦後の高度経済成長期までは曲がりなりにも，政

治と経済，管理と現場，消費と生産というように，時の社会的要請に従って形を変えながらも，東京と地方の役割分担が成立していた。

　ところが高度経済成長期を終える頃から，経済のソフト化・サービス化が進み，企業の企画管理部門の重要性が高まって，情報が集まりやすい東京に本社を移転する動きが増えた。1990年代に入ると経済のグローバル化が進んで，東京がアジアの拠点として「世界都市」となり，東京集中の動きはさらに加速していく。

　人や企業が，政治や経済の中心地である東京に引き寄せられることは防ぎがたいところもある。経済・雇用・情報・消費・娯楽などのすべての点で，その魅力は他を上回っているからだ。日々進む都市機能の強化によって，東京の魅力はさらに輝きを増している。

　日本は，四方を海に囲まれた島国で国際交流が限られるため，対外的な経済的地位の低下を実感することは少ない。しかし経済成長なくして満足な防災予算や高齢者向けの福祉予算も組めない。国の経済成長は依然として重要であり，そのために東京が果たす役割は大きい。その一方で，取り残される形となった地方の不満も無視できない。東京一極集中による東京と地方の格差拡大に対して，社会分断を招かないためにもどう対処していくか，容易に解が見つからない難しい政策課題となっている。

（4）アベノミクスと地方創生

　第2次安倍晋三内閣では，経済の長期停滞に対処するために，アベノミクスと名付けた財政と金融が一体となった経済政策を展開している。具体的には，モノやサービスの価格が低下するデフレ経済を克服するために年2％のインフレターゲットを設定して，大胆な金融政策と機動的な財政政策の一体的実施，民間投資を喚起する成長戦略の実施という複数の経済政策を「3本の矢」として同時展開するものである。需要不足に対応するケインズ政策と供給不足に対応して民間投資を増やすというサプライサイド経済学を一体的に展開するところに特色がある（首相官邸HP「日本再興戦略 JAPAN is BACK」2013年6月14日）。

　また第2次安倍晋三内閣では，経済成長が政権の重要政策であることを強調

して，デフレ脱却に向けた決意を明らかにするとともに，地方の活力回復と人口減少問題に全力を挙げることを表明している（「安倍晋三　アベノミクス第2章起動宣言」『文芸春秋』2014年9月号）。「地方創生」とは，2014年9月の内閣改造時から使われはじめた用語で，地域活性化と人口減少対策の2つの内容を持っており，アベノミクスの「3本の矢」の1つである成長戦略の中に位置付けられる（2014年9月3日第二次安倍改造内閣発足時の総理記者会見）。

　その後，自民党総裁選で再選された安倍晋三首相は，2015年からの3年間をアベノミクスの第2ステージと位置付けて，「一億総活躍社会」の実現を掲げて，アベノミクスの「新しい3本の矢」として，希望を生み出す強い経済，夢を紡ぐ子育て支援，安心につながる社会保障を打ち出した。また具体的な目標として，子育てや介護と仕事を両立しやすくして女性や中高年の働き手を増やそうとする「働き方改革」を掲げている（2015年9月25日安倍晋三首相総裁選再選時の記者会見）。「一億総活躍社会」が目指すところはアベノミクスと同じとされるが，経済面から社会面の変革にやや重点が移された印象がある。

2．財政再建から地方創生へ

（1）過疎の進行

　1979年に英国のサッチャー政権誕生と時を同じくして，小さな政府を目指して行政の無駄をなくそうとする行財政改革が全世界に広がった。1980年半ばから日本でも本格化し，多くの地方自治体において，新自由主義の政治経済思想に基づいたNPM（新公共経営）を指導理念として掲げて行財政改革が推進された。その後，地方の行財政改革が一段落すると，新しい公共（多様な主体との協働）あるいはネットワーク型ガバナンスへと理念はチェンジされつつも，行財政改革の取組は現在も続いている。

　地方は，低成長による税収低迷と高齢化による社会保障費の増大によって慢性的な財政危機にあるものの，2007年6月25日に公布された地方財政健全化法の下，懸命の歳出抑制によって財政事情は改善傾向にある。

　2007年度決算によると，地方財政健全化法に基づく財政健全化団体は青森

県大鰐町1町外19団体，財政再生団体は北海道夕張市1市であったのに対して，2016年度決算によれば，財政健全化団体が青森県大鰐町1町，財政再生団体は北海道夕張市1市となり，2017年度からは，財政健全化団体は大鰐町が抜けてゼロ，財政再生団体は夕張市1市だけとなった。

この間，地方は「無い袖は振れない」の比喩で示される如く，行政コストの削減・行政サービスの見直しによって歳出削減を進めた。その一方で，過疎が進行し，地方の活力回復を図る地域活性化（後の地方創生）が，最重要の政策課題としてクローズアップされるようになった。

2015年4月に総務省と国土交通省が共同で行った「過疎地域等条件不利地域における集落の現況把握調査」では，65才以上の高齢者が半数以上の限界集落は15,568を数え，調査総数の20.6％に上り，そのうち801集落が高齢者率100％に達する（国土交通省HP「平成27年度過疎地域等条件不利地域における集落の現況把握調査報告書」）。また国立社会保障・人口問題研究所の地域別将来人口推計は，全都道府県での人口減少と数多くの市町村でさらなる人口減少を予測する（国立社会保障・人口問題研究所「日本の地域別将来推計人口（平成25年3月推計）」）。さらに2014年6月に日本創成会議が公表した「若年女性人口が2040年に5割以上減少する市町村は896（全体の49.8％）に達し，そのうち人口1万人未満は523（全体の29.1％）にのぼる」との予測と「消滅自治体」リストは，日本社会にもたらす人口問題の負の影響を改めて認識させた（日本創成会議・人口減少問題検討分科会提言「成長を続ける21世紀のためにストップ少子化・地方元気戦略」（平成26年5月8日））。加えて，農林業センサスによれば，荒廃農地（客観ベース）の面積は，実績値で2014年27万6千ha，そのうち再生利用可能な用地13万2千ha（47.8％），再生利用困難な用地14万4千ha（52.2％）となり，また耕作放棄地（主観ベース）の面積は，2014年36万9千ha，2015年には42万3千haに上っている（農林水産省HP「荒廃農地の現状と対策について」）。

国は，こうした事態に対応するために，地域活性化に向けた政策一元化を目指して国の組織を整えるとともに，地方への支援措置を強化・多様化している。地方も，独自にあるいは国の支援を受けて，地域活性化に向けた取組を活発化させている。しかしながら，グローバル化による経済の低成長や人口減少

を受けて地方の過疎は進む一方で，インバウンドの外国人観光客に沸く地域，地方行政の拠点が置かれた地域，東京や隣接県を含む東京圏域などの一部地域を除いて，多くの地方が未だ活性化の糸口を見いだせていない。

（2）地方創生の意義

政府のまち・ひと・しごと創生本部のHPでは，地方創生を「人口急減・超高齢化という我が国が直面する大きな課題に対し政府一体となって取り組み，各地域がそれぞれの特徴を活かした自律的で持続的な社会を創生（すること）」と定義している（首相官邸HP「まち・ひと・しごと創生本部」）。

しかし地方創生（地域活性化，人口減少対策）は，時の政府が掲げる政策用語で，その内容は政府の方針，環境やニーズに応じて変化するもので，用語の定義や用語の語源を迫っても得るものはさほどない。

そもそも地域活性化という用語が，政府によって使用され始めたのは何時頃からか。国は，実は第4次全国総合開発計画の策定時から，地域の経済成長・経済発展を連想させる地域振興や地域開発という用語に替わって，地域活性化の用語を使い出している。地域再生もほぼ同時期から使われているが，地域再生法（2005年4月施行）によって法律名称となった。2014年9月3日の第2次安倍晋三改造内閣発足時の総理記者会見からは，地方創生の用語が新たに使用されている。

当初，地域活性化の用語は，地域に経済的活力を取り戻す政策一般を意味していたが，現在は経済の低成長と人口減少の構造化によって，取り組むべき政策範囲が広がり，意味する内容も広がっている。過疎化の進行は，経済活性化の限界を知らせ，人々の関心を人と人のつながりや身の回りのことに向かわせる。また政策を知るために政治的参加を求めるようになる。そのため，今日では地域活性化は，経済，社会，政治の大きく3つの政策面からアプローチがされる内容を持つようになったといえよう。

もっとも経済の活性化は，依然として地方創生の最大のテーマである。現代社会において，経済が日々の生活を成立させるための基本となっていることは否定しがたい。聖書に出てくる有名なフレーズに「人はパンのみにて生くるに

あらず」（マタイ福音書第4章1-11）の言葉は，反面で「人はパンがなければ生きられない」ことでもある。

　そのため地域活性化の意味・内容は，「住み・働き・憩う」（あるいは「居・食・住」）という生活の3要素のうち，「働く」ための経済活性化を中心にしつつ，「住む」「憩う」の要素を加えて「生活の質」（QOL）の向上を目指したものとなる。言葉を替えていえば，地域活性化は，当初はGDPに代表される経済的豊かさを示す「量」を中心に置きつつも，次第に主観的な価値判断を加えた「質」重視へと幾分か舵を切ることになる。地方創生は，その地域活性化に人口減少の克服を加えた意味を持っている。

（3）地方創生における国と地方の役割

　地方創生が創り出された政策用語であるからといって，国の役割がなく，何もせず傍観しておればよいということではない。低成長・人口減少の時代において，地方の打つ手が見当たらないときであるからこそ，経済の安定，社会の統合，環境の保全，安全安心の確保などの観点から，国が地方創生の枠組みや指針を示す必要性は高い。ただ国が取り得る経済政策は，財政政策・金融政策を除くと限られている。また国の縦割り行政を残したままで地方創生の旗振りをしても効果を生みにくい。

　他方で，地方内部にも問題を抱えている。生活共同体でもある地方では，変化に警戒心が強く，従来の仕組みや慣行を超えた試みが進みにくい。そのため内部から新たな事業アイデアが生まれにくく，出てきても賛同して支援してくれる人が少ない。結果として，地方創生は地方の利害に一番かかわることであるのに，当該地域で実施する条件が揃っているか否かの検討が不十分なまま，国から財源付きで降りてきた事業に，国のお墨付きという安心感と費用負担が少ないという財政上の理由から，横並びで取組むことになってしまう。

3. 学術面からのアプローチ

（1）展　開

　地域活性化を含んだ地方創生の学術研究は進められているが，決め手となる理論や政策は未だ打ち出せていない。その背景には，地方創生が多様な専門分野から成立する学際分野で，専門知識の蓄積と体系化が求められる独自の専門分野としては確立していないことと関係している。

　地方創生にかかわる研究は，行政学や公共政策学を中心に，社会学，経済学，経営学，都市計画などの分野で進められている。このうち産業分野では，産業集積論，内発的発展論，6次産業論など，まちづくりでは，コンパクトシティ論，コミュニティ論などの具体的な政策につながる研究も生まれている。今後の「伸びしろ」が期待できる観光に関しては，特産品の開発や観光客誘致を巡って，経営戦略・マーケティング，観光政策などの分野から積極的なアプローチが行われている。

　実証を重視する事例研究も進み，「葉っぱビジネス」によって大都市に新たな市場を開拓した徳島県上勝町，IT ビジネスのサテライトオフィスと空き家再生で有名になった徳島県神山町，消費地と結んだ特産品開発で有名になった島根県海士町など，地域内の経済循環ではなく，東京を中心とした大都市と結びつく形で事業を展開する新しいタイプの成功事例の報告もなされている。また，徳島県上勝町では，ゼロエミッションを目指す「ゼロ・ウェイスト運動」も始められ，地方創生は，経済活動だけなく社会活動にも拡大している。

　しかし，総需要が減退するなか，著名な観光資源を持ちインバウンドを対象にしたまったく新たな需要を生み出すか，世界を相手に取引するグローバル企業が存在するか，地方の行政拠点があるかなど，恵まれた条件を持つ地域を例外にすれば，東京に比べ条件に劣る地方の成長は難しい。

　各地で行われている「村おこし」「町おこし」「地域おこし」も，住民活動としての評価を別にすれば，その経済効果は必ずしも高いとはいえない。かの「一村一品運動」で有名になった大分県の各市町でも，後に，その経済効果そ

のものは必ずしも高くなかったというデータが出されている（若杉英治「グローバル化と地域活性化の行為主体─大分県の一村一品運動を事例として─」日本地方自治研究学会関西部会報告 2014 年 7 月 19 日）。先に挙げた成功例とされる地域でも人口減少は進み，地方創生モデルが確立されたとはいいがたい。

（2）理論・政策

　地方創生に関係して考えられる理論・政策とその問題点を整理しておこう。どの理論・政策も，絶対的に優れているといえるものはなく，一長一短がある。

① 国庫支出金・地方交付税などによる中央から地方への財政支出
　「ひも付き補助金」として批判されてきた国庫支出金，そして使途の定めがないことから地方では良質な資金と受け止められている地方交付税，これに地方分権改革の一環として進められた国から地方への財源移譲を加えて，国から地方への財政支出[2]を増やして，地方が使える公共投資などの資金を増やして地域振興を図ろうとする考え方である。しかし，国が抱える巨大財政赤字を考えると消費税の大幅な増税でもない限り，地方への財政支出がこれ以上増える見込みは少ない。

② 都市圏経済の牽引による地方へのトリクルダウン
　トリクルダウン[3]は，東京や大阪，名古屋などを中心とする大都市圏の経済を活性化させて外縁部に波及させていこうとする考え方である。しかし，総需要が減退して，国トータルの経済活性化に限界があるなかで，都市から条件が劣る地方へ，経済効果が簡単に波及するとは考えられない。

③ 国家戦略特区を始めとする規制緩和
　国家戦略特区制度[4]は，法令で規制されていた各種制限を一定地域に限定して緩和することによって経済活性化の起爆剤とし，成功例を全国に広げようとする考え方である。しかし新たな需要を生み出すのでなければ，規制緩和によって成功しても限られた需要を国内で奪い合うだけになってしまう。また規

制緩和の範囲が全国に広がれば，規制緩和の効果は減殺されてしまう。

④　地域主導のイノベーション

　地域に本格的で持続可能な経済活性化を実現するためには，一定規模の産業集積を創り出すような地域イノベーション[5]が期待される。確かにイノベーションによって新たな需要を呼び起こすことができるならば，地方間での需要の奪い合いも回避されよう。しかしそもそも地方は，金融・技術・資源などの条件面で都市に劣ることに加えて，イノベーションの主役となるべき人材流出が続いており，実現に向けてのハードルは高い。

⑤　東京から地方への移住・地方居住の推進

　国や地方の政策として，過疎化する地方に人口を呼び込むために豊かな自然や人と人のつながりを強調して，東京からそれ以外の地域へ，都市から農山漁村への移住や定住が推進[6]されている。伝統的なユートピアや田園回帰の思想を訴えるほか，高齢者の受入先を確保するという側面も持っている。しかし憲法で基本的人権の1つとして，居住移転の自由が保障されている以上，移住・定住の強制はできない。加えて東京一極集中が，個人の経済合理性判断の結果として生まれたという事実を見れば，条件整備が不十分なままで地方への移住・居住を訴えても効果は期待できない。高齢者の都心回帰現象を参照すれば，二地域居住の推進はともかく，地方への移住・定住政策には一定の限界を認めざるを得ないであろう。

⑥　地域資源を活かした経済活性化

　地域資源を活かした形で経済の活性化を目指す内発的発展論[7]は，外部からの大規模開発や企業誘致に頼らず，自立の精神に基づいて活性化を目指すという点で，地方自治の理念に適っている。地域内にある資源を使用することで事業の持続可能性という点でも優位性があり，またどのような地方であっても，特産品の開発や観光客誘致を目標に掲げて地域資源の活用に取組めるので，事業開始への敷居も低い。課題は，理論面よりも現実面にある。事業を

具体化するに際して，WHEN＝何時実施するか，WHERE＝何処で行うか，WHO＝誰が行うか，WHAT＝何を地域資源と捉えて事業にするか，WHY＝なぜするか，HOW＝どのように行うかという肝心の事業計画が何もないまま，地元にいわば白紙委任されているからである。したがって金銭面や生活面のリスクを負うことになる事業者（WHO）が簡単に決まらない。

⑦　豊かさの指標の見直し

「量から質へ」への価値観の転換は，生活の質（QOL）の高さの実現を地方創生ととらえて，政策目標を経済的豊かさの向上から精神的な豊かさの向上に移そうとする考え方である。確かに地方は，東京に比較して時間がゆっくり流れ，人と人のつながりも強い。しかし「質」をどのような指標で測るかは難しい。たとえば「経済的豊かさ」を「幸せ」に置き換えるとしても，「幸せ」の判断基準をどのように定めるかという理論的な難問がある。加えて地方が，不確かな「成長不要論」に陥って，地方での生活水準の向上を諦めてしまう危険がある。

（3）迫られる「成長モデル」からの転換

地方創生の基盤が雇用を生み出す経済にあることを前提とするならば，総需要減退下の地方創生は理論的にも事実上も難しく，いわば八方塞がりの状態にある。地方創生の成功事例においても人口減少が止まらないという現実は，総需要が回復しない限り，トータルとしての過疎は止まらないという冷厳な事実を浮かび上がらせている。

問題を解決するためには，国と地方がこれまでに掲げてきた，経済成長と人口増加を前提とした「成長モデル」ともいうべき社会経済モデルを変更するか，目標とすべきハードルを下げるかしか方法は残されていないように見える。さもなければ，地方は，無限のドグマに陥り，経済活性化に向けた取組を永遠に続けざるを得なくなる。では，どのように変えるか，あるいはどの程度ハードルを下げるか。

この問題にすでに現実問題として対応している地域も存在する。幾度かの市

町村合併でもはや行政区画ではなくなった小集落にその例は多い。山間部や海岸沿いの集落には，公共交通がまったくないか，コミュニティバスを含めて1日に数本しかバスが通らない地域が増えている。これらの地域では，働ける者は雇用を求めて都市部に流出して高齢化が進んでいる。地域の生活は，小規模な農業などによる食料の自給と公的年金で支えられているところも多い。

　では，集落よりももう少し規模を大きくして行政区画を単位として見た場合はどうか。炭鉱都市として栄えた歴史を持ち，炭鉱閉鎖後に観光振興を目的とした過剰投資から財政破綻に陥り，破綻から再生へのプロセスにある北海道夕張市は期せずしてその貴重な先例を提供している。

　夕張市では地方財政健全化法に基づく厳しい財政制約の下，地域の再生につながるいくつかの事例を見ることができる。第1は，民間企業や各種団体が，国のモデル事業等を上手く活用して，健康・福祉・環境・文化などの分野において地域内で事業を始めている例である。第2は，社会問題解決型企業や企業の社会貢献活動（CSR）が地域経済に一定の貢献をしている例である。第3は，スモールビジネスを起こして，新たなニーズをとらえて事業を展開している例である。確かにこれらの事業は未だ地域経済を支えるほどウェートはないが，人口減少が将来進んで地域の規模が縮小すると，地域経済を支えるに十分な存在になることが予想される。

　東京や大都市と比べれば競争条件が絶対的に劣ることを考慮すれば，あらゆる地方が「成長モデル」を目指すのでなく，それぞれのポテンシャルに従って，実現可能な地域ビジョンを選択してもよいのではないか。「時間が経っても変化しない」という意味を持つ「定常」[8]を「地域環境と合致した持続可能な，ほどほどの経済水準」という内容で使用するならば，地方が身の丈にあった「定常モデル」を選択して地域経営を行うことを認める時期に来ているといえよう。

　以下に「成長モデル」から「定常モデル」への転換イメージを3段階で整理してみよう。STEP1は，地方創生の開始期で，目指すべき社会を「成長モデル」に置いて，経済活性化を到達目標として経済面からのアプローチが試みられる。研究方法は地方創生の意味や内容を考える理論研究や先行例に対する事例研究

構成要素	STEP1	STEP2	STEP3
社会モデル	成長モデル	成長モデル 定常モデル	地域環境に応じたモデルの選択
アプローチ	経済アプローチ	経済アプローチ 政治アプローチ 社会アプローチ	選択されたモデルに応じた複数のアプローチ
到達目標	経済活性化	地域環境に合致した活性への知見	活性の持続可能性
学びのスタイル	理論研究 事例研究	事例研究	事例研究

図表1－1 「成長モデル」からの転換イメージ

出所：著者作成。

が中心となる。

　STEP2は，地方創生の展開期で，試行錯誤を繰り返しつつ行われてきた経済活性化の評価が出てくる時期である。目指すべき社会を「成長モデル」と「定常モデル」の双方に置くとともに，政治・経済・社会の3面から地域活性化に向けた多面的なアプローチが試みられる。地域環境に合致した活性への知見を得ることを目標にして，研究方法は成功事例・失敗事例の検証が中心になる。

　STEP3は，地方創生の安定期で，地域環境の分析が進んで，地域が持つポテンシャルが明確にされる。それにともなって，目指すべき社会が「成長モデル」か「定常モデル」のいずれかに決定される。目指すべきモデルに応じて複数のアプローチが試みられる。活性の持続可能性を目標にして，研究方法は引き続き事例研究が中心となる。

4．国と地方の取組

（1）国の取組
①　体　制
　国は，各省庁が個別に担当する地方創生政策とは別に，地方創生全般を統括する組織として，内閣官房に「まち・ひと・しごと創生本部」を設け，地方創

第1章　地方創生の取組と展望　|　15

生担当大臣を置くともに，内閣府に内閣府特命担当大臣（国家戦略特別区域担当）を置いて（兼任），地方創生政策と国家戦略特区を両輪にして地方創生を目指す組織体制を組んでいる。

　両組織の具体的な仕事の割り振りは，「まち・ひと・しごと創生本部」が，長期ビジョン・総合戦略（国・地方），財政支援（新型交付金など），情報支援（地域経済分析システム），人的支援（地方創生人材支援制度，地方創生コンシェルジュ制度）などを担当する（地域おこし協力隊は総務省の所管）。内閣府は，国家戦略特区を所管する。

② 　内　　容

　地方創生が政策月語として登場してからの国の地方創生にかかわる動きを年月順に見てみよう。国は，地方創生の推進組織として，2014 年 7 月 25 日，「まち・ひと・しごと創生本部設立準備室」を内閣官房に設置し，2014 年 9 月 3 日，「まち・ひと・しごと創生本部」を設置，同時に地方創生担当大臣を任命した。2014 年 11 月 28 日，「まち・ひと・しごと創生法」が成立した。

　2014 年 12 月 27 日，国は，地方に 2060 年までの「地方人口ビジョン」，および 2015 年度から 2020 年度までの 5 年間の目標や施策の基本的方向，具体的施策を定める「地方版総合戦略」の策定を求めた（地自法 245 条の 4〔技術的な助言〕）。

　「地方人口ビジョン」策定の前提は，国勢調査・社人研（国立社会保障・人口問題研究所）の「日本の地域別将来人口（2013 年 3 月推計）」（2040 年目途）の利用などを基本にする。「地方版総合戦略」は，政策分野毎に基本目標（数値目標），基本的方向，具体的施策と客観的指標を定めるとともに，客観的な効果検証の実施を要求する（2015 年 10 月をメド，2016 年 3 月末までに策定することを義務付け）。

　2015 年 1 月 9 日，国は，緊急経済対策のための補正予算を閣議決定し（「地方創生先行型」の交付金の規模が 1,700 億円に確定），2015 年 1 月 20 日，内閣府に地方創生推進室を設置し，総額 1,000 億の「地方創生加速化交付金」の創設を決定した（2015 年度補正）。2015 年 6 月 30 日，地方の自立性や官民連動を要件とした先駆性のある事業（頑張る地方の支援）に用いられる総額 1,080 億円の新型交付金（「地方創生推進交付金」）の 2016 年度創設が決定された。

16

日　程	事　項
2014 年 7 月 25 日	「まち・ひと・しごと創生本部設立準備室」を内閣官房に設置
2014 年 9 月 3 日	「まち・ひと・しごと創生本部」を設置，地方創生担当大臣を任命
2014 年 11 月 28 日	「まち・ひと・しごと創生法」成立
2014 年 12 月 27 日	人口問題の将来展望を示す「国の長期ビジョン」，人口減少の克服と地方創生のための「国の総合戦略」を閣議決定 〔閣副 979 号通知〕地方に 2060 年までの「地方人口ビジョン」，2015 年度から 2010 までの 5 年間の目標や施策の基本的方向具体的施策を定める「地方版総合戦略」の策定を求める（地自法 245 条の 4〔技術的な助言〕） 「地方創生先行型」約 1,700 億円，「地域消費喚起型・生活支援型」約2,500 億円の交付金を盛り込んだ緊急経済対策をとりまとめ
2015 年 1 月 9 日	緊急経済対策のための補正予算閣議決定（「地方創生先行型」の交付金の規模が 1,700 億円に確定，2014 年度補正）
2015 年 1 月 20 日	内閣府に地方創生推進室を設置，総額 1,000 億円の「地方創生加速化交付金」の創設決定（2015 年度補正）
2015 年 6 月 30 日	総額 1,080 億円の新型交付金（「地方創生推進交付金」）の創設決定（2016年度当初予算）
2016 年 3 月 18 日	「地方創生加速化交付金」の交付対象事業決定（第一次 906 億円）
2016 年 4 月～	1,201 事業が「地方創生推進交付金」の交付対象に認定

図表 1 - 2　地方版総合戦略に関係する主な出来事

出所：内閣府地方創生推進事務局 HP 等より作成。

　地方創生推進交付金は，自治体が計画した先駆的で実効性のある事業を選んで，その費用の半分を国が負担する仕組みで，効果が期待できる場合は最長で 5 年間交付される。2016 年度に創設され，1,201 事業が交付対象に認定された。1 事業あたりの交付上限額は，都道府県が 2 億円，市区町村が 1 億円で 2017 年度から各 1 億円引き上げられる。

（2）地方の取組

①　地域ビジョンの制度的な空白

　日本国憲法は，第 92 条において「地方自治の本旨」を地方自治の基本原則として定めるだけで，肝心の内容は何も定めていない。この規定は学説上，住民自治と団体自治を定めたものと解釈され，今日に至っている。もっとも，第 92 条は日本国憲法の原案となった GHQ 草案に日本側の要望によって後付けさ

れたもので，憲法制定過程から見れば，第 92 条は第 93 条から第 95 条の総則として置かれたものであって格別の具体的な内容を持たないという考え方も成立する。

これに対して地方自治法は，その理念として「この法律は，地方自治の本旨に基いて，地方公共団体の区分並びに地方公共団体の組織及び運営に関する事項の大綱を定め，併せて国と地方公共団体との間の基本的関係を確立することにより，地方公共団体における民主的にして能率的な行政の確保を図るとともに，地方公共団体の健全な発達を保障することを目的とする。」（第 1 条）とする抽象的な総括規定を設けるほかは，「住民の福祉の増進」（第 1 条の 2 第 1 項），事務を処理するにあたっての「住民の福祉の増進」と「最小の経費で最大の効果」（第 2 条第 14 項）の規定だけであって，地方自治や地方自治体が具体的に目指すビジョン（理念を姿にしたもの・将来のあるべき姿）を示しているわけではない。

地方が目指すべきビジョンはこのように留保されたままであったが，右肩上がりの経済成長がそれを許してきた。日本は，明治維新以来，欧米先進国のキャッチアップを目指し，経済成長に突き進んできた。戦後，高度経済成長を経て先進国の仲間入りを果してからもそれは変わらず，2 度のオイルショックや円高不況を乗り切ってきた。地方は，この間，格別のビジョンを必要とすることなく，国の成長に合わせておくだけでよかった。

しかし 1990 年代に入ると，日本は「失われた 20 年」に突入し，各国が経済成長を果たす一方で日本経済だけが長期にわたって低迷し，2010 年には，中国に GDP でも抜かれた。しかも，このような日本経済の低成長は構造化しており，当分の間は変化しそうにない。

地方は，産業と人口の両面において縮減が避けられないなか，国にこれ以上頼ることもできず，原点に帰って，自分のことは自分で決めるという地方自治の理念にしたがって，それぞれが地域ビジョンを決め，自らが進むべき方向を選ぶ必要に迫られている。

しかしながらこれまで，地域ビジョンが，制度面でも関係者の意識面でも具体的に取り上げられることはなかった。一致していたのは，住民自治（＝民主主義）を第一の価値に掲げるという観念的な部分だけであった。

② 地域ビジョンと総合戦略

改めて地方自治体の役割を考えてみよう。地方自治体は，住民生活トータルを対象とする関係から，その役割は，もとより１つに限定されず多面的で時代の変化と要請に合わせて変わっていく。その一方で，日本の地方財政は国に大きく依存しており，地方自治体は完全な自治体というよりも半自治体ともいうべき実質を持っている。したがって，地方の政策は，国の政策や指導に大きく左右され，あえて独自のビジョンは必要ないというリアルな考え方もあり得る。

しかし，国の低成長と人口減少は，産業と人口の両面で地方の縮減を余儀なくする。過疎は構造化し，活力の低下，賑わいの喪失，利便性の減少，景観破壊を招き，究極的には安全安心な住民生活を成立させなくしてしまう。地方での生活を守るために，低成長・人口減少下の地域ビジョンを真剣に考えるときが到来している。

地域の未来図を描いて，地域が進むべき方向を示し，必要なインフラを整備することは，民間ではできず，地方自治体にこそ求められる役割である。地方は，地域の盛衰の歴史を参考にしつつ，将来の環境変化を見込んで，地域が目指すべき姿を示して，施策分野や具体的施策の優先順位をつけていく必要がある。

ここにきて国が，「地方人口ビジョン」と「地方版総合戦略」を 2016 年 3 月までに策定することを地方に要求したことによって，ようやく画一的・総花的でない地域環境に合致した地域ビジョンの作成が問われることとなった。「総合戦略」の策定手順では，まず人口推計に基づいて目標人口を定め，次に「総合戦略」を策定する。「総合戦略」は施策を分野分けし，具体的な事業の提案を行う。この段階で施策や事業を選び出す基準となるのが，地域ビジョンである。「総合戦略」では，低成長・人口減少によって地域の縮減が不可避であるからこそ，「選択と集中」の戦略的思考が求められている。

5．課題と展望

（1）具体化への壁

　「総合戦略」の策定によって，地方にも「選択と集中」という戦略的思考を採り入れた事業計画が出来上がった。あとはどう実行していくかにかかっている。しかし課題は多い。

　第1は，準備体制である。地方自治法に定める「総合計画」（2011年5月2日改正で削除，同日付け大臣通知で引き続き策定可能）は，各部局の事業計画を積み上げて策定しており，「総花的」「金太郎飴」との批判はあるが，人員・予算・事業の調整は十分なされていることが多い。これに対して「総合戦略」は，「人口減少の克服」と「地方創生」という大きな目的の縛りはあるものの，施策の総合性・完全性よりも独自性に力点が置かれており，事前準備が遅れていることが多い。

　第2は，戦略の曖昧さである。「総合戦略」の前提となる「地方人口ビジョン」は，人口減少の経済的・社会的影響を最小限に抑えて地域の持続可能性を目指しており，目標値の設定にバイアスが働きやすく，試算数値よりもやや上のゾーンを目標に定める傾向がある。さらに「総合戦略」は，経済以外の価値も追求されるので経済政策としての性格が弱まってしまう危険がある。

　第3は，行政の事業余力である。「総合戦略」を事業化する段階で，策定を担当した企画部門から実際の事業を担当する事業部門に事業が下されるが，これまでに続けられてきた行財政改革によって事業部門はスリム化しており，既存事業で手一杯の状態の部門も多い。内部事務執行体制の大幅な見直しによる省力化，組織の再編成，プロジェクトチームの結成，外部人材の活用などによって事業余力を生み出す必要がある。

　第4は，民間の人材難である。人口減少の進行によって地方は年々高齢化が進むとともに，地域の経済や社会を支えるべき若者の数が絶対的に減少している。有為の人材を見つけるのはそう簡単ではない。

（2）地方の意味，役割

　東京と地方の絶対的な格差は拡大するとともに，地方の過疎（人口減少・産業衰退）は，当分の間は続く。地方で暮らす人の生活を守るために，東京を中心とした都市部から地方への財政支援は今後とも不可避であろう。その一方で，ただでさえ相当程度進んでいる地方の中央への財源・人材・政策の依存状況がこれ以上高まると，地方はたとえ独立した「体」（てい）を保っていても，その存続さえも国に依存する福祉団体化し，地方自治は名ばかりのものになってしまう。

　東京一極集中によって地方の東京への依存度が高まった今，この問題は，もはや東京と地方の対立という古典的な二項対立で捉えるだけでは解決しなくなった。また，トータルとしての底上げを考えればよい国と，それぞれが有する条件が異なる地方との間でも考え方は異なってくる。東京と地方が今後とも共存していくためには，東京に対する地方の意味，役割をもう一度，考え直すことが求められている。

　国際競争力の源泉としての東京の位置付けを認める一方，自然環境・歴史環境の保全機能，山林や水田による水防機能，人が居住することによる国防・治安機能，大規模災害時のバックアップ・リスク回避機能，経済・文化・生活の多様性そのものへの評価など，地方が持つ機能をもう一度新たな視点で洗い出して，東京に従属するだけでない地方の役割を示す必要がある。地方が採るべき進路も，地域固有の資源を見直して新たな需要を生み出す，東京との間に人・物・金・情報など様々なネットワークを構築して東京と地方の結びつきによって将来を切り拓く，あるいは社会面を重視して人と人のつながりを大事に生きていくなど，1つに決まったものはない。

　それでも地方より東京で暮らす方が，生活利便性が高く雇用機会にも恵まれ，何より刺激があって楽しいと語る人は多い。人間が持つ感情の問題はなお残されている。ただ徒らに悲観的になる必要はないのではないか。長い歴史のなかで，地方はこれまでも盛衰を繰り返してきた。今は「できることをやる」あるいは「できることからやる」こととして足元を固め，次に訪れるであろう機会を待つことも必要であろう。

【注】

1） 経済の長期停滞とは「通常の景気循環の不況局面を越えた，より長期的，趨勢的な
不況状態のことをいう」（小学館『日本百科全書』）。1990年代以降の日本経済の長
期停滞は「失われた10年」「失われた20年」として，規制緩和等が進まない日本
の特殊事情として理解される傾向があったが，ローレンス・サマーズ元米財務長官
が2013年11月にIMFの会合で先進国経済の長期停滞論（Secular Stagnation）を
提唱して，世界からも注目を集めることとなった。背景に日米欧に共通する要因
として，過剰な設備・貯蓄・労働力を抱えながらも，それを活用する投資機会の
不足があるとの認識がある。過去にもジョン・メーナード・ケインズ（1883-1946）
は，資本主義の発展につれて消費性向が低下して投資機会が枯渇するとして有効
需要創出を主張している（『雇用・利子及び貨幣の一般理論』pp.38-39）。またヨー
ゼフ・シュンペーター（1883-1950）は，資本主義の発展とともに合理主義・官僚
主義が蔓延って企業家精神の衰退を招くと指摘している（『経済発展の理論（上）』
pp.220-230）。

2） 定常とは「常に一定していること，変化のないこと」（三省堂『大辞林 第三版』）
をいう。流体力学・気象学，熱力学・統計力学，化学など，主に自然科学で使用さ
れる用語で，時間とともに変化しない状態を指している。社会科学でも用いられる
が論者によって意味付けが異なる。かのシュンペーターは，経済循環に関して，与
えられた条件が変化してもしなくても本質的に新しいものが生ずるのでなく経済主
体は新しい条件に順応するにすぎないとの視点から，経済が静態的な状況にあるこ
とを「静止的」「受動的」「（与えられた）事情によって制約された」「定常的」とい
う表現で表している（『経済発展の理論（上）』p.141）。広井良典（1961-）は，福祉
社会論の視点から「定常型社会」の特徴を「経済成長あるいは環境」に対して「成
長志向VS定常（ないし環境）志向」，「社会保障」に対して「大きな政府VS小さ
な政府」の2つの対立軸を設けて，「定常型社会」を「拡大／成長ということを目
標とせずとも存続しうる社会」と指摘し，それは「持続可能な福祉国家／福祉社会」
であると位置付ける（『定常型社会　新しい「豊かさ」の構想』p.142）。本章では，
地域経営論・公共経営論の視点から，広井良典に近い用法で「定常」を「過大な成
長志向でない地域環境に合致した経済発展」という意味で用いている。ただし，成
長志向でないことと一定で変わらないことは異なるので，「定常」の用語が適当か
否か，さらに検討する必要がある。

3） トリクルダウンとは「富める者が富めば，貧しい者にも自然に富が浸透するという
考え方」をいう。英国の精神科医バーナード・デ・マンデヴィル（1670-1733）が
『The Fables of the Bees: or, Private Vices, Public Benefits』（邦訳『蜂の寓話―私
悪すなわち公益』）によって提唱した考え方である。社会科学的な検証がなされた理
論ではなくその効果は明らかでない。サプライサイド経済学や新自由主義の立場から
主張されることが多いが，トリクルダウン効果に対して，大衆消費が充実した現代で
は経済成長についての有効性は低く，社会格差を拡大するだけだとの批判が強い。

4）　特区とは，「地域経済を活性化する目的で特定地域に限って経済規制を緩和する仕組み」をいう。小泉内閣の下で「構造改革特区」，民主党政権の下で「総合特区」が設けられ，現在も継続している。第2次安倍内閣で始まった「国家戦略特区」と「構造改革特区」「総合特区」との大きな違いは，これまでの特区が，単一の地方自治体が対象だったのに対して複数の地方自治体を含む区域が対象とされたこと，規制緩和の申請が地方自治体から国に行われていたものに対して，区域より出された提案を国が主導して方針を決める形になった点にある（内閣府地方創生推進室HP）。

5）　地域イノベーションとは，「地域」と「イノベーション」を合わせた造語であって，地域経済の活性化を目的にして地域内にイノベーションを起こして新産業を創出することである。イノベーション（innovation）は，ヨーゼフ・シュンペーター（1883-1950）によって最初に定義されたもので，既存のものを新たな組み合わせで結合することをいう。なおシュンペーターの初期の著書ではイノベーションではなく「新結合」の用語が使用されている。日本では，1958年の『経済白書』において「技術革新」と訳されたことによって，技術分野の革新に留まるように理解されるが，社会的な分野で大きな変化を起こすことも含まれる。参考までに以下シュンペーターの著書を引用する。「新結合が非連続的にのみ現われることができ，また事実そのように現われる限り，発展に特有な現象が成立するのである。（中略）。われわれの意味する発展の形態と内容は新結合の遂行（Durchsetzung neuer Kombinationen）という定義によって与えられる」（『経済発展の理論（上）』p.182）。「われわれが企業（Unternehmung）と呼ぶものは，新結合の遂行およびそれを経営体などに具体化したもののことであり，企業者（Unternehmer）と呼ぶものは，新結合の遂行を自らの機能とし，その遂行に当って能動的要素となるような経済主体のことである」（同書pp.197-198）。

6）　国および地方の長期債務残高は，2012年度末実績で国が731兆円，対GDP比149%，地方が201兆円，対GDP比43%と，国の財政状況は地方の財政状況よりも悪い（財務省HP「国及び地方の長期債務残高」）。国から地方への財政支出の大部分は，国庫支出金と地方交付税からなる。主要国における国と地方の財政関係を見ると，国と地方の役割分担の違いによっても異なるが，国の歳出に占める地方向け支出の比率だけを見れば日本が少ないとは必ずしもいえない。

（参考）主要国における国と地方の財政関係

	日本	米国	イギリス	ドイツ	フランス
年度	2008	2005	2005	2006	2005
国家制度	単一	連邦制	単一	連邦制	単一
税収比（国：地方）	57：43	55：45	94：6	44：56	78：22
地方自主財源比率	64%	83%	19%	83%（州）	61%
地方向け支出÷国歳出	39%	17%	23%	13%	21%
地方向け特定補助金÷国歳出	20%	13%（1999年度）	10%	8%	0.7%

第 1 章　地方創生の取組と展望　｜　23

（参考）つづき

	日本	米国	イギリス	ドイツ	フランス
財政移転後歳出比率 （国：地方）	38：62	46：54	73：27	40：60	58：42
財政調整の態様	垂直的調整	なし	垂直的調整	垂直的調整 水平的調整	垂直的調整 （一部，水平 的調整）
財政収支（対 GDP 比） 国	（見込） -2.9	（2005 年） -2.9%	（2005 年） -3.0%	（2005 年） -2.1%	-2.6%
地方	0.5	-0.7%（州）	-0.3%	-0.9%（州）	-0.1%

資料：日本の地方向け支出：財務省主計局「平成 20 年度地方向け補助金等について（政府
　　　案）」2007.12.
　　　財政収支：日本は内閣府「日本経済の進路と戦略 参考試算」2008.1.17, 他の国は
　　　OECD, National accounts of OECD countries, Vol.IV, 2006 ed.
出所：松浦茂「米英独仏における国と地方の財政関係」『調査と情報』612 号，pp.1-11（国立
　　　国会図書館，2008.3.27）.

7 ）　日本国憲法第 22 条第 1 項は「何人も，公共の福祉に反しない限り，居住，移転及
　　び職業選択の自由を有する。」，同第 2 項は「何人も，外国に移住し，又は国籍を離
　　脱する自由を侵されない。」と定める。第 1 項は，国内での居住移転の自由を保障し，
　　第 2 項は，外国への移住（一時的な海外渡航の自由を含む）を認めるとされる。第
　　1 項の居住移転の自由は，国内において住所又は居所を定めそれを移転する自由の
　　ほか，旅行の自由のように人間の移動の自由を含むかの議論がある。いずれにせよ
　　日本国憲法下，国内で個人の自由意思に基づかない地域への移住や居住は強制され
　　ないが，人口減少の克服と地域活性化の両面から地方創生の一環として，地方への
　　移住・地方居住が政策的に推進されている。政府は 2014 年 12 月に閣議決定された
　　「まち・ひと・しごと創生総合戦略」に基づいて，2015 年 5 月 27 日，地方創生促
　　進のために都市から地方への移住を推進する目的で，経済界や地方自治体などの代
　　表者らが参加する「『そうだ，地方で暮らそう！』国民会議」を開催し，地方移住
　　の推進を後押ししている。また，2017 年 1 月に総務省が都市部の 20 歳から 64 歳
　　の男女 3,100 人に行った調査では，移住希望を持つ 20 〜 30 代の男女は 42％と全世
　　代平均を 12 ポイント上回る結果が出ている。しかし，国の移住推進政策や若い世
　　代の移住願望が，実際の移住につながるのか否か，なお見守る必要がある。

8 ）　内発的発展論は，開発経済学の領域から，東アジアを中心とする発展途上国が他国
　　資本に依存しない発展を遂げることを指して使われ始めた。これに対して日本で
　　は，鶴見和子を中心とする社会学・民俗学からの内発的発展論，宮本憲一を中心と
　　する財政学・地域経済学からの内発的発展論，さらには池上惇を中心とした文化や
　　伝統を生かした人間や社会の質的発展を説く内発的発展論と多様な発展を遂げた
　　（若原幸範「内発的発展論の現実化に向けて」『社会教育研究』25 巻，pp.39-49）。
　　地方創生の文脈では，大企業誘致・大規模開発を排除して地域内にある資源を活か
　　した発展を目指すこととして用いられる。しかし東京や拠点都市の影響が高まるな
　　かで，外部資源の利用をまったく拒絶することはもはや現実的でなくなっている。

また，経営学で提唱される資源依存理論との違いが明確でないとの指摘もある。他方，内発的発展論は，環境を重視する点で，1992 年の国連地球サミットで採択された「環境と開発に関するリオ宣言」や「アジェンダ 21」の持続可能な開発の考え方と共通点があるともいえよう。

参考文献

池上惇（1986）『人間発達史観』青木書店.

石破茂（2015）「地方創生の課題と展望」地域活性学会「地方創生セミナー」資料，事業構想大学院大学（2015 年 8 月 4 日）.

ケインズ，J. M. 著，塩野谷祐一訳（1995）『雇用・利子及び貨幣の一般理論』東洋経済新報社.

コトラー，P.・カルタジャヤ，H.・セティアワン，I.・恩藏直人・藤井清美（2010）『コトラーのマーケティング 3.0 ソーシャル・メディア時代の新法則』朝日新聞出版.

シュンペーター，J. A. 著，塩野谷祐一・東畑精一・中山伊知郎訳（1977）『経済発展の理論（上）』岩波書店.

鶴見和子・川田侃編（1996）『内発的発展論の展開』筑摩書房.

鶴見和子（1989）『内発的発展論』東京大学出版会.

橋本行史（2016）「地域創生と幸福研究」『地域主権時代の諸問題（続編）』関西大学法学研究所研究叢書第 53 冊，pp.145-180.

橋本行史（2015）「地方版『総合戦略』の策定過程から見えるもの～成熟のワナをどう打ち破るか～」日本地方自治研究学会シンポジウム「地方創生と地方自治」講演資料，沖縄国際大学（2015 年 9 月 19 日）.

橋本行史編著（2015）「条件不利地域の活性化と農家レストラン」『地方創生 地域活性化システム論』創成社，pp.165-183.

橋本行史（2015）「兵庫県養父市—中山間地域の改革拠点—」『日本経済の再生と国家戦略特区』創成社，pp.87-120.

橋本行史（2013）「地域活性化概念に関する考察—地域活性化の様相と方向—」『地域主権時代の諸問題』関西大学法学研究所研究叢書第 48 冊，pp.119-160.

広井良典（2001）『定常型社会 新しい「豊かさ」の構想』岩波新書.

福浦裕介（2013）「地域活性化事務局における地域活性化施策」，地域活性学会「地方創生セミナー」資料，事業構想大学院大学（2013 年 12 月 3 日）.

藤原豊（2015）「『国家戦略特区』の創設—成長戦略の基盤，規制改革の突破口として」地域活性学会「地方創生セミナー」資料，事業構想大学院大学（2015 年 2 月 5 日）.

マンデヴィル，B. D. 著，泉谷治訳（1985）『蜂の寓話—私悪すなわち公益』法政大学出版局.

宮本憲一（1989）『環境経済学』岩波書店.

若原幸範（2007）「内発的発展論の現実化に向けて」『社会教育研究』第 25 号，pp.39-49.

第 1 章　地方創生の取組と展望　｜　25

参考 WEB

いろどり HP

（http://www.irodori.co.jp）.

国際一村一品交流協会 HP

（http://www.ovop.jp/jp/）.

国土交通省 HP「平成 27 年度過疎地域等条件不利地域における集落の現況把握調査報告書」

（www.mlit.go.jp/common/001145930.pdf）.

国立社会保障・人口問題研究所 HP「日本の地域別将来推計人口（平成 25 年 3 月推計）」

（http://www.ipss.go.jp/pp-shicyoson/j/shicyoson13/t-page.asp）.

島根県海士町 HP

（http://www.town.ama.shimane.jp）.

首相官邸 HP「日本再興戦略〜 JAPAN is BACK 〜（2013 年 6 月 14 日）」

（www.kantei.go.jp/jp/singi/keizaisaisei/pdf/saikou_jpn.pdf）.

首相官邸 HP「まち・ひと・しごと創生本部」

（http://www.kantei.go.jp/jp/singi/sousei/）.

徳島県上勝町 HP

（http://www.kamikatsu.jp）.

徳島県神山町 HP

（http://www.town.kamiyama.lg.jp）.

内閣府 HP「GDP の国際比較（1）主要国の名目 GDP」,（2）主要国の一人当たり名目 GDP」（http://www.esri.cao.go.jp/jp/sna/data/data_list/kakuhou/files/h26/sankou/pdf/kokusaihikaku20151225.pdf）.

農林水産省 HP「荒廃農地の現状と対策について」)

（http://www.maff.go.jp/j/nousin/tikei/houkiti/pdf/2804_genjo.pdf）.

日本創成会議 HP「日本創成会議・人口減少問題検討分科会提言「成長を続ける 21 世紀のために ストップ少子化・地方元気戦略」（平成 26 年 5 月 8 日）」（http://www.policycouncil.jp/pdf/prop03/prop03.pdf）.

文芸春秋 HP「安倍晋三　アベノミクス第 2 章起動宣言」（2014 年 9 月号）（http://gekkan.bunshun.jp/articles/-1100）.

第2章 防災・減災の観点から見た人口対策と地方創生

―長岡京市を例として―

1. はじめに

　著者の専門は土木工学の水工系分野と理系であり，自然災害とその際の避難に焦点を当てた研究・教育を行ってきた。自然災害の防災・減災に関するキーワードとして，都市化，地球規模の環境変化（地球温暖化）と高齢化があげられる。可住面積が国土の約30％のわが国では，人口の急増により，もともと浸水していた河川流域の低地や土砂災害の発生が懸念される山裾が急激に都市化されたため洪水被害や土砂災害が急増した。洪水災害が発生する低地は河川が運んできた土砂が氾濫堆積して形成された沖積平野であり，この国土の10％の低平地に50％の人口と75％の資産が集中しているのが現状である。土砂災害は3種類に分けられ，がけ崩れは急傾斜地崩壊危険個所，土石流は土石流発生危険渓流，地すべりは地すべり地帯で発生する。山を削って建設した道路や建物にはがけ崩れ，渓流沿いや扇状地にある建物には土石流，中央構造線やフォッサマグナなどの断層帯沿いでは地すべりが発生する危険性が高い。このような地形や地質の地区にも人口増加の関係で居住地や公共施設などの用地として利用せざるを得ない状況となっている。以上は地形や地質などの自然環境が人口と災害の関連を示しているが，社会環境の変化である高齢化も人口と災害に関連する。図表2-1は，わが国とアメリカ合衆国に大きな被害を及ぼした地震と高潮災害による被災者（死者）の年齢構成である。いずれの災害でも60歳以上の高齢者比率が50％を超えている。1995年1月17日に発生した阪神淡路大震災の主な被災原因は建物倒壊，2011年3月11日に発生した東日

第 2 章　防災・減災の観点から見た人口対策と地方創生　｜　27

図表 2 − 1　被災者の年齢構成

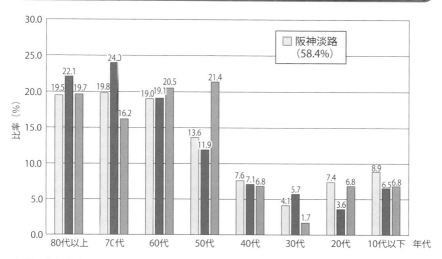

出所：著者作成。

本大震災のそれは津波，2012 年 10 月 30 日に発生したハリケーン・サンディは高潮による被害である。さらに，豪雨や台風に伴う洪水や土砂災害の被災者に占める 65 歳以上の高齢者率を 2009 年から 2011 年に発生した水害被害（浸水災害と土砂災害）のデータをまとめると図表 2 − 2 のようになる。水害や土砂災害でも高齢者の被災者が多いことがわかる。高齢者は自宅で土砂による被災が多く，避難時でも歩行中に被災している。これらのデータが示すように自然災害被害者も高齢化しているが，現在の高齢化率が 25％程度であることを考えると，被災者の高齢化率はその 2 倍以上となっている。これら自然災害に対する防災・減災対策を考える上で都市化や高齢化を含む人口問題を考慮する必要があり，地方創生対策の立案に必要な観点でもある。

　以下に，世界の人口と日本の人口を概観した後に，この章のテーマ「人口対策と地方創生」について，大学院のリレー講義担当者である著者が 30 年近く住みつづけている京都府長岡京市の都市計画審議会，総合計画審議会，地域創生推進会議に携わった関係から，その内容を紹介することとする。

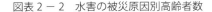

図表2－2　水害の被災原因別高齢者数

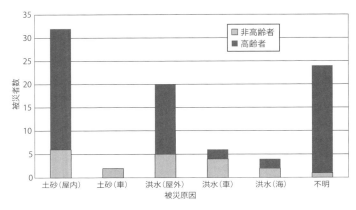

出所：著者作成。

2. 世界の人口と日本の人口

　世界の人口は1950年以降急増したが，ジョージ・フリードマンの「100年予測」によれば，世界人口は増加する地域もあれば減少する地域もあり，人口爆発と人口破綻が同時に起こるとされている。人口爆発の原因として乳幼死亡率の低下と平均余命の延長，人口破綻の原因として平均余命の延びの鈍化と養育費の増大（教育の長期化）があげられている。アフリカでは人口爆発が続くが，わが国は人口破綻となる国の1つである。人口の増減は出生率と高齢化に関係するが，2100年ごろにはアフリカの出生率も2.0に近づき世界人口の延びも鈍化すると予測されている。

　エコノミスト誌の「2050年の世界（Megachange The World in 2050）」でも人口問題の推計がなされ，わが国が出生率の低下と高齢化により生産年齢人口が減少することにより経済活動が鈍化することから2050年にはG7のメンバーから外れていると予測している。わが国の高齢化率は高く，現在の25％から2050年には40％近くまで上昇して年齢の中央値が52.3歳の社会となる世界史上未踏の高齢化社会になると予測されている。世界平均の38歳と比べると高

年齢社会になり，活性ポテンシャルの低い社会である。さらに，都市部への集中がさらに進むため，ますます，地方のポテンシャルは低下する。以上のように，地方創生の基本となる人口対策は，出生率，高齢化，都市部への集中がキーワードである。

わが国の人口変遷を見ると，平安京ができたころの数百万人だった人口が徐々に増加し，江戸幕府初期には1千数百万人，明治維新時点でも3千万人程度であったものが，その後の約150年間で4倍以上に急増している。世界人口の変曲点である1950年と比べると先行する形で人口増加した。しかしながら出生率の低下に伴って2010年を境に人口減少に転じる一方，高齢化率が増加した。このような状況下で，2014年に増田寛也編著による『地方消滅　東京一極集中が招く人口急減』が出版されたこともあって，人口対策が各自治体での総合計画や地方創生戦略の基本となっている。

以下に，大阪と京都の中間地点にある長岡京市の事例を紹介する。

3．長岡京市の事例

（1）市の概要と災害環境

長岡京市は京都府南部にあり，北東は向日市と京都市，南西は大山崎町，大阪府三島郡島本町と接し，京都・大阪の中間に位置する東西約6.5km，南北約4.3km で総面積 19.17km^2 の約8万人都市である。

災害という観点で見ると，西側の約4割を西山が占めていて，がけ崩れや土石流などの土砂災害警戒区域を含んでいる。東に向かって緩やかな勾配を持ち，桂川が形成した氾濫原では外水はん濫危険区域となっている。その中間は，小畑川や小泉川といった中小河川のはん濫を含む内水はん濫危険区域である。また，活断層も存在しており，1995年1月17日に発生した阪神淡路大震災では建物被害が活断層沿いに発生した。このような災害環境は全国の市町村に共通するものであるが，長岡京市は歴史ある神社仏閣や古墳が現存していることから比較的に災害ポテンシャルが低い地域といえる。しかしながら，桓武天皇が遷都した長岡京の地でありながら僅か10年で平安京に遷都せざるを得なか

った1つの理由として市内を流れる小畑川の氾濫があげられることから水害を
さけられなかった地形であったことがわかる。これは遷都した平安京でも同様
であり，平安京の西側は桂川やその支川の氾濫が原因で発展せず，平安時代か
ら左京が都の中心となった。これは京都盆地が北東から南西に向かって傾斜の
ある地形であり，そのことは京都市の洪水ハザードマップが示す浸水区域と浸
水深分布が明確に示しており，平安時代から現在まで地形に起因する災害環境
は変わっていない。このように災害環境は都市の構造をも変化させるものであ
り，地方創生施策に防災・減災という視点が必要である。

（2）人口変遷と地方創生

　2011年3月11日に発生した東日本大震災による津波が多数の市町村に壊滅
被害を及ぼした。被災地域は過去にも大規模な津波被害を受けていたが，防
災・減災の視点から地域計画がなされた地区とそうでない地区での被災状況が
大きく異なった。遺跡などの歴史的建造物が災害環境を物語っているといえ
る。この観点から長岡京市をみると，市内に縄文時代の遺跡が存在することか
ら大規模災害の発生はなく，古代より人が住んでいたことがわかる。しかしな
がら人口の推移をみると20世紀初頭まではそれほど多くの人は住んでおらず，
20世紀になってから増加した。1920年以降の総人口，世帯数，男女人口の変遷
を示すと図表2－3のようになる。また，その増減を明確にするために前年度
との差を示したものが図表2－4である。これらの図を見ると，1930年代に国
鉄（現在JR西日本）と私鉄の鉄道駅ができた後に人口増加が始まったことがわ
かる。その後，高度経済成長に伴って京都や大阪への通期通学地域として1960
年代から人口が急増して長岡京市となったが，1980年代以降は，私鉄駅での急
行停車，新駅の設置などで世帯数は増えたものの，大きな人口増加とはならず
ほぼ安定した状態を維持している。前出した増田氏の「地方消滅」のデータに
よると，京都府では下から5番目と人口減少率が平均より低い都市である。

　京都新聞（2016年5月16日朝刊）によれば，地方創生で力を入れる施策のベ
スト3が，観光業の強化，妊娠・出産・子育ての切れ目ない支援，地方移住の
促進である。いずれも人口動態に関する施策であり，2位と3位は直接人口増

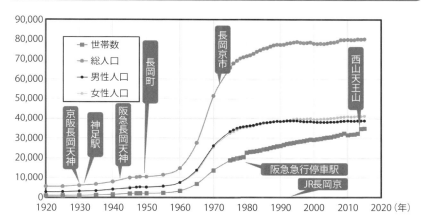

図表2-3 長岡京市の人口および世帯数

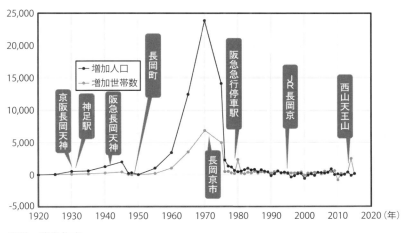

図表2-4 長岡京市の人口および世帯増加数

加に結び付けるものである。人口動態はある程度確実に未来が予測できる指標であることから地方創生施策や総合計画の基本となっている。4位以下でも，農林水産業の成長産業化，地域の中核企業支援，企業の地方拠点強化・地方採

図表 2-5 長岡京市の人口ビジョンと創生戦略

出所：長岡京市提供資料。

用拡大，若い世代の経済的安定など，産業の活性化による人口増を図る施策である。長岡京市でも，図表2-5のように地域創生推進会議の議論を経て「人口ビジョン，まち・ひと・しごと，創生戦略」として平成28年2月に公開され，人口動態が地方創生の基本となっている。

(3) 人口ビジョンと地方創生

図表2-6と図表2-7は地方創生戦略の基本とした人口ビジョンと年齢3区分別人口割合を示している。同様の人口推計は，長岡京市第4次総合計画（平成28年～平成32年）でも人口フレームとして基本となっているが，図表2-6の人口ビジョンの策定では，合計特殊出生率，年齢3区分別移動数，転入者・転出者，通勤・通学流動，就業人口を検討し，合計特殊出生率の将来目標と現況の転入超過が継続されるとした社会移動を考慮した推計値が採用された。合計特殊出生率については，平成27年の1.49から平成52年の2.07まで増加した後の2.07で維持されることを目標としている。社会移動については，国立社会保障・人口問題研究所の社人研推計準拠の純移動率と，子育て世帯を中心とした転入誘導の効果を見込んでいる。生産年齢人口は図表2-7のように

第 2 章 防災・減災の観点から見た人口対策と地方創生 | 33

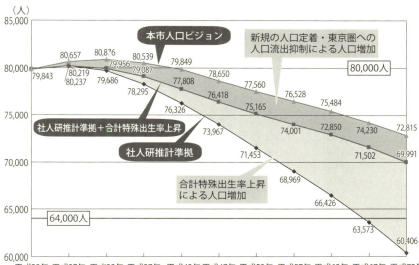

図表 2-6 長岡京市の人口ビジョン

※「社人研推計準拠」は国が提供する人口推計プログラムの名称。「社人研推計準拠」+合計特殊出生率上昇における合計特殊出生率は「本市人口ビジョン」と同様の設定。
※国「長期ビジョン」では2060年の人口を2010年比約2割減の1億人程度を目標として設定。本市の2010年比約2割減の人口は約64,000人。
出所：長岡京市提供資料。

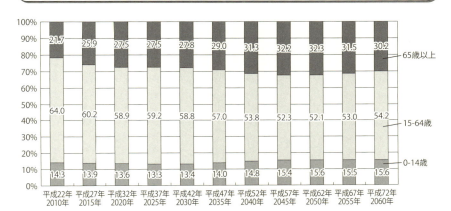

図表 2-7 長岡京市の年齢3区分別人口割合

出所：長岡京市提供資料。

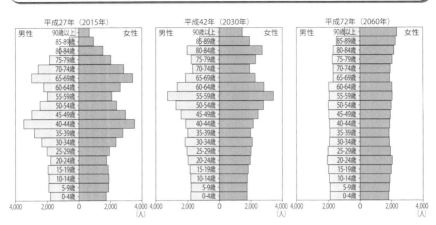

図表2－8　長岡京市の人口ピラミッド

出所：長岡京市提供資料。

10％程度減少して行くとともに高齢化率も上昇し，人口ピラミッドで見ると図表2－8のように突出した年齢層のない人口分布が予測されている。読売新聞（2016年5月11日朝刊）に掲載された2063年の日本全体の人口ピラミッドが，若年層の少ない「つぼ型分布」を示す推計結果とは差異がある。

　しくみと社会基盤に支えられ生活に「うるおい・にぎわい・あんしん」を与えることを基本構想とした第4次総合計画の基本構想および子育て・防災などの基本計画（図表2－9）と，前述の人口ビジョンをベースとして5年後を目標年とした「まち・ひと・しごと　創生戦略」が策定された。ここでは，「目標1：出会い・ふれあい・育てるまち」，「目標2：良質で快適な暮らしを約束するまち」，「目標3：にぎわいと活力に彩られたまち」および「目標4：魅力を創造し発信するまち」という4つの目標が定められた。目標1では，結婚・出産・子育ての希望を導き，かなえるため，合計特殊出生率を1.38から1.60すること子育て人口の維持を数値目標としている。目標2では，すべてのライフステージでの暮らしやすさを追求するため，定住人口の維持と健康寿命の延伸を数値目標としている。目標3では，にぎわい・ふれあいのまちなかと，産業の活力をつくるため，創業支援計画に基づく創業件数と鉄道3駅の乗降客数

第 2 章　防災・減災の観点から見た人口対策と地方創生 | 35

図表 2 − 9　長岡京市の基本構想と基本計画概念図

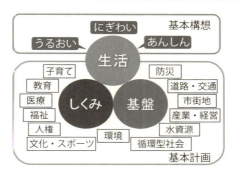

出所：著者作成。

を数値目標としている。目標 4 では，まちの魅力を発信し，交流人口をふやすため，観光消費額と転入人口と転出人口の差の 5 年間累計を数値目標としている。それぞれの数値目標を達成するためのプロジェクトを，各目標で 2 から 3 で合計 11 プロジェクトの立ち上げる戦略を立てている。

　以上の内容をキーワードで表すと，「将来を担うのは子ども」,「ご近所づきあいがまちをつくる」,「社会基盤としてのまちづくり（中心市街地整備）」,「しごとづくり」,「安全・安心」になる。

4．課題と展望

　舟橋洋一の「21 世紀　地政学入門」によると，地政学的要素は，変えようのない要素として地理・歴史・エネルギー資源，変えにくい要素として民族・宗教・人口があげられている。エネルギー資源・民族・宗教は国家間の政策に関連し，地方創生策には地理・歴史・人口が関係する。事例としてあげた長岡京市は，地理という観点では京都と大阪に位置するため交通の便が良く，歴史的にも古代より恵まれている。したがって残る人口に着目した施策を立てることは必然判断といえる。しかしながら，同書では，将来を担うわが国の若者が，歴史，財政，人口，英語，放射能という五重苦に見舞われると予測している。

この点でも人口がキーワードであり，生産年齢人口の減少と高齢者の増加のもたらす影響が顕著となる。さらに，これまで述べてきたことと近年の災害事例が示すように自然災害がもたらす災禍が加わり六重苦となることは明らかである。これより，人口対策と防災・減災が地方創生の要である。

　ある世代のみが突出して多い年齢層（団塊の世代）が高度経済成長を支えてきたが，その世代が被扶養世代になることと高齢化が進むにつれて生産年齢人口が減少してゆくのは明らかである。また，合計特殊出生率を上げる施策が立案されているが，前述したように教育費の負担と長期化が障壁となってくる。日本財団子どもの貧困対策チームの「徹底調査　子供の貧困が日本を滅ばす　社会的損失40兆円の衝撃」によれば，子供の貧困率が2012年で16.3％であり，その原因の1つが教育費の増大と長期化であることが指摘されている。その解決策として教育費の負担軽減が提案されており，それにより生産性が向上することが定量的に示されている。このような施策の効果が見られるには長い年月が必要であり，特効薬的な施策は望めず，行政と住民が一体となった不断の努力に委ねざるをえない。

　子どもを産み育てやすいまちづくりや，安全・安心なまちづくりを目指す施策として，現在，立地適正化計画の策定が検討されている。これは，コンパクトシティを理想としているが，市町村境界で家並みが途切れないようなわが国の都市圏では難しい。立地適正化計画に防災・減災の観点からの検討が必要であるが，明治以降に土地の私有を認めたことから，実現には解決すべき問題が山積している。アメリカ合衆国のように可住面積が広ければバイアウト（買い上げ）という施策も可能であるが，わが国では代替地を見つけるのが難しい。空き家率が全国で13.5％（2013年）という現状を考慮し，立地適正化計画にバイアウト施策が可能となれば，土砂災害危険個所や氾濫危険個所に防災・減災機能を持たせることは可能である。土砂災害の場合は，土砂の氾濫方向や範囲を予測することができるので，その範囲を公園などの公共空間にすることで被害の軽減が図れる。また，浸水範囲および浸水深の時間変化が数値計算で精度よく予測することが可能となっており，平常時に詳細な情報が住民に伝達されていれば減災につながる。また，浸水深の変化に応じた対応も可能となる。近

第2章　防災・減災の観点から見た人口対策と地方創生　｜　37

年の災害状況をみていると，介護施設などの災害時に要援護者が被災すること
が多い。こうした施設は未利用の土地に建設されることが多いが，その土地が
過去の経験上，災害の発生危険性が高いことから未利用となっていたという経
緯のあることが多い。土地利用の歴史には災害環境が反映していることが多
く，立地適正計画においても考慮しておくべきである。

　以上，防災・減災という観点から人口対策と地方創生について述べた。人口
対策も防災・減災対策も長い歴史のなかで延々と続けられてきたが，解決すべ
き課題が多く残っており，将来も取り組んでゆかねばならない問題である。近
年，災害対策としてレジリエンス（防災力）の必要性に焦点が当てられており，
地方創生施策にも考慮することが重要である。ここで述べた事項が少しでも役
に立てば幸いである。最後に，資料を提供していただいた長岡京市役所の方々
に謝意を表します。

参考文献

英「エコノミスト」編集部，東江一紀・峰村俊哉訳（2015）『2050年の世界　英「エ
　コノミスト」誌は予測する』文藝春秋，文春文庫。

長岡京市企画部政策推進課　編集・発行（2016）『長岡京市第4次総合計画』。

長岡京市企画部政策推進課　編集・発行（2016）『長岡京市　人口ビジョン／まち・
　ひと・しごと創生戦略』。

日本財団（2016）『子どもの貧困対策チーム，徹底調査　子供の貧困が日本を滅ぼす
　社会的損失40兆円の衝撃』。

舟橋洋一（2016）『21世紀　地政学入門』文藝春秋。

フリードマン，ジョージ著，櫻井祐子訳（2014）『100年予測』早川書房。

Edited by Daniel Franklin with John Andrews（2012）The Economist MEGA-
　CHANGE The world in 2050, Profile Books Ltd.

第 **3** 章　空き家問題と移住
― NPO 法人尾道空き家再生プロジェクトの活動を例として―

１．はじめに

　昨今，空き家に関する話題をよく耳にするようになった。その多くは，わが国の将来人口の減少が予想されるなか，既に多くの地方で人口減少が現実化し始め，高齢化問題が地方で，より深刻になっている現状を背景に，ますます空き家が増加しているという悲観的な内容である。しかし他方で，そうした空き家を修繕して新しい住民が住み始めたり，飲食店や商品販売店，宿泊施設などを営んだり，地域の集会所や図書館などに活用して，地域の活性化がもたらされているという明るい話題を聞くこともある。現在，筆者は広島県尾道市にある大学で経営学を研究しているが，本章では，ゼミナール活動などにおいて，日頃から縁のある「NPO 法人尾道空き家再生プロジェクト」の活動を事例に取り上げ，空き家の活用と移住を題材に，地方創生の要諦を探り出していきたい。

２．わが国の空き家の現状

　まず，わが国における空き家の状況の推移を確認しておきたい。図表 3 − 1 は，わが国の総住宅数，空き家数および空き家率の推移を表したグラフである。2013 年までのデータは，総務省統計局の資料に掲載されている実績値であり，2018 年以降は，野村総合研究所が発表している予想値である。2013 年時点では，総住宅数が 5 年前と比較し 630 千戸（5.3％）増加して 60,630 千戸，空き家数が同 628 千戸（8.3％）増加して 8,200 千戸となっており，双方の数値は 1973

第 3 章　空き家問題と移住 | 39

図表 3 - 1　総住宅数・空き家数・空き家率の推移

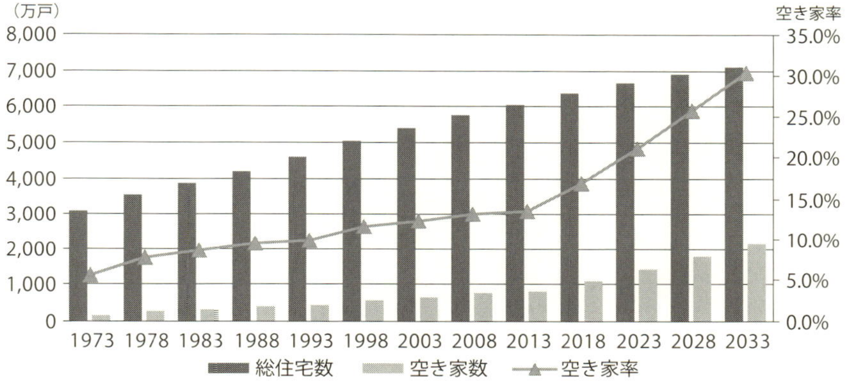

（注）2003 年までは『総務省統計局資料』による実績値，2018 年以降は野村総合研究所
　　　（2016）による予想値。

年以来，年を追うごとに高くなっていることがわかる。さらに，空き家率に目
を移すと，2013 年に 13.5％となっているが，既に 1998 年には 11.5％と 10％台
を超えていることから，空き家の増加問題は，実は今に始まったことではない
ともいえよう。また，こうした空き家の増加にもかかわらず総住宅数が増え続
けているということは，わが国の住宅が，数の上では過剰な状態であるにもか
かわらず，新たに住宅が建築され続けているからだと解釈できる。つまり，わ
が国の住宅需給のインバランスな構造が，空き家増加の根本的な原因の 1 つと
なっているのである。

　一方，総務省統計局のデータでは，この 5 年間で増加した空き家 628 千戸の
うち，一戸建の空き家が 496 千戸（79.0％），長屋建が 39 千戸（6.2％），共同住
宅が 89 千戸（14.2％），その他が 4 千戸（0.6％）となっており，一戸建の空き家
の増加が著しいことがわかる。これに対して，今も市街地でマンションなどの
共同住宅が多く建築されている現状を考え合わせると，家族構成や生活スタイ
ルなどの変化に伴って，生活者の住宅に対するニーズ自体が変わり，広い一戸
建からコンパクトな共同住宅へという選好の変化も，一戸建の空き家が増加し
ている背景の 1 つにあるものと考えられる。

40 |

図表 3 － 2　空き家の種類

居住世帯のない住宅			住宅の種類の定義
一時現在者のみの住宅			昼間だけ使用しているとか，何人かの人が交代で寝泊まりしているなど，そこにふだん居住している者が一人もいない住宅
空き家	二次的住宅	別荘	週末や休暇時に避暑・避寒・保養などの目的で使用される住宅で，ふだんは人が住んでいない住宅
		その他	ふだん住んでいる住宅とは別に，残業で遅くなったときに寝泊まりするなど，たまに寝泊まりしている人がいる住宅
	賃貸用の住宅		新築・中古を問わず，賃貸のために空き家になっている住宅
	売却用の住宅		新築・中古を問わず，売却のために空き家になっている住宅
	その他の住宅		上記以外の人が住んでいない住宅で，例えば，転勤，入院などのため居住世帯が長期にわたって不在の住宅や建て替えなどのために取り壊すことになっている住宅など（注：空き家の区分の判断が困難な住宅を含む）
建築中の住宅			住宅として建築中のもので，棟上げは終わっているが，戸締りができるまでにはなっていないもの

出所：総務省　住宅・土地統計調査「用語の解説」より。

　さらに，一戸建の空き家 496 千戸のうちの 99.6％を占める 494 千戸は，図表 3 － 2 の表中にある「空き家」のカテゴリーのなかの「その他の住宅」に区分されている。ここでいう「その他の住宅」とは，「賃貸用の住宅」，「売却用の住宅」，「二次的住宅（別荘等）」以外の住宅を指し，たとえば，転勤・入院などのため居住者が長期にわたって不在の住宅，建て替えなどのために取り壊すことになっている住宅に加えて，空き家の区分の判断が困難な住宅などを指している。つまり，この 5 年間で増加した一戸建住宅の空き家の大半は，持ち家でありながら実際には誰も住んでいない空き家だったということである。その一方で，共同住宅の空き家の増加数の内訳は，「賃貸用の住宅」の空き家数が 153 千戸増加しているのに対して，「売却用住宅」などそれ以外の区分の空き家数は減少しており，共同住宅全体で 89 千戸の増加となっている。つまり，この 5 年間において，空き家となった一戸建住宅の多くが持ち家であった反面，空き家となった共同住宅の大半は賃貸用の住宅であったことがわかる。

　再度，図表 3 － 1 によって，2018 年以降の空き家の予想推移を見ると，総住宅数，空き家数および空き家率は，いずれも増加すると予想されている。なかでも，空き家率は急激に上昇すると見込まれており，「国立社会保障・人口

第3章　空き家問題と移住 | 41

問題研究所」によって，わが国の将来人口が1億2,000万人を割り込むと予想されている2028年の空き家率は25.7％となり，人口が1億1,500万人を下回ると予想されている2033年には30.4％と，約3戸に1戸の住宅が空き家になると見込まれている。また，2033年の予想空き家数21,670千戸のうち，「賃貸用住宅」と「売却用住宅」が合計で約12,700千戸（総住宅数の17.8％），「その他の住宅」が約7,900千戸（同11.0％）になると予想されている。つまり，今後20年の間に空き家数は1.5倍になり，将来は賃貸用住宅や売却用住宅が大幅に空き家になるという，新たな空き家問題が生起する可能性が高い。

3.「特定空家等」の問題

　では，そもそも空き家がなぜ問題となるのだろうか。確かに，家があるのに誰も住んでいなかったり，活用されていなかったりするのはもったいないという一般感情はあるものの，空き家の多くは私有財産なので，端的には自分の家に住むか住まないか，活用するかしないかは，所有者の自由なのではないかという反論を受けそうである。そこで，空き家問題を取り上げている最近の論文などを確認すると，広島県空き家対策推進協議会（2015）は，空き家は「周辺地域に生活環境，防災，防犯，景観等に関する様々な問題を引き起こしている」と問題視している。また，多田（2016）は「安全性・防犯性の低下，ゴミの不法投棄等衛生環境の悪化，景観の阻害等さまざまな分野での地域の良好な生活環境を脅かす要因となる」，中国地方整備局建政部（2016）は「防災，防犯，衛生，景観等の観点で，地域住民の生活環境に悪影響を及ぼす」と述べており，総じて空き家がもたらす外部不経済が指摘されている。つまり，空き家が放置されていると，周辺に迷惑がかかるので問題だという論理である。

　こうした声の高まりを受けて，2014年に制定された（2015年施行），「空家等対策の推進に関する特別措置法」（以下，「空き家法」と記す）の第1条には，次のように同法の目的が掲げられている。「この法律は，適切な管理が行われていない空家等が防災，衛生，景観等の地域住民の生活環境に深刻な影響を及ぼしていることに鑑み，地域住民の生命，身体又は財産を保護するとともに，そ

の生活環境の保全を図り，あわせて空家等の活用を促進するため，空家等に関する施策に関し，国による基本指針の策定，市町村による空家等対策計画の作成その他の空家等に関する施策を推進するために必要な事項を定めることにより，空家等に関する施策を総合的かつ計画的に推進し，もって公共の福祉の増進と地域の振興に寄与することを目的とする」となっている。また，第2条第1項では，この法律のいう「空家等」とは，「建築物又はこれに附属する工作物であって居住その他の使用がなされていないことが常態であるもの，および，その敷地」のことだと定義された上で，同条第2項では，下記4つの状態と認められる空家等を，特に「特定空家等」と定義し，問題視している。

・そのまま放置すれば倒壊等著しく保安上危険となるおそれのある状態
・著しく衛生上有害となるおそれのある状態
・適切な管理が行われていないことにより著しく景観を損なっている状態
・その他周辺の生活環境の保全を図るために放置することが不適切である状態

つまり，先に示した空き家に関する最近の論文などにおいて問題視されている空き家は，この「特定空家等」を指しているといえる。さらに，この特定空家等に対する措置について，同法14条第1項では「市町村長は，特定空家等の所有者等に対し，当該特定空家等に関し，除却，修繕，立木竹の伐採その他周辺の生活環境の保全を図るために必要な措置（そのまま放置すれば倒壊等著しく保安上危険となるおそれのある状態又は著しく衛生上有害となるおそれのある状態にない特定空家等については，建築物の除却を除く。次項において同じ。）をとるよう助言又は指導をすることができる」と定め，こうした助言や指導にもかかわらず改善が見られなければ，必要な措置をとるよう勧告でき（同条第2項），正当な理由なくその措置をとらなければ，措置をとるよう命令することができる（同条第3項）とされている。このように，行政代執行さえも視野に入れた厳しい措置が法律に盛られたのは，やはり特定空家等の増加が深刻な状況になってきたからであろう。

しかし，こうした現状から空き家問題を，単なる特定空家等の問題だととらえるのは，早計だといえる。実は，空き家問題の背景には，より深刻な問題が潜んでいるのである。

4．空き家問題の本質

　ここで，空き家問題をマクロの視点からとらえ，その発生する要因を整理してみたい。まず，第1に挙げられるのは，わが国の人口の減少である。つまり，住む人の絶対数，店舗やオフィスを必要とする人の絶対数が減るのであるから，使われない住宅等が増えるのは必然である。図表3－3は，わが国人口の推移と将来予測を示したグラフである。これを見ると，現在はまだ人口減少が始まったばかりであり，今後，人口が急激に減少すると予想されている。つまり，空き家問題が深刻化するのは，まさにこれからだということである。この点に関して，牧野（2014）が「実は今そこにある空き家ではなく，今大量に存在する空き家予備軍のところに問題意識を持たなければならない」としているのは，的を射た指摘である。

　第2の問題は，このように空き家が増えているのにもかかわらず，一方で新築の住宅が増え続けていることである。つまり，全体的な住宅の需要は減少しているはずなのに，住宅の供給が続いているという事実である。この点は，前掲の図表3－1のグラフで確認した通りであり，勢いこそ衰えるものの，今後

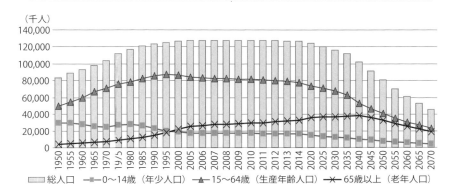

図表3－3　わが国の人口推移と将来予測（1950年～2014年（～2070年））

出所：総務省統計局『日本の統計2015』を参考に作成。

も総住宅数は伸びていくと予想されているのである。その一方で，空き家は逓増していくので，空き家率は急カーブを描いて上昇すると予想されている。単純に考えれば，住宅の供給を止めれば空き家率の上昇を抑えることができるということになるが，それは，非現実的であろう。

　こうして新築住宅等が増加し続けていることから，無暗に住宅を供給しているハウスメーカーやディベロッパーが悪いとする声もある。それも一理あり，単なる数の上では確かにそうである。しかし，資本主義社会における経済活動である以上，彼らは決して無暗に供給しているという訳ではなく，他の業界の企業活動と同様，顧客ニーズにあった商品を提供しているのであり，それが売れるから供給しているともいえる。たとえば，わが国の世帯の形態が，以前の大家族中心から核家族中心へ，最近では単身世帯の増加へと変化するにつれて，住宅の大きさや広さ，間取りに対するニーズは，徐々にコンパクトな方向に変化しているはずである。さらに，技術革新によって電化，水洗化，自動化，通信化などが進展し，生活文化を向上させる，より便利で，より衛生的で，より快適な住宅が選好される。また，ライフスタイルの変化や防犯上の理由などから，近隣同士のコミュニケーションに適した開放的な住宅よりも，プライベートを重視した個別的で閉鎖的な住宅が求められるようになる。人口の高齢化によって，バリアフリーの住宅や介護に適したスロープやエレベーターなどを備えた住宅が必要とされ，立地も交通の便のよい場所が好まれるようになる。さらに，法律で耐震基準等が定められ，耐震性を備えた防災性の高い住宅や，据え付けの家具や収納設備の多い住宅に人気が集まる。

　このように家族形態や生活様式などの変化によって，住宅に対するニーズが変化し，そのニーズを満たすような住宅が供給されているとも考えられるのである。つまり，新築住宅の過剰な増加というマクロ的な現象は，個々の消費者や企業の経済行動を見れば，それぞれ経済合理的な行動であるものの，社会全体で見ると空き家の増加という問題を生み出す，一種の"合成の誤謬"に陥っているということができるのである。

　第3の問題は，資産としての不動産に対する認識と現実のギャップである。限られた希少な財を"局地財"と呼ぶならば，土地はその最も典型的な財であ

る。それゆえに，人類は古くから土地をめぐって争ってきたし，封建制など土地を介した支配制度が，世界各地で広く成立してきた。たとえば，地主という言葉は，文字通り土地の持ち主であると同時に，名主や領主といい換えのできる，権力をも持つ地位にある者を指すことがある。つまり，土地は財産のなかでも特に価値のある貴重なものであり，相続においても最も中心的な財産と見なされてきた。また，その局地財的な性格ゆえに，バブル期のわが国においては土地や住宅の価格は下がらないという，"土地神話"や"不動産神話"が生まれた。それほど，資産として価値が高いと，これまで信じられてきた土地や住宅に対する認識が，ここに来て大きく変容してきているのである。

　たとえば，既に地方に住む親元から独立した子が，都会で自らの家庭を持ち，自宅を構え，実家には親だけが住んでいるというケースは多いはずである。やがて，親が亡くなり，実家を相続する時，子は親の資産を相続したという認識であろう。その家は，親や兄弟姉妹とともに暮らした愛着のある家であるが，今後そこに住むかというと，その可能性はほとんどない。そこで，実家には親の家財も遺っていることだし，今しばらくはそのままにしておこうということになるが，人が住まなくなると家は傷みが早いし，庭などもすぐに荒れ，その管理に労力と費用が掛かるようになる。その上，活用していない土地や家でありながら，固定資産税はきちんと納めなければならない。そして，やおら家財を処分し，家を改修して売却するか貸家にしようと考えるが，そうした古い家の買い手は見つかりそうもないし，借り手もいそうにない。仕方なく先送りして，そのままにしておかざるを得ないというようなことを続けるうちに，問題を抱えた空き家となってしまう。このように，これまでは貴重な資産だと信じられていた不動産が，現実には負の資産となる可能性が大いに高まるのである。今後，人口減少が必至であり，少子化や高齢化がますます進むことに鑑みれば，こうしたケースが増え，空き家問題は今以上に深刻さを増していくものと考えられる。

　もう1つ指摘しておきたい点は，都市部と人口減少が進む地方では空き家問題の性質が異なるということである。このことを中川（2016）は，前者では空き家が「ある」ことが問題であるのに対して，後者では空き家に「なる」こと

が問題だと表現している。つまり，都市部の空き家が問題視されるのは，基本的に空き家が「ある」と，いずれ特定空家等の状態になり，外部不経済を生じさせるから問題なのである。だが，都市部であれば，改修を施せば新しい住人が見つかる可能性はあるし，他の用途に活用できる可能性もある。また，建て替えや売却も比較的難しくないだろう。それに対して，人口減少地域では，空き家に「なる」ということ自体が深刻な問題なのである。なぜなら，それは地域から人がいなくなるということを意味しているからである。つまり，後者の空き家問題は空き家法が対象とする外部不経済の問題とは異質な，地域の人口減少問題であり，地域の存続にかかわる問題なのである。それならば，その空き家に移住者を迎え入れれば一石二鳥ではないかといわれそうだが，それはあまりにも短絡的な発想である。なぜなら，そうした地域においては，あくまでも空き家問題と地域の存続問題は別個の問題であり，いい換えれば，後者は地域のあり方の問題という地方創生の本質的な問題だからである。

　そこで次項では，広島県尾道市の「NPO 法人尾道空き家再生プロジェクト」の事例を取り上げ，地方創生の要諦を検討していきたい。

５．事　例

（１）尾道市の概要

　まず今回，事例として取り上げる広島県尾道市の概要を紹介したい。尾道市は，広島県東部にある人口 14.5 万人の地方都市である。尾道市が提供している『統計おのみち』のデータから作成した尾道市の総人口の推移のグラフ（図表 3 - 4）を見ると，1970 年まで増加を続けていた人口が 1975 年をピークに，その後は減少傾向に転じているのがわかる。また，2005 年，2010 年の総人口の数値が大幅に増加しているのは，2005 年に北部に隣接している御調町および尾道水道を挟んだ島にある向島町と合併し，2006 年には島嶼部の因島市および瀬戸田町と合併したためである。そこであらかじめ，この新しい市域を含む，「現在の市域の人口」の推移に目を遣ると，やはり 1975 年をピークに右下がりの推移となっており，それ以後，人口減少傾向が続いていることがわかる。

第3章　空き家問題と移住 | 47

図表3－4　尾道市の人口・世帯数の推移

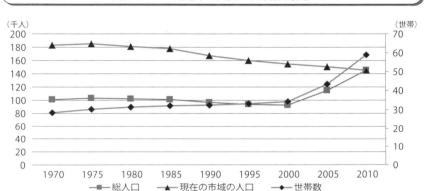

出所：『統計おのみち』を参考に著者作成。

図表3－5　尾道市の一世帯当たり人口の推移

（人）	1970年	1975年	1980年	1985年	1990年	1995年	2000年	2005年	2010年
世帯数	28,500	30,312	31,411	31,923	32,293	33,049	34,087	43,602	58,772
総人口	101,363	102,951	102,056	100,640	97,103	93,756	92,586	114,486	145,202
一世帯当たり人口	3.56	3.40	3.25	3.15	3.01	2.84	2.72	2.63	2.47

出所：『統計おのみち』。

　これに対して，注目したい点は逆に世帯数が増加している点である。2005年，2010年には大幅に上昇しているが，これは合併のためであり，単純に2000年以前のデータと比較はできないものの，総人口を世帯数で除した一世帯当たり人口の推移を見ると（図表3－5），2005年以降も減少し続けていることから，その後も旧市域の世帯数は増加しているのではないか（少なくても，大きく減少していることはない）と推測できる。その背景として，家族の核家族化や未婚率の上昇に伴う単身世帯の増加，離婚率の上昇に伴う一人親家庭の増加などによる，家族構成の変化が尾道市でも生じているものと考えられる。
　尾道は，古くから対明貿易船や北前船，内海航行船が寄港する港町として繁栄した商都であり，各時代の豪商たちによって寄進された多くの神社仏閣が残る町である。また，坂の町としても知られ，路地越しに見える尾道水道や点在

する寺院など，歴史を凝縮した箱庭的な景観を持つ風光明媚な町である一方，「暗夜行路」の志賀直哉や「放浪記」の林芙美子を始めとして，多くの文人墨客が足跡を残す文化の町であり，近年では数々の映像作品の舞台となった映画の町でもある。1898年（明治31年）に，広島県内では広島市に次いで2番目に市制を施行した尾道市の市域は現在，合併によって北部丘陵地域から尾道水道周辺地域を経て瀬戸内海の島嶼部地域にまで及んでいる。さらに，山陽自動車道，瀬戸内しまなみ海道（西瀬戸自動車道），中国やまなみ街道（中国横断自動車道尾道松江線）が交わる「瀬戸内の十字路」に位置している地方都市である。

　瀬戸内海に面する尾道の中心部は，地形的に平野が少なく，海と山とに挟まれた狭隘な平地に住宅や店舗が立ち並んでいる。また，町の北側にある山側（地元では，「斜面地」とか「山手」と呼ばれている）には，尾道の町を取り囲むように多くの神社や寺院が建立されているが，明治の頃からは豪商たちによって，尾道水道を眺望できる斜面地に「茶園」と呼ばれる，モダンな洋館や豪華な日本様式の別荘が建てられるようになった。

（2）尾道の斜面地

　明治時代半ばに山陽本線が敷設されるが，狭隘な平野部という地形ゆえに，土地を巡って尾道では激しい反対運動が展開されたと『新修　尾道市史』（青木（1975））には記されている。この問題が，町を二分するほどに紛糾した1つの大きな理由として同書は，「察するに立退きをしなければならぬ人々の生活上の問題と，今一つは，敷設道路敷にあたる土地，建物の所有権者の利害がこれに絡まっていたのであろうことが考えられる」としている。しかし，国家的要請は強硬で，工事の遷延が許されないという事情もあり，決着に至ることになる。その結果，「家屋四，〇六四軒，線路敷地八，八五三坪の利害関係は，かなりな問題をかかえていたはずである。その結果，立退者の行く先がどのような所に落ちついたか，記録がないので，詳しいことは分からないが，たぶん，町当局の幹旋によって，新しい居住地が他に求められたのであろう」とされている。地元の方々の話では，この件や，国道2号線の敷設・拡張によって立退きとなった住民の行き先の有力な選択肢の1つが，斜面地だったといわれてお

り，こうしたことをきっかけに斜面地にも一般の住宅や社宅などが建てられるようになったものと考えられる。

　尾道の斜面地にある住宅には，昭和に建てられたものが多く見られるので，戦後の人口急増期に住宅の数も増えたのではないかと考えられるが，次第に，この斜面地にある住宅のなかで空き家となったり，廃屋となったりする物件が目立つようになった。平地から見上げる斜面地の住宅の風景は，尾道の町の一つのシンボルであり，たとえばJR尾道駅に降り立った観光客が尾道に来たという実感を抱く尾道独特の風景であるし，地元の住民にとっても最も尾道らしさを感じる風景の1つなのである。しかし，斜面地の住宅は自動車やバイクの入れない細い坂道沿いに建っているため，平地との往復は徒歩での上り下りとなる。実は，筆者も大学に赴任した時，尾道水道や瀬戸内海の美しい風景を一望できる斜面地の生活に憧れがあったが，実際に坂道を上ってみて，これは大変だと早々に断念した記憶がある。また，こうした事情から斜面地の住宅の引越し費用や，家屋の解体にかかる費用もケタ違いに高いため，斜面地では建て替えや解体などがなかなか進まず，斜面地の空き家には未だに以前暮らしていた住民の家財道具が，そのままになっているというケースも多い。

（3）尾道市の空き家対策

　今，全国的に空き家が問題となっているが，尾道市も例に漏れず空き家問題を抱えている。特に，上記のような事情で斜面地の空き家は行政の悩みの種の1つであった。斜面地の住民の老齢化が進み，老齢施設に移ったり，亡くなったりする方が徐々に増えていく一方で，物件を相続する彼らの子どもは独立して，都会や便利の良い平地にある住宅で暮らしているケースが多く，建て替えが難しい上に，車も入らない坂道にある不便な斜面地の住宅は空き家となってしまうケースが多い。さらに，家財の運び出しにも費用がかさむため，そのままの状態で廃屋と化していくことになる。行政サイドとしては，防犯上，防災上の理由や，老朽化した家屋などの倒壊による危険度が高まることと，尾道のシンボルとしての斜面地の風景が損なわれてしまうなどの理由で，何らかの対策を講じなければならないものの，それらはあくまでも私有財産であり，手を

付けづらいという難問を抱えることになる。また，もし撤去するにしても，その高額な費用を誰が負担するかということが問題になる。

　そうしたこともあり，尾道市では2001年に斜面地の空き家の実態把握のために「空家基礎調査」を実施し，市直営の「空き家バンク」を開設する。しかし，その成果は2002年度から2007年度の6年間で11件の成約に止まり，その後は休眠状態となっていた。そこで，2008年に再度，範囲を広げて斜面地の調査を行い，県や不動産の関係団体と調整した上で，翌2009年に地元で空き家再生に取り組み，成果を上げつつあった「NPO法人尾道空き家再生プロジェクト」（以下，空きP）との間に，空き家バンクの運営に関する委託契約を締結した。ただし，空きPが取り扱う空き家は，地元の不動産業者との棲み分けなどもあり，斜面地の空き家に限られている[1]。このことは逆に，不動産業者にとっても斜面地の空き家が，いかに魅力に欠けていたかを物語っている。

（4）NPO法人尾道空き家再生プロジェクトについて

　2007年，任意団体「尾道空き家再生プロジェクト」は，尾道生まれの尾道育ち，大学卒業後は世界中を飛び回るツアー・コンダクターだったという経歴をもつ，豊田雅子さんの呼びかけで発足した。翌2008年には，豊田さんが代表理事となりNPO法人格を取得し，「NPO法人尾道空き家再生プロジェクト」として，主に斜面地の空き家の再生，つまり空き家の再活用を手掛けてきた。

　空きPの紹介チラシに「活動地域の概要」が書かれているが，その内容を要約すると，坂の町・尾道の独特の景観は映画やCMなどで紹介され，尾道の代名詞のように伝えられているが，一方で，車中心への社会変化，核家族化，少子高齢化による市街地の空洞化という現代の社会問題を多く抱えているエリアでもある。特に，車の入らない斜面地や路地裏などの住宅密集地で増え続ける空き家問題は深刻である。なかでも山手と呼ばれる日当たりがよく眺めの良い斜面地は，明治期に豪商たちがこぞって「茶園」と呼ばれる別荘住宅を建てたのが始まりで，その後もハイカラな洋館付き住宅や旅館建築，社宅，長屋などさまざまな時代の建物が斜面地にへばりつくように密集して立ち並ぶ，まるで「建物の博物館」のようなエリアとなっている。さらに，アップダウンの

ある地形に建てられた不定形の建築の面白さと、海を見下ろす眺望が山手の建物をより興味深いものにしている。しかし、調査の結果、この山手エリアには300軒を超える空き家があると報告されており、南面以外の斜面地や平地の路地裏、商店街の空き店舗などを合わせるとJR尾道駅から半径2km以内にある空き家は500軒近くあるものと推測される。その多くは長年の放置によって廃屋化してきており、建て替えや新築不可能なロケーションのなかで、現存する空き家をいかにうまく活用し、後世に伝えていくかが最重要課題だ、と綴られている。

これを見ると、空きPの目的がよくわかる。豊田代表を始めとする空きPのメンバーは、消えかかろうとしている懐かしい町の姿やコミュニティを残したい、尾道らしい風景を後世につなげたい。そのためには、今ここで手を付けないと手遅れになってしまうという思いから、空き家再生の活動を開始したのである。

さらに、空きPのミッションを見ると、「尾道は古くからの港町として有名ですが、時代の流れによって駅前や港湾は開発され、古い歴史の面影は失われつつあります。その一方、車の入らない斜面地や路地裏は時代に取り残されたように古い家並みが残っていますが、不便さゆえに空き家が増え続け、少子高齢化と中心市街地の空洞化の象徴となりつつあります。そんな空き家の再生事業を通して古い街並みの保全と次世代のコミュニティの確立を目的として活動しています。」とされている。

この空きPのミッションにも、豊田代表や彼女に共感するメンバーの深い思いが込められている。斜面地の家で生まれ、今も斜面地の家で生活している豊田代表は、幼い頃から生活してきた斜面地の空洞化が進み、古く懐かしい建物が朽ちていき、昔ながらの尾道の生活風景が失われ、住民の間のコミュニケーションが希薄になっていくことに強い危機感を抱くようになる。誰かがこれを止めなければならない、懐かしい尾道の風景を取り戻さなければならないという思いは募るものの、そうはいっても誰もやってくれないので、じゃあ自分でやろう、私たちでやろうということになり、空きPの活動が始まったのである。その証拠に、豊田代表はツアー・コンダクター時代に貯めた預金や退

職金をはたいて，尾道らしいたたずまいを伝える，空きPの再生物件第1号となる「旧和泉家別邸（通称尾道ガウディハウス）」[2]と，再生後に空きPの事務所かつ空き家相談会の会場として使われている，再生第2号物件の「（子連れママの井戸端サロン）北村洋品店」を，地域に残したいという思いから立て続けに購入している。

　また，豊田代表が活動を始めた動機の1つには，ツアー・コンダクター時代に，個人旅行も含めて訪れたヨーロッパを始め世界中の町の路地裏で見た，昔ながらの古いたたずまいと，そのなかで生き生きと暮らす人たちの光景がある。それは，異国の町であるにもかかわらず，どこか懐かしさがこみ上げてくるような風景で，それを求めて訪れる観光客も多い。そのような体験を重ねる中で，自らの郷里の尾道でそうした懐かしさが失われていくことへの危機感を強く覚え，結婚を機に尾道へ帰ってから，すぐに行動を起こしたという訳である。

（5）NPO法人尾道空き家再生プロジェクトと空き家バンク

　空きPがかかわるようになってからの尾道市の空き家バンクの実績は，図表3－6のようになっている。前述したように，2002年度からの6年間で定住の実績が11件であったことに照らすと，空きPが受託して以降7年間の年平均定住世帯数が10.7件となっていることは，瞠目に値する。14.5万人の尾道市の人口からみれば，累計世帯数75件は焼け石に水のように思われるかもしれないが，南面斜面地の空き家約300軒をもとに考えれば75件はその4分の1に当たり，廃屋に近い状態だった4軒に1軒の空き家に，新しい生活の灯が点ったと考えると感動的でもある。また，この数字は，今後も増え続けていく可能性が高い。

図表3－6　尾道市空き家バンクの実績

	2009年	2010年	2011年	2012年	2013年	2014年	2015年	累計
相談件数	343	744	625	810	586	567	613	4,288
登録件数	59	10	28	18	11	23	18	167
定住世帯数	10	11	16	14	2	9	13	75

出所：「尾道市役所政策企画課」からの提供資料より。

第3章 空き家問題と移住 | 53

　このことから，われわれが学ぶべきことは，本気で地方創生に取り組むので
あれば，何よりもコツコツと諦めることなく，一歩一歩地道に活動を続けてい
くことが肝要だということである。一網打尽の妙手などないということを肝に
銘じ，地域住民自身の知恵と努力で，一つ一つ積み上げていくしかないという
覚悟を持たなければ　成果は期待できないということである。

（6）NPO 法人尾道空き家再生プロジェクトの活動

　こうした視点を持って，空き P の具体的な活動を見ていきたい。まず，斜
面地の空き家に興味のある人に対して，空き P は次のような 5 つの活動を行
っている。

① 空き家バンク：尾道での利用登録後，物件情報が（自宅からでも）閲覧
可能となる。
② 地域情報の提供：尾道特有の空き家状況や坂暮らし事情，エリアの情報
を提供する。
③ 空き家めぐりツアー：年に数回，斜面地の空き家や再生事例をめぐるツ
アーを行う。
④ 空き家相談会：毎月 1 度，不動産業者と建築士を含む空き P のメンバー
が空き家への移住や改修，契約に関する相談を無料で行う。
⑤ 坂暮らし体験（坂の家）：坂暮らしを体験できる，体験ハウス「坂の家」
を提供する。

　このなかから，数々のユニークな考え方やアイデアを見つけ出すことができ
る。まず，空き家バンクの利用登録が“現地（尾道）でしかできない（基本的に
は，「空き家相談会」時）”という点であり，これは豊田代表を始め，空き P のメ
ンバーが特にこだわっている方針である。その目的は，実際に尾道に来て自分
の眼で尾道の町や斜面地のたたずまいを見て，尾道の空気を自らの肌で感じて
もらうこと。尾道での暮らしの魅力を伝えるとともに，斜面地や路地裏にある
古い空き家を改修して住むことの不便さ，大変さ（車が入らない，坂の上り下り

をしなければならないことに加えて，たとえば，古い木造家屋なので当面はカビが生えやすい，空調効率が悪い，トイレは汲み取り式，虫などが多いなど）があり，単なる憧れだけでは斜面地の生活は難しいことを，しっかり理解してもらうことである。体験ハウス「坂の家」を提供しているのも，こういう意図からである。移住に関して一般的に，移住してみたものの移住者自身が思っていた町の雰囲気や，自分が想像していた暮らしと違ったという問題を時折，耳にすることがある。こうしたトラブルを事前に避けるためにも，空きPでは，メリットだけではなくデメリットもはっきりと伝える姿勢を貫いている。

　この現地登録制には，さらに重要な意味がある。それは，空きPが最も大切にしているコミュニティ形成への思いである。これは，空きPを立ち上げる動機ともなった豊田代表の熱い思いであり，それに賛同して集まってきたメンバーたちの思いであり，それに魅かれ，共感して尾道に移住し，地域コミュニティの一員となった移住者たちの思いである。「尾道市空き家バンク」の紹介パンフレットには，「我々としては，尾道らしい景観や地域のコミュニティを大事にしてくださる方に空き家バンクを使って移住してきていただきたいと考えます。尾道が好きで，不便だけれども豊かな坂暮らしをよく理解し，一緒に守っていこうという方を歓迎しています。」と記されている。つまり，単なる空き家減らしや数合わせではなく，空きPの目的は彼らの心にある「尾道らしい景観」を次世代に伝えることであり，そこで暮らす人たちと心豊かな「地域コミュニティ」を形成し，維持していくことなのである。それゆえに，移住希望者には，この点をしっかり伝えた上で，それを確認する作業が忘れない。つまり，受け入れる側も，どういう人を新しい住民として受け入れたいかという基準を明確に持っているのである。参考になるのは，このことが斜面地のコミュニティを形成し，その魅力をさらに高めているということである。翻って言えば，現在，多くの自治体で行われているような，単に補助金をつぎ込んで空き家を解消し，数の上で地域人口を増すことだけが目的の，安易な発想の政策が効を奏さない理由は，こうした思いの欠如にあると考えられる。そうした方法で地域に魅力が生まれるとは，筆者には到底思えないのである。

　また，月一回の空き家相談会や，年数回の空き家ツアーが開催されている点

であるが，これらを継続的に行うことは，言うは易しだが，行うは難しである。基本的に，空きPのメンバーがボランティアで行っているが，これも本当に地域を愛し，コミュニティを大切にしたいという強い思いがなければ，到底続けられるものではない。なお，希望があれば，メンバーの都合によるものの，定期以外に団体向けに空き家ツアーの開催に応じてくれる。

　次に，空き家を活用したいという所有者に対して行われている，空きPの活動を紹介したい。

① 所有者の意向調査：新規物件を掘り起こし，所有者の意向を調査する。
② 新規物件の登録：新規物件について調査し，空き家バンクに登録する。
③ 空き家の活用
　　A．物件管理代行型：登録された物件の所有者に代わって，空き家の改修・管理を行う。
　　B．サブリース型：所有者から物件を賃借し，改修して代わって物件を貸し出す。

　空き家問題がスムースに解決に向かわない大きな原因の1つに，所有者側の問題がある。たとえば，物件の所有者がわからない，所有者が近隣に居住していない，所有者と連絡がつかない，所有者の意向が不明である，所有者が賃借の手続きや物件の管理を面倒だと思っている，所有者が諦めているなどである。つまり，空き家問題は一方に，借り手がいない，買い手がいないという原因があるとともに，もう一方では，貸し手，売り手側にもこうした原因があることが多い。こうした貸し手（売り手）側の課題に対応するため，空きPは積極的に現状を捕捉し，伝手を頼りながら所有者にアプローチし，所有者が困っている点を補完するサービスを提供することで，空き家バンクの物件を充実させている。また，空きPの活動によって多くの空き家が再生され，新しい住民が住み始めることで生き返った空き家を見て，自らが所有する物件も有効に使ってもらえるのではないかと前向きに考え始める所有者も，少なくないものと考えられる。

　さらに，実際に新しく移住してくる人たちに対しても，以下のような活動を

行っている。

① 改修アドバイス：NPO スタッフが，改修プラン・再生手法のアドバイスや業者の紹介を行う。
② 専門家の派遣：建築士などの専門家が，構造チェックや改修のアドバイスを行う。
③ 空き家片づけ隊の派遣：NPO スタッフとボランティアスタッフが，片づけ・ゴミ出しを手伝う。
④ 改修作業補助：NPO スタッフが改修作業を補助する。（基本的に，移住者本人も参加）
⑤ 改修現場監督：NPO スタッフが改修現場の監督を行う。
⑥ 道具の貸し出し：個人で所有するのが難しい工具を貸し出す。

斜面地の空き家は，前述のような所有者の事情もあり，現状のまま（多くは屋内に家財道具が残されているまま）でよければ貸してもよいとか，譲ってもよいというケースも多い。つまり，所有者は車の入らない斜面地ゆえに割高となる老朽化した家の改修費用や，家財の運び出し費用を自らが負担しなくてよいなら貸す（または，売る。以下同）というのである。その代わり，家財を使おうが処分しようが自由だし，家の中を自由に改修してもらってよいというような条件である。ただ，そうした物件を，そのまま空き家バンクで紹介したからといって，借りる（または，買う。以下同）という人が出てくる可能性はほとんどない。高額な家財の処分代と改修費を自費で負担してまで，古い空き家に住もうという人がどれほどいるだろうか。

貸し手は，自らが高い費用や手間をかけてまで家を貸そうとはしない一方，借り手も，その費用を自分が負担してまで借りようとは思わない。この点も，一般的に空き家が発生する悩ましい問題の1つである。そこで，この問題を解消しようというのが，空きPの発想である。基本方針は，空き家に住もうという人が，その家を自由に改修できるというメリットを最大限に活かし，その手間と費用というデメリットを，できるだけ減らすように手助けしていこうというのである。まず，借り手と空きPのメンバーが一緒に，どのような家に

第 3 章　空き家問題と移住　｜　57

するかプランを考え，必要に応じて業者等の紹介を行うが，その過程で，建築士による構造チェックは家の基礎的な安全性を確保するための必須事項となっている。さらに，引っ越し業者に依頼すると軽く100万円を超す費用がかかる荷物の運び出しや，新しい荷物の運び入れを，空きPスタッフとボランティアスタッフらがバケツリレー方式で手伝う。このボランティアスタッフの中心は，地元飲食チェーン店の経営者でもある，空きPの山根浩揮副代表（豊田代表の同級生でもある）の呼びかけで結成された，「土嚢の会」のメンバーたちである。

　専門家に構造チェックを受け，荷物が運び出された空き家の内装工事は，基本的にDIY（Do it yourself方式）で行われる。無論，移住者のほとんどはDIYの未経験者なので，必要な道具を貸し出し，経験豊富な空きPメンバーが監督を務め，他のメンバーやボランティアスタッフとともに原則，移住者本人も一緒に作業に参加する。それによって，本人の意向がその場で反映できるとともに，自ら手掛けた家への愛着が深まる。さらに，手伝いで参加してくれた人たちとのコミュニケーションが生まれることで，新しい暮らしへの不安が薄れ，感謝の気持ちが広がる。そのことによって後日，新しく移住してきた人に力を貸してあげたいという気持ちが育まれる。また，改修時のボランティアスタッフを募集するに当たって，将来，自らも自分の手で自分の家を作ってみたいという人に積極的に呼びかけ，その面白さに気づき，具体的な知識や技術を身につけてもらい，ひいてはそれをきっかけに斜面地の生活にも興味を持ってもらおうと意図している。こうした人と人のつながりが，尾道の斜面地の空き家の魅力をより一層高め，コミュニティの輪が広がっていくのである。

（7）NPO法人尾道空き家再生プロジェクトの活動成果

　次に，空きPが受託している空き家バンクの活動の成果の内容を，詳しく見てみたい。

　図表3－7を見ると，まず入居時の世帯主の年齢は30歳代が44％（その他と不明を除いた割合，以下同）を占め最も多いが，20歳代が20％，40歳代が22％，50歳代が15％と他の年代もそれなりの割合を占めていることから，20歳代か

	図表 3 − 7　移住者の属性						

	20 歳代	30 歳代	40 歳代	50 歳代	60 歳代以上	その他	不明
入居年齢	11	24	12	8	0	6	14

	1 人	2 人	3 人	その他	不明
世帯員数	40	10	7	6	12

	尾道市内	県内他市	中国地方	四国地方	九州地方
移住前住所	21	11	1	2	1
	近畿地方	関東地方	海外	その他	不明
	11	10	2	0	16

	賃貸	売却	不明
物件種別	23	35	17

出所：「尾道市役所政策企画課」からの提供資料より。

ら 50 歳代と年齢の幅は広く，大きな偏りはないといえる。ただし，60 歳代以上は 0 となっており，たとえば，最近よく耳にする，定年後の移住というスタイルは尾道の斜面地では，ほとんど見られない。その理由として，60 歳以上の世代では既に，持ち家や家財を保有している人，生活のスタイルが確立している人が多いからだといえるし，引っ越しの面倒さや，何よりも坂暮らしの体力を考えると魅力が薄いのかもしれない。また，それ以上に，若い移住者が多いのは，若いメンバーが多い空き P のコミュニティ作りへの共感が，若い世代において醸成されやすく，こうして生まれたコミュニティが，さらに次の若い移住者を呼び込んでくるという循環が生じているものと考えられる。

　次に，世帯員数を見ると，単身者が 7 割強を占めており，2 人世帯が 18%，3 人世帯が 12% となっている。これは，引っ越しや空き家の改修作業など考慮すると，やはり移住者の中心は身軽な単身者が多くならざるを得ないということかもしれない。しかし，尾道への移住者のなかには，移住前から尾道に何度も来ていて，尾道の町の雰囲気を知り，尾道の人とかかわるなかで尾道での暮らしの情報を得，コミュニティに触れることによって移住を決めたという人が割と多く，こうしたことが有力な移住のきっかけの 1 つになっている。このことからも，行動の自由度が大きい単身者の方が，移住のきっかけを掴む機会が

多いのではないかと考えられる。

　興味深いのは，移住者の前住所である。最も多いのは尾道市内からの移住者で，3割強を占めている。これに県内他市からの移住者を加えると，約6割は広島県内からの移住者ということになる。一方，首都圏を含む関東地方，京阪神を含む近畿圏からの移住は合わせて3割強となっており，単純に，地域の人口の増加が目的であるとするならば，市内からの3割の移住の成果は差引ゼロであり，もう少し広く，県内レベルで考えれば6割の成果が差引ゼロということになる。確かに，首都圏や関西圏からも3割の人が移住してきているとはいうものの，果たして，このことをどう解釈すればいいのだろうか。この点を豊田代表に問うたところ，実に明快な答えが返ってきた。それは，「私たち自体は，そもそも尾道市の人口を増やそうというような，大それた目的を掲げて活動している訳ではない。私たちは，尾道らしい斜面地の風景と生活を残し，昔ながらの地域のコミュニティを大切に後世につないでいきたいという思いから，それを実現するために活動しているだけだ」として，それゆえに「私たちの思いを理解し共感してもらった上で，移住してきて下さる方なら誰でも歓迎したい」というのである。これを聞いた時，筆者は目から鱗が落ちる思いであった。

　次に，物件の種別を見ると，賃貸と売却の割合が約4：6となっている。移住者の属性として，30歳代を中心に若い世代が多く，単身者が多いことに鑑みると，約6割の移住者が家を購入しているということに疑念が湧くかもしれない。これは，前述のように斜面地の空き家の多くが老朽化していることと，所有者自身，今後住む可能性がなく，改修費や家財の運び出し費用（多くは，家財の処分費用も必要）を考えると，現状のまま引き取ってもらえるのなら，空き家の売却価格は安くても構わないという意向が強いからである。なかには，つる（2014）で描かれているように，無償で譲渡を受けるケースも少なからず見られる。実は，斜面地の住宅には，土地は近隣の寺院が所有しており，それを少額の賃料で借りて（これには歴史的な経緯や事情があるが，今回その説明は省略する），上物の家屋だけが所有者のものであるというケースが多く，その場合，借地権付きの上物の住宅だけの取引であることから，なおさら価格が安くなるため，売却の割合が高くなっていると考えられる。

6. まとめ

　これまでの検討によって，判明したことは，まず，われわれが人口減少社会のなかに生きているということである。それゆえに，地方においても人口が減少し，空き家が増加しているのである。一言でいえば，人口を増加させる有効な手立てさえあるならば，こうした問題は一気に解決に向かうだろう。しかし，今後も人口が減少することは必至であり，それも急激な少子化，高齢化を伴うことは避けられない。政府を始め行政サイドは，それを知ってか知らずか，あれこれと人口増加策を打ち出しているが，これを食い止めることができるとは到底期待できそうもない。そうであれば，どの地域においても将来のことを考える場合，人口の減少は不可避だという前提に立つ必要がある[3]。その上で，自らの地域の将来をどのようにしたいのか，どのようにすることができるのか，そのために自分たちに何ができるのか，自分たちは何をしなくてはならないのかということを，まずしっかり考え，その実現に向けて策を練り，それを諦めず実行していくことが肝要になる。もし今後，地域間に創生の格差が生じるとすれば，これができるかできないか，これをやるかやらないということが大きく影響するに違いない。

　今回取り上げた，NPO法人尾道空き家再生プロジェクトの活動は，今や多くのメディアに取り上げられ，地方創生の成功事例として全国的な注目を集めている。また，豊田代表は「人間力大賞・総務大臣奨励賞」や「ふるさとづくり大賞」などを受賞し，彼女のもとには全国から講演の依頼が舞い込んでいる。多くのメディアや講演の依頼主の多くは，どうすれば空き家を再活用できるのか，どうすれば移住者を増やすことができるのかということを，空きPの事例や豊田代表の話から知ろうとする。ともすると彼女を一種，空き家再生や移住促進のカリスマとか，地方再生のコンサルタントのように考えているように思われる節さえある。そこで，豊田代表に講演でどのような話をするのか聞いてみると，「専門家ではないので特別な話はできない。せいぜい私の経歴や空きPの経緯と，私たちの思いとこれまでの活動をお話しするぐらい」だとして，

第3章　空き家問題と移住　｜　61

「せめてできることは，私たちは負の資産だとみんなから思われていた斜面地の空き家を，後世に残すべき価値ある資産だと信じて取り組んできた。みなさんの町にも必ず価値ある有形無形の資産があるはずなので，それを見いだして活用できるのではないかとアドバイスするぐらい」だという。それに対して，「尾道には歴史的な遺産もあるし，観光客も多いので，そういうことができるのだろうが，私たちの町にはそのようなものがない」と反論されることもあると彼女は苦笑する。

　今回の空きPの事例から，われわれが学ばなければならないことは，彼らの地域への思いの深さであり，自分たちの思い描く地域の姿，地域のコミュニティ作りへの熱意と，それを実行する姿勢である。残念ながら，尾道市全体の人口は現在も減少傾向に歯止めがかかっていないし，空き家の問題も例にもれず深刻である。その数だけを見れば，空きPの活動の成果も焼け石に水ということかもしれない。しかし，尾道の斜面地の"質"は確実に変わってきている。斜面地ではコミュニティが息を吹き返しつつあり，何十年振りかに斜面地で生まれた子供たちの声が響いている。ネット書店「アマゾン・ジャパン」のホームページで，先にも触れた斜面地への移住者，漫画家つるけんたろう氏の著書「0円で空き家をもらって東京脱出！」の紹介文を見ると，次のように記されている。「漫画家をめざして上京したものの，まったく芽が出ず，絵に描いたような東京貧乏ライフを送っていた。が，ひょんなことから広島県尾道の空き家を0円でゲット！地元の人と助け合い，自ら左官作業で家を直して住む。そんな地方移住ライフをつづったコミックエッセイ」，「今も年収は相変わらず200万円以下。でも，東京時代よりも人間関係も生活もずっと豊か！」。もちろん，この価値観が絶対だというつもりはない。あくまでも，尾道の斜面地の一事例である。しかし，「人と人とが助け合う，人間関係の豊かな生活」は，まさに空きPの目指すコミュニティの1つのかたちであり，その実現なのである。

　真の地方創生を実現しようと考え，そのために尾道の斜面地の事例から何かを得ようとするならば，空きPのシステムや工夫といったノウハウを学ぶことは確かに大切なことである。そこには，彼らの知恵や方法が詰まっており，

そのノウハウを自らの地域にどう応用できるかを考えるための大きなヒントもある。しかし，それ以上に，そうしたシステムや工夫がなぜ生まれたのか，それを動かす原動力になっているものは何なのか，彼らはなぜそこまでやるのかということを真摯に問う必要がある。そして，その根底には，彼らの地域への思いや確固とした意思があるということを理解する必要があるだろう。

その上で，自らの地域をどのようにしたいのか，どのようにすることができるのかを明確にしなければならない。そして，そのために自分たちは何をしなくてはならないのか，何ができるのかということを深く考えなければならない。なぜなら，そうして見いだされた思いや意思こそが，自らの地域を創生するための基底となり，それを実現するための具体的な活動の原動力となるからなのである。

【注】
1）　2013 年からは，対象区域を斜面地だけではなく，平地部であっても路地などの条件不利地域にも拡大されている。このことは，空き P の活動がいかに成果を上げ，評価されているかを示す証左ともいえよう。
2）　2013 年に「旧和泉家別邸」は，空き P が再生を手掛けた 14 件目の物件「みはらし亭」とともに，尾道市の「登録有形文化財」に指定されている。
3）　地方創生と人口問題に関する検討は，小川（2016）を参照していただきたい。

参考文献
　青木茂（1975）『新修　尾道市史（第四巻）』尾道市役所.
　小川長（2016）「地域活性化と地方創生」,『尾道市立大学経済情報論集』16-2, pp.17-37.
　多田英明（2016）「空き家の現状と対策の柱」,『金融財政事情』2016 年 3 月 21 日号, pp.18-21.
　中国地方整備局建政部（2016）『空き家問題の解消に向けて～空き家対策と取り組み事例～』.
　つるけんたろう（2014）『0 円で空き家をもらって東京脱出！』朝日新聞出版.
　中川寛子（2015）『解決！空き家問題』ちくま新書.
　広島県空き家対策推進協議会（2015）『広島県空き家対策対応指針』.
　牧野智弘（2014）『空き家問題』祥伝社新書.

第4章 歴史的構造物の保存と活用
―朝来市竹田城を例として―

1. 文化財の保存とまちづくりへの活用

　わが国には絵画や彫刻などの美術工芸品や，音楽，工芸技術などの人間の技である無形文化財の他に，遺跡と呼ばれる記念物や文化的景観など多様な文化財資源が存在する。これらの多くの文化遺産は，その地域に暮らす人々の心のよりどころであり，地域のコミュニティを形成する上できわめて重要な役割を担っている。なかでも，古墳や城郭を代表とするような規模の大きい不動産文化財は，それが存在する場所の自然環境や周辺の景観と一体となることでその文化的価値を創生している。すなわち，文化財にかかわるさまざまな要素が総合的に協力し合うことで文化財の価値が実現しているのである。これらの文化遺産は，その適切な保存と継承が必要であると同時に地域の活性化に資する役割が重要であり，その積極的な活用が期待されている。

　わが国では，文化庁や地方自治体が中心となって，文化財保護法に基づいた文化財の保存と活用が進められ，不動産文化財についても確実に次世代に継承していく努力がなされている。城郭遺構を有する自治体では，都市再生整備計画の一環として，城郭公園を地域に根ざした交流拠点とし，来街者の利便性を向上させ，他の地域資源と連携することで回遊性を向上させて城への集客へつなげる取組を実施している。さらに，1975年に発足した重要伝統的建造物群保存地区の指定制度によって，各地に残る宿場や城下町など歴史的な集落とまち並みの保存も図られている。写真1，2に示すような倉敷市や大阪富田林市の寺内町では，古いまち並みと地域の歴史や伝統に根ざした人々の活動や生活

写真1　岡山県倉敷の土蔵群の景観　　写真2　大阪富田林の古いまち並み

環境が一体となった市街地環境を保存することで魅力的な地域づくりがなされ、連日、多数の散策者が訪れている。このように、不動産文化財をまちづくりの要素として活用する場合は、単なる古いまち並みだけの保存ではなく、市町村の主体性を明らかにし、そのまちのなかで市民生活そのものが生き続けることが必要条件になる。しかし、古いまち並みを後世に保存継承することと、新たなまちづくりの要素として活用することは、しばしば相反する行為になることがある。この点が歴史的構造物と呼ばれる文化財の保存と活用の実施に対して大きな問題を投げかけることになる。

2．歴史的構造物の保存に関する基本理念と問題点

　文化財を活用するという立場から見ると、歴史的構造物は建設構造物でありインフラである。したがって、現実の保存修復作業は建設技術を駆使することでなされることになる。とはいっても、文化財はそれが造られた経緯や技術、意匠など唯一性の高い価値を有しており、一度喪失してしまうと二度と元には戻らないものである。地域の活性化や文化財の活用の名のもとに構造物を改質したり破損したりすることがあってはならない。文化財の保存と修復においては、その本来の価値（authenticity）を尊重し、将来の人も現在と変わらない文化財の価値を享受できるような処置を講じるべきである。また工学の立場からいうと、近年の構造物の建設技術や材料の進歩には目覚ましいものがあり、歴

史的構造物の保存に対して，より安全で合理的な工法と材料をいつでも提供できる状況にある。しかし，文化財である歴史的構造物を対象とした場合，少なくとも100年以上のスパンの保存を考えなければならないため，現時点では最良の手法であっても将来には時代遅れの工法になってしまう可能性があることも念頭に置く必要がある。このような場合を考えて，文化財の保存には可逆性のある工法（reversibility）を検討すべきであり，常に元の状態に戻しうる工法を使用することが重要である。

そこで，authenticityとreversibilityという修復保存手法にかかわる理念に基づいて，歴史的構造物の保存と活用のための基本的な流れ示したものが図表4－1である。図のなかで保存修復の実施時に問題となる「設計」と「施工」の部分について以下に触れておくことにする。

建設構造物でもある歴史的構造物の修復保存時の問題は，インフラとしての安全性の確保と文化財としての価値を保存するための措置との間の根本的な相違にある。とくに，修復時においては，安全面の確保から土木工事としての斜面土工や道路管理に関する規定の遵守が求められ，文化財の価値の保存が困難になることが多々ある。また，歴史的構造物の価値を創出するために長年使われてきた「伝統工法」と呼ばれる技術があり，文化財の価値を持続するためには，これを優先的に用いるべきであるとされている。しかし，近年多発する集

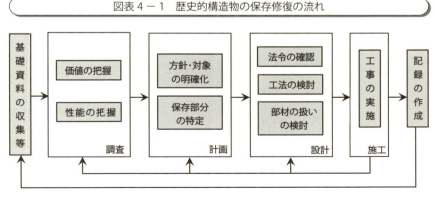

図表4－1　歴史的構造物の保存修復の流れ

出所：土木学会歴史的構造物保全技術連合小委員会（2007）。

中豪雨や巨大地震に対する安全性の向上を考えたとき，伝統工法だけでは対応しきれないものがある。いずれも文化財の価値を取るか，構造物の安全を取るかの2者択一問題であり，現在のところ明確な解答が得られていない。各担当者がその場の状況を勘案しながら修復事業を進めているのが実情である。

3．わが国の城郭遺跡の保存と活用

わが国の近世城郭は戦国時代（16世紀後半）から江戸時代初期（17世紀前半）の短期間の間に集中的に築造された世界に誇るべきわが国の建設文化財である。写真3に示すように，とくに石垣部は接着材を用いない空積みであることや曲線形状をもつなど，他に類を見ない独自の形状と構造美を有している。土木工学的観点からみれば，現在のコンクリート構造では建設が困難なほどの高い石垣が，築造から現在までに大地震を何度も経験しているにもかかわらず，大きな崩壊を見ることなく400年以上にもわたって存続してきた事実は驚異と言わざるを得ない。最近になって，日本の城に対する関心が高まり，城ブームともいえる状況が続いている。

城郭は歴史的文化遺産であると同時に，まちの新たな活性化と市民の豊かなまちづくりための社会基盤施設という大きな役割も有している。まちの活性化のために，新規のハード整備ではなく歴史遺産である城郭を活用することは，過去のストックの有効利用であり，きわめて経済的な行為であるといえる。文

写真3　大阪城東内堀の石垣

第4章　歴史的構造物の保存と活用　│　67

化財をまちづくりの核として活用する場合，文化財単体ではなく，文化財が存在する自然環境や周囲の景観までを含めた整備と活用が必要になる。さらには，文化財に関する歴史資料の整備，文化財を継承するための技術，まちに住む人々の文化財を保存するという気運と日々の活動などの幅広い要素が整えられなければならない。これらの要素は文化財の周辺環境と呼ばれ，文化財と周辺環境と一体的にとらえることによって，文化財を核とした地域の魅力の増進と活性化に対しての活用が可能になるのである。城郭のように規模の大きい不動産文化財の周辺環境はおのずと規模の大きいものになることは否めない。そのため，城郭遺構を有する自治体では，新たな都市再生整備計画を策定しており，近畿地方の城下町における例を示すと以下のようである。

・和歌山市（都市再生整備計画）

　和歌山城に隣接した公園を地域に根ざした交流拠点とし，来街者の利便性を向上させ，回遊性を向上させて和歌山城への集客へつなげる。

・岸和田市（岸和田城周辺地区都市再生整備計画）

　紀州街道や本町の町並みなどの歴史的景観や，「祭り」を体感できる「だんじり会館」，そして「岸和田城」などの豊富な「地域資源」を「観光資源」として発信し，来訪者を迎える施設や仕組み，そして点を面につなげる取組の実施。

・大阪市（大阪城公園観光拠点特区の指定）

　歴史的文化的資産である大阪城公園のポテンシャルに磨きをかけ，新たな魅力を備えた国際的な観光拠点として整備し，市立博物館などの活用や本丸の地下に眠る豊臣期の石垣の公開プロジェクトを促進する。

　いずれのケースも，回遊化，点を面につなげる国際的観光拠点など，文化財としての城郭の周辺環境の整備に力を注いでいることがよくわかる。このような計画の結果として，来訪者の増加だけではなく，地域の土産物や飲食店の消費拡大や宿泊施設の利用者拡大といった地域産業の経済的活性化に資する成果

　　（a）積み石間のずれ変形　　　（b）樹木による積み石の崩壊

写真4　石垣の劣化

がなくてはならない。そして，再整備計画として歴史遺産の再生に投資する場合は，費用対効果の検討が必要であり，歴史遺産の再生が新たな経済効果を生み出したか否かを評価することを忘れてはならない。

　一方で貴重な文化遺産である城郭遺構のなかには，築造から長い年月を経て老朽化が進行し，写真4に示すように，崩壊の危険に直面しているものも少なくない。とくに，地盤構造物である城郭石垣の劣化による不安定化は，そこを訪れる観光客の生命の安全を脅かすことにもなりかねない。2016年に発生した熊本地震によって大々的な被災を受けた熊本城は，わが国でも有数の名城であり，同時に被災した熊本市民の心の支えにもなっていることから，一刻も早い復旧が期待されている。しかし，城郭石垣の修復方法については，文化財であることを優先して元の状態に復元すべきか，それとも土木構造物としての安全性を優先して近代工法を適用すべきかという問題が残されている。この問題については，今後の文化財の保存と活用を考えるうえで重要であるので，後で触れることにする。

4．竹田城（兵庫県朝来市）の現状

（1）朝来市の文化財基本構想

　朝来市は兵庫県北部の但馬地域に属し，市内には「茶すり山古墳」や「竹田城跡」，「生野鉱山」などの古代から近世，近代に至る文化財や歴史的遺産が数

第4章　歴史的構造物の保存と活用 ｜ 69

多く存在する。一方で少子高齢化による人口減少と地域の活力の低下によって，地域の文化が喪失し，市内の多くの歴史文化遺産の維持が難しい状況に至っている。このため，朝来市は，歴史的な遺産を総合的に把握し，後世にわたって保存するための具体的な方策を検討するために，2015 年には『朝来市歴史文化基本構想』[1] を策定している。この構想によって，歴史文化遺産を活かした地域づくりを持続的に進めることで，住民の地域に対する誇りを誘起し，豊かな歴史文化を将来に伝えていく努力を開始し始めている。

（2）竹田城の歴史と朝来市による竹田城跡の保存と活用政策

　竹田城跡（朝来市和田山町竹田）は，1443 年に山名宗全によって築かれ，太田氏や赤松氏らの城主に引き継がれたが，1600 年の関ヶ原の戦いに西軍に属し廃城となったため，150 年続いた歴史に幕を下ろした。城郭の石垣はその後も残され，明治以降は朝来郡竹田町に引き継がれて，1943 年（昭和 18 年）に国史跡に指定されている。城郭は標高 350m の山を削平して築かれ，東西約 100m，南北約 500m の大きさを持つ山城である（図表 4－2）。

　国の史跡に指定されてはいるが，その後の石垣整備は十分なものではなく，1970 年に改めて石垣の状況調査が行われ，1980 年まで断続的に石垣修理事業が実施され，昭和 52 年には『竹田城保存管理計画書』[2] によって城跡の保存管理についての基本的な方針が示された。この管理計画は，城郭石垣の維持管理は，石垣の持つ文化財としての本質を保存しうる形で実施すべきあることを謳っており，当時の城郭石垣の保存に対する基本姿勢を示したものとしては画期的なものであった。この結果，以後も竹田城石垣では，写真 5 のような優美な姿が変わることなく維持されることになった。

　また，地元の住民を中心にして「竹田城跡保存会」が 1987 年に結成され，竹田城跡の価値を後世に正しく継承していくことを目的として講演会や町の美化などの活動が活発に行われている。1998 年には竹田地区が県の歴史的景観形成地区に指定され，宿場町の景観を守るための活動が行われ，写真 6 のような歴史的な町並みも保存された。

　2000 年過ぎから，竹田城が映画や大河ドラマなどの舞台になったことが引

図表4－2　竹田城の曲輪遺構

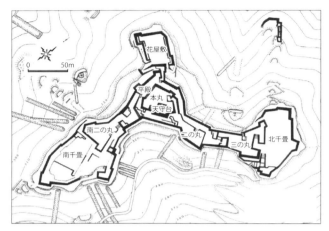

出所：朝来市教育委員会（2016）。

写真5　優美な竹田城

き金になって，「日本のマチュピチュ」と呼ばれるような山頂に築かれた城郭石垣の景観が人気を呼び，急激に多くの見学者が竹田城を訪れるようになった。図表4－3の見学者数の推移に示すように，2000年頃には年間2万人程度であった観光客が年々倍増し，2014年には年間50万人を超える人々が訪れている。こうした状況に対応して，朝来市は公共交通機関（JR）と連携して「天空の城　竹田城跡号」を走行させるなど大々的な観光キャンペーンを展開している。一方で，交流施設や宿泊施設の整備を実施するとともに，竹田地区の文化遺産の整備活用を図るために，歴史文化遺産の調査を実施し，2012年には

第 4 章　歴史的構造物の保存と活用 | 71

写真 6　竹田城下の街並み

図表 4 − 3　竹田城の見学者数の推移

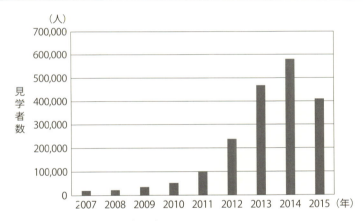

出所：朝来市教育委員会（2016）。

『竹田城跡と城下町の保存活用方針』を策定した[3]。また，2013 年には，竹田城跡保存管理計画の検討を開始し，石垣の保存修復に関する「竹田城跡石垣修復検討委員会」も設置している。

（3）竹田城跡の保存と観光振興

　このような変化のなか，急激に増加した観光客によって，石垣遺産の保護と観光振興の両立という問題が発生した。写真 7 に示すように多数の観光客が城内を歩行見学することによって，城郭内の通路が侵食され，土砂が流出すると

同時に地下遺構が露出荒廃するという人為的な影響による文化財劣化が顕著になった。通路の歩行浸食によって雨水の流出が活発になったことも石垣の崩壊につながったものと考えられる。とくに竹田城の美しい石垣群にも荒廃が進み，写真8，9のように，石垣の崩落が目立つと同時に，見学者に危険が及ぶ可能性が指摘されるようになった。現実に，見学者の転落事故も発生したようである。このような状況のなか，竹田城跡石垣修復検討委員会によって，全面的な石垣の安全性調査が実施され，石垣の一部補修と立ち入り規制区域の設定がなされた。このような規制は文化財保護と見学者の安全確保の面から致し方のないものであったが，一部の見学者から不満の声が出たようである。また，竹田城跡石垣修復検討委員会からは見学者の人数制限をすべきとの要請もあったが，市の対応が後手に回ったところもあり，実現することはなかった。2015年になって観光者の数は減少傾向になったこともあって，改めて朝来市は元の

写真7　竹田城を訪れる観光客（右の写真では石垣の上に観光客が鈴なりになっている）

写真8　見学者の歩行による通路の劣化　　写真9　天守台の石垣石の欠落と劣化

第4章 歴史的構造物の保存と活用 | 73

区表4－4 竹田城の立ち入り禁止区域の設定

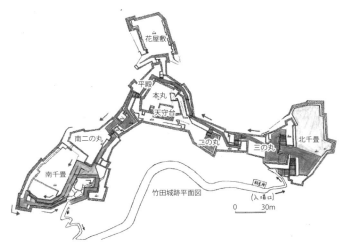

（図の網掛け部分のみ通行可とされた）
出所：朝来市（2015）。

竹田城の美しい姿を取り戻すために，城内および石垣群の点検と修復に向けた事業を開始しようとしている。

　竹田城の状況は，文化財の保存と活用を両立させることの難しさを知らしめた例であり，一見頑丈そうに見える石垣であっても，人為的な影響によって容易に劣化破損しうるものであることを示した事例となった。世界中から観光客が訪れるマチュピチュ遺跡やエジプトのピラミッドの劣化状況を見ても，自然現象や見学者による物理化学的な影響を避けられないことは不動産文化財の特徴でもある。さらには，不動産文化財の劣化は見学者の安全に直結していることも事実である。対象が文化財であるため，劣化に対する安易な補強対策が取れないこともあって，現在のところ，劣化の発生した箇所について部分的な補修を実施することや，見学者の立ち入り制限区域の設置など，受動的な対策が取られているにすぎない。文化財施設が受け入れ可能な観光者数を設けて入場者数を制限する方法もあるが，朝来町のような地方都市では，竹田城の入場者数が地域の産業収入に影響することもあって，来訪者数の制限という手段を実

施することが難しいことも事実であろう。マチュピチュでは，1日の入場者数を最大2,500人と定めてはいるが，夏季の観光シーズンにはこの規定が守られているとはとても思えない。

（4）竹田城と朝来市の観光マーケット

文化財の劣化に対する保護政策として，観光者の入場制限という直接的な手段が取れない理由には，観光者による地域への経済効果を無視できないことにある。そこで，竹田城効果が地域の経済活動に及ぼした影響について見てみよう[4]。

図表4－5は朝来市の観光資源の分布を示したものである。竹田城の他，茶すり山古墳，生野銀山，神子畑選鉱場など，市内には古代から近代化遺産に至るまでの歴史遺産が点在している。しかし，竹田城跡のみを目的として来訪する観光客が60%を超えており，すべての歴史遺産が十分活用されているとはいい難い。図表4－6を見ると，生野銀山は朝来市の2大観光拠点であるにもかかわらず，2010年以降の竹田城入場者数の増加と比べると，その増加率は非常に小さい状況にある。竹田城跡以外の観光地へ来訪者数は竹田城跡への来訪者数の10%程度であるとの報告もあり，各観光施設への2次効果は大きくない状況である。朝来市内の複数の観光資源間で何らかの協力体制を整える必要があり，そのためには互いのアクセスを向上させる必要があろう。竹田城の近隣にある寺町通りなども，周遊する観光客はまばらで，竹田の町並みを周遊する魅力をアピールする必要性を感じさせる。

最近の観光活性化の要因には食資源は欠かせないものである。朝来市の食資源を見てみると，但馬牛，岩津ねぎ，養父のワサビ，朝倉山椒などがあるようであるが，これらはいずれも市内における購入率が高いものの，観光資源としてはまだ知名度が低いようである。

図表4－7は2013年における，朝来市根の来訪目的をアンケートした結果であるが，竹田城だけを目的とする観光者が非常に多いことがよくわかる。飲食代や土産代による経済効果は全国平均から見ても低いことも事実である。この状況は，朝来市の北には豊岡市の城崎温泉や出石そばで有名な出石町が位置しており，朝来市を訪れる観光者は，竹田城を見学した後は，すぐにこれらの

第4章 歴史的構造物の保存と活用 | 75

図表4-5 朝来市の観光資源

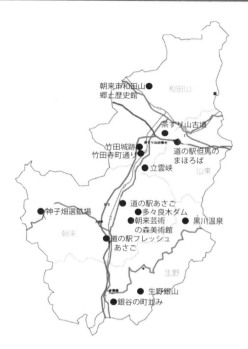

出所：朝来市（2016）。

図表4-6 生野銀山の来訪者数

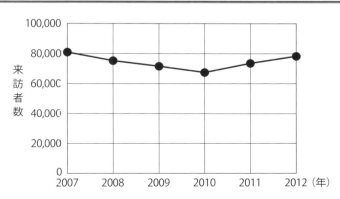

出所：朝来市（2015）。

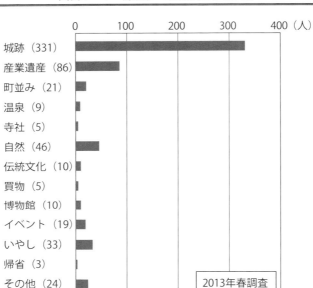

観光地に向かって移動してしまうことも原因の1つであろう。このため，地域住民を中心にして，竹田地域ビジョン会議を結成し，竹田城跡をより活かした地域づくりについて検討するとともに，竹田城跡に依存しすぎない地域の魅力開発についても検討を開始している。

(5) 新たな竹田城の活用と朝来市の活性化に向けて

　朝来市は，現在の竹田城にのみに依存した観光行政から脱却し，拠点重視型観光あるいは価値創造型観光（観光まちづくり）を考え，均衡のとれた施策を推進するための方針を定めている[5]。とくに，朝来市の2大観光資源である竹田城跡と生野銀山を戦略的に活性化するために，黒川温泉などの温泉資源や自然資源などの多様な観光資源との連携と周遊性を持った観光ルートを創出し，その情報の発信を確実に実施することを挙げている。「ゆっくり時間を過ごした

くなる」,「何度も訪れたくなる」というような観光プログラムを構築することで,見学に複数日が必要になり,市内での宿泊者数を増加させることも可能であろう。

朝来市の自然と農産物は市民の誇りでもあるが,充分に活かしきれていないのが現状である。価値創造型観光の取組みのなかで,宿泊や飲食,お土産,体験など地域での観光消費に結び付く取組みを展開させる必要がある。観光は地域が総ぐるみで競争する時代を迎えており,個々の事業者や行政だけでは限界がある。したがって,市民全体が地域を理解すると同時にさまざまな知識やノウハウを有した幅広い観光まちづくりを展開することも重要であろう。

このような観光活性化プログラムの実施は,新たな竹田城跡と竹田の町並みの創生を目的としていることは明らかであるが,プログラムの有効性,あるいは実施後にプログラムの費用対効果に関する情報を発信することが大切で,これが次のステップの戦略的観光活性化プログラムを生むことになると考える。

5．城郭遺跡の保存と活用（最後に）

竹田城を代表とするような城郭遺跡では,天守閣などの建築遺構よりも石垣遺構を主とするものが多く,城の石垣の美しい姿はまさに城郭遺構そのものであると言ってよい。前述したように,これらの城郭はまちの再活性化の核として有効に利用しうる不動産文化財である。反面,石垣のような不動産文化財にとって,自然災害や時間の結果による劣化や不安定化は避けられないものであり,石垣の不安定化は見学者である市民の生命の危険性につながることになる。すなわち,文化遺産といえども常に安全で安心に使用しうるものでなければならない。石垣に劣化や変形が進行すれば直ちに工学的に最善の方法をもって修復する必要がある。一方,文化財であるという立場からみると,たとえ石垣に不安定化が進んだ場合でも,「修復」ではなく「復元」という考え方が第一になる。すなわち,新たに手を加えるのではなく,元の状態に戻すことが基本であり,変形の進んだ石垣では,元からある石を全く同じ位置に再利用して積み直しを行うことで元の状態に戻すことが大切なのである。工学技術者の立

場から考えると，元に戻すこと（復元）だけでは将来に同じ原因による不安定性が生じる危険性があるため，ときには構造と材質に至るまで古来の石垣と異なる修復処置を考えざるを得ない場合に直面する。

　この問題は，文化財を何百年にもわたって末永く保存していくために，「工学」と「考古学」や「歴史学」との学際的な問題として，今後お互いに協力しあって冷静に対処していかなければならない。2016年に稀に見る被害を受けた熊本城は，わが国の城郭のなかでもとりわけ文化財的価値が高く，県民にとって誇りともいうべき文化遺産である。このような貴重な文化財に対して安全性を考慮した技術的な対策を講じ，できるだけ早く復旧復興しなければならない。この復旧作業がどのように行われ，どのような熊本城に生まれ変わるのかを我々は注意して見守らなければならない。文化財としての真の価値を持つ歴史的構造物を後世に残すことは，我々に課せられた大切な義務であることを心しなければならない。

【注】
1）　朝来市教育委員会（2016）.
2）　朝来市教育委員会（1977）.
3）　文化庁文化財部「「歴史文化基本構想」策定ハンドブック」.
4）　朝来市（2016）.
5）　朝来市（2015）.

参考文献
朝来市（2015）「都市再生整備計画―天空の城がある町竹田地区―」.
朝来市（2016）「朝来市観光基本計画（案）」.
朝来市教育委員会（1977）「竹田城保存管理計画書」.
朝来市教育委員会（2016）「朝来市歴史文化基本構想」.
土木学会歴史的構造物保全技術連合小委員会（2007）「歴史的構造物の保全に関する研究」『平成19年度土木学会重点研究課題調査研究報告書』.
文化庁文化財部「「歴史文化基本構想」策定ハンドブック」文化庁ホームページ.

第**5**章 文化（アニメ）による活性化
―「聖地巡礼」現象の第二フェーズに向けて―

1．はじめに

　地方活性化に向けた，さまざまなアプローチが各地でなされているなか，2010 年代になって複数の自治体で進められるようになったのが，アニメ作品内の舞台モデルとなったことを契機とした地域活性化事業である。そこでは，「聖地巡礼」や「舞台探訪」と呼ばれるアニメファンの観光行動を誘発し，地域経済の活性化を目指すものが多く見られる。たとえば，その事例の 1 つとして，香川県観音寺市の「アニメで地域活性化プロジェクト」（通称「ゆゆゆ」プロジェクト）などが挙げられる。2016 年春より市の政策部企画課が中心となって進めてきたこのプロジェクトでは，地域の事業者とアニメとのコラボ商品の制作・販売，地域を巡るスタンプラリーイベントの実施がなされ，2017 年 2 月 5 日にはアニメ作品とのコラボレーションイベントも観音寺市で開催された。このイベントを紹介した朝日新聞の記事では，このプロジェクトに携わっている企画課の職員の次のようなコメントが紹介されている。「多くのファンに訪れてもらい，地域の活性化につながれば素晴らしい。来てよかったと思ってもらえるような態勢づくりを進めたい」（「「ゆゆゆ」ファン歓迎　観音寺市，アニメとコラボ企画続々」，2017 年 1 月 13 日，朝日新聞香川全県版，朝刊 23 面）。

　このように，アニメ作品のファンを「おもてなし」する対象としてとらえた，行政主体による誘致プロジェクトはすでに珍しいことではなくなっているが，しかし，このような「まなざし」が形成される過程では，その「おもてなし」の対象とされるアニメファンが地域（＝ホスト）に自分の趣味を承認されよう

とする活動，そして，それを地域側が受け入れる事情が重なって成立する状況が見られた。

　筆者は，2008年よりアニメ作品のモデル地域——「聖地」と見なされる地域の調査を開始し，その地域を訪れるファンやまちおこし当事者（地域活性化事業に携わる地域住民や商工会職員，自治体職員など）への聞き取り調査を進めてきた。「聖地巡礼」という観光行動がじゅうぶんに知られていなかった時期から調査を進めてきた筆者は，先行きがわからないなか，手さぐりでその現象に向き合ってきた当事者たちとともに，「聖地巡礼」現象が認知されていく過程を観察することができた一人である。

　本稿では，これまで筆者が調査を進めてきた地域と，近年アニメの舞台となったことをきっかけにまちおこしを進めようとしている静岡県沼津市の事例を取り上げ，これからの「聖地巡礼」とそこに内包される地域活性化への可能性と課題について考えていきたい。

２．「聖地巡礼」（コンテンツツーリズム）と地域活性化

　2016年のユーキャン新語・流行語大賞では，映画『君の名は。』（新海誠監督，「君の名は。」製作委員会製作）のヒットもあり，「聖地巡礼」がトップテンを受賞した。その受賞理由を見ると，このような説明がなされている。

　　ここ数年，映画やテレビ作品，ゲームなど，物語の舞台となった場所を訪れることが「聖地巡礼」と呼ばれている。映画界の興業記録を更新中の大ヒットアニメ映画『君の名は。』は，大震災を経験した日本人の気持ちを癒してくれた。舞台になった飛騨古川を訪問し，組み紐を体験することはまさに「巡礼」。2016年，行く先を求めて「心の旅」を模索するこの国の人々。「聖地巡礼」は，その想いを象徴するものとして授賞に値する一語とした（「新語・流行語大賞」ホームページより）。

　この受賞は「聖地巡礼」がある程度一般性を持つことばとして認知されてき

たことを意味するが，この用語自体はもともと当事者たちが自らの行動を，宗教上の「聖地」を巡る「聖地巡礼」にたとえたスラングであった。ただし，学術上の用語としては従来の（宗教的な意味での）「聖地巡礼」と混同するおそれもあって，観光学などでは同種の行為を「コンテンツツーリズム」と呼んでいる。

このコンテンツツーリズムという語の初出は 2005 年に出された『映像等コンテンツの制作・活用による地域振興のあり方に関する調査報告書』である。そこでは「地域に関わるコンテンツ（映画，テレビドラマ，小説，まんが，ゲームなど）を活用して，観光と関連産業の振興を図ることを意図したツーリズム」（国土交通省総合政策局観光地域振興課など 2005：49）と定義されている。この用語が出てきて 10 年以上を経過した現在からみて興味深いのは，この定義において「アニメーション」が例として挙げられていないことである。もちろん，「コンテンツ」ということばのなかにはアニメーションが含まれている[1]のだが，代表的な事例としてここで挙げられていない。映画やテレビドラマのような実写作品のロケ地を巡る人びとは，大河ドラマや韓流ドラマなどによって顕在化していたのに対し，アニメ作品の舞台を巡るという行為はじゅうぶんに可視化されていなかったためだろう。

ところが，7 年後の 2012 年に出された『観光立国推進基本計画』では，「新たな観光旅行」として「ファッション・食・映画・アニメ・山林・花等を観光資源としたニューツーリズム」が取り上げられ，「アニメについては，作品の舞台となった地域への訪問など，参加者に対して周辺観光を促す地域の取組みを支援する」（国土交通省 2012：56-57）ことが明記されるようになる。現在では，その語がユーキャン新語・流行語大賞トップテンに挙げられたことからもうかがえるように，コンテンツツーリズムの一種としてアニメ作品の「聖地巡礼」は広く知られるようになっている。

このことは，アニメ作品を契機としたコンテンツツーリズムが 2010 年代に入り地域活性に資するものとして知られるようになってきたためである。では，その間に何が起こっていたのだろうか。まず，「聖地巡礼」現象を活用した地域活性化事業を最初に展開した埼玉県久喜市鷲宮地区の取組と，以降の「聖地巡礼」の広がりを概観してみよう。

3．「聖地巡礼」の先行事例

（1）最初期の事例である埼玉県北葛飾郡鷲宮町

　このような「聖地巡礼」への取組が地域活性に資するものとして，広く知られるようになったのは，埼玉県北葛飾郡鷲宮町（2007 年当時。2010 年 3 月 23 日に近隣の久喜市・菖蒲町・栗橋町と合併し，現在は埼玉県久喜市鷲宮地区）の「成功」がきっかけである。

　2000 年代に入りベッドタウンとしての開発が進んでいたこの東京の郊外地域は，関東最古の神社と伝わる鷲宮神社があるが，この神社が 2007 年 4 月～9 月に放送された TV アニメ『らき☆すた』（らっきー☆ぱらだいす製作）において，主要登場人物が暮らす場所として登場している。このような作中の描写をきっかけに多くのアニメファンが鷲宮町を訪れるようになったのだが，当初は，その来訪が住民の困惑を招いたとされる記事が MSN 産経新聞ニュースのサイトに掲載されるなど（2007 年 7 月 25 日付記事「関東最古の神社にアニヲタ殺到　地元困惑，異色の絵馬も」），当初メディア上ではネガティブな意見が目立っていた。ただし，鷲宮町商工会（現・久喜市商工会鷲宮支所）の経営指導員の立場から『らき☆すた』を通じた取組に携わり続けてきた松本真治氏によると，鷲宮の商工会がこの町にアニメファンが訪れている状況を認知するようになったのは，この報道の取材を通じてであり，それまでは状況の把握自体がされていなかったという。以降，鷲宮町商工会では，鷲宮神社でアニメファンへの聞き取り調査を実施しファンのニーズを把握したうえで，町を訪れるファン向けのさまざまな取組を実施し，さらには，鷲宮町ボランティア部をつくり，イベント運営にアニメファンを参画させるなどもした。これら放送直後の商工会の取組については，アニメ作品の「聖地巡礼」について取り上げた最初期の論考である山村（2008）に詳しいが，作品の権利者との連携や地域内の調整をスムーズにしたのは，商工会という公共的団体が介在したためといえる。

　以降，多くのファンがこの町にひかれ来訪するようになるが，このファンに向けた取組の「成功」＝観光客誘致の盛り上がりを象徴するデータとしてよく

参照されるのが，鷲宮神社の三が日の参拝客数の増加である。商工会によれば，アニメ放送前の2007年（9万人）と比較して2010年には客数が5倍（45万人）まで伸びたという（山村 2011：3）。また，「我が町 オタクの集う地に」（日経流通新聞 2008年11月12日付3面）では，TV放映の翌年（2008年）において聖地巡礼行動による鷲宮への直接的な経済波及効果が当時すでに1億円超に至っていることが記されている。特に観光資源をもたないとみなされていた——2007年時点で，鷲宮町には観光協会が存在していなかった——郊外地域への多数のアニメファンの来訪は，その後のアニメを活用した地域活性化事業へとつながっていくことになる。

（2）アニメファンから地域のファンをつくりだす取組

　では，どのような現象が「聖地」となった鷲宮では見られ，地域の活性化につながったと考えられるだろうか。すでにいくつかの先行研究（山村 2011；谷村 2013；岡本編 2015）で指摘されているが，次のようにまとめることができるだろう。

① 　地域とファンやファン同士の交流を通じた「たまり場」の形成

　鷲宮では，商工会主導のアニメファンに向けた取組がなされていたが，その1つとして町内の商店で買い物をするとスクラッチカードがもらえるキャンペーンなどが年末に開催されていた。山村（2008）も指摘しているが，このキャンペーンの副次的効果として，スクラッチカードが媒介となってアニメファンと地域住民である商店主との接触が増加し，コミュニケーションが活性化された。そして，そのことが商店とその顧客であるアニメファンの相互理解を進めることになった。その結果，アニメ作品をきっかけとして地域を訪れたファンが，次第に自らの趣味に理解を示してくれた地域のファンとなり，地域の常連となっていく状況が見られるようになる。以降，鷲宮ではファンがいる場所＝「たまり場」が地域のあちこちで見られるようになる。それは，鷲宮神社の周辺であることもあれば，ファンに好意的な反応を示した商店であったり鷲宮町商工会そのものであったりと，もはやアニメの舞台とは関係のない場所が「たまり場」化していくようになる。

② ファンによる地域資源の創出

　また，このことと同時並行的に鷲宮で見られたのが，ファンアートと呼ばれる，ファンの手による作品の 2 次創作物がまちに表出していく状況である。現在も見られるが，2008 年当時より鷲宮神社に行くと，ファンの手によるイラストが描かれた絵馬が絵馬掛所に多数掲げられており，町のあちこちには同じくファンが描いたと思しき色紙やイラストが掲示されている商店が見られていた。このことは，自らの趣味が地域に認められているとファンが実感する効果を生み，また，街の景観が随時アップデートされていくことでファンが繰り返し地域を訪れる動機を形成していくことにつながった。鷲宮では毎年 9 月第一週に土師祭という祭りが開催されているが，この祭りでは 2008 年より「らき☆すた神輿」と呼ばれるファンのイラストで彩られた神輿が，地域で伝承される神輿（千貫神輿）とともに担がれ，ちょっとした名物になっている（写真 1）。この「らき☆すた神輿」の担ぎ手は，インターネットで毎年募集され，それに応募したファンたちによって担がれている。そして，その様子を見にさらなるファンが地域を訪れるという循環が続く。このように，アニメ聖地として知られる地域では，ファンによる地域資源の創出とでもいうべき状況がつくられているのである。

写真 1　土師際ではアニメファンが「らき☆すた神輿」を担ぐ
（2013 年 9 月 1 日　筆者撮影）

第5章　文化（アニメ）による活性化　│　85

③　地域のイベントを活用したファンの定期的来訪の定着化

　一方で，コンテンツツーリズムを契機としたまちおこしが必ず直面する問題として，「コンテンツの賞味期限」の問題がある。たとえば，多くの映像作品では，テレビ放送の期間中や映画の公開期間中などコンテンツが展開され続けている際はファンが来訪し続けるが，その展開が終了するとその数は減少する傾向にある。鷲宮の場合，マスメディア上で「聖地巡礼」が取り上げられる際に紹介されることが多く，アニメのテレビ放送が終了した後も継続的にファンが来訪していたが，アニメ放送から10年が経過し，コンテンツとして新しい動きがほとんど見られない現在では，かつては頻繁に目にすることのできた，埼玉県道410号鷲宮停車場線を行きかうアニメファンの数もずいぶんと少なくなっている。

　しかし，現在でもファンが多数鷲宮を訪れる時期がある。たとえば，先に紹介した土師祭や，新年三が日の参拝などには多くのアニメファンが未だに地域を訪れている。さらに2009年以降定期的に開催されている「萌☆輪ピック」ではアニメをきっかけに鷲宮を訪れたファンが地域住民とともに身体を用いたミニゲームを楽しむイベントを商工会が主催するなど（松本・山村 2013），ファンが定期的に町を訪れるための仕掛けが試み続けられている。

　筆者は2008年以降，商工会関係者や商店主など，鷲宮でのまちおこし当事者から話をうかがってきたが，彼らは，「アニメのファンから町のファンへ」という意識を取組の早期段階から強く持っていたという。当事者たちが，アニメの人気が過ぎ去った後を考えて実践していた取組がアニメの放送終了後10年が経過した2017年現在も続き，それがファンをひきつけていることは，コンテンツツーリズムを通じた持続的な観光客誘致を考えるうえで，重要な示唆を含んでいる。

　また，これまでに取り上げたように鷲宮を訪れたアニメファンは観光資源の創出やボランティアとしてイベントの運営にかかわるなど，単なる観光客（ゲスト）の消費行動を超えた活動がなされていることも注意すべきだろう。観光学においてこの「聖地巡礼」現象が注目されたのも，アニメをきっかけとした観光客の行動の多面性にあったといってもよい。そして，その行動の背景には

観光客であるファンの地域への感謝がある。鷲宮でボランティアとして運営スタッフに参加したり，繰り返し鷲宮を訪れたりするファンは皆，聖地巡礼行動が地域に受け入れられるかどうかという危機感を持つことを表明するとともに，それがゆえに自らの趣味を受け入れてくれた鷲宮への感謝を口にしている（山村 2011：谷村 2011）。このことは，アニメファンを取り巻く偏見のまなざしをファン自身が内在化しており，だからこそ，自らを受け入れてくれた地域に強くコミットするという傾向を示している。この傾向は後に取り上げる静岡県沼津市でのファンの行動にもつながっており，聖地巡礼行動が認知されつつある現在でも，その行動を地域活性化にどうつなげるかを考える際に，意識する必要があるだろう。

（3）「聖地巡礼」現象を活用したまちおこしの広がりと，「先」を見据えた取組

　ここまで「聖地巡礼」現象を活用したまちおこしを実践した初期の事例である鷲宮の取組を概観し，そこからアニメ作品を契機とした地域活性化において注意すべきポイントを述べてきた。

　これらの鷲宮町商工会の実践や鷲宮でのアニメファンの観光行動は，2008年7月より鷲宮町と「メディアコンテンツと地域振興のあり方に関する共同研究」を実施した北海道大学観光学高等研究センターやその関係者たちがさまざまな媒体で発表してきたことで，徐々に認知されるようになっていった。そして，この鷲宮の取組を踏まえ，さまざまなアニメ作品の舞台となった地域においてアニメを契機としたファンの来訪を地域の活性化につなげようとする活動が進められていくことになる。その取組が有名な地域としては，滋賀県犬上郡豊郷町，広島県竹原市，埼玉県秩父市，石川県金沢市湯涌温泉，長野県上田市，茨城県東茨城郡大洗町などが挙げられよう（岡本編 2015）。そして，これらの地域の一部で新しい試みとしてなされているのが，アニメを契機としつつ，そこから分離して成立しうる観光資源の創出である。

　たとえば，その事例として滋賀県犬上郡豊郷町の取組が挙げられる。同町にある豊郷小学校旧校舎群は2009年4月～6月に放送されたTVアニメ『けい

写真2　豊郷小学校旧校舎群の講堂で毎年開催されている「とよさと軽音楽甲子園」
（2016年11月20日撮影）

おん！』（桜高軽音部製作）の作中で登場する学校のモデルとファンからみなされており，現在も多くのアニメファンが訪れている「聖地」であるが，ここで2011年よりアニメ人気に頼らない集客イベントとして開催されているのが「とよさと軽音楽甲子園」という高校生バンドのコンテストである。豊郷町商工会が主催するこのイベントは『けいおん！』が高校の軽音楽部を描いた物語であることを活用して，アニメの作中で登場人物たちが楽曲を演奏した施設内の講堂で行われている。しかし，アニメの放送から時間を経るなか，第1回大会で31組だった応募バンド数が，2016年の第6回大会では72組を数えるようになり，年々規模を拡大しつつある（写真2）。

　また，2011年4月〜9月に放送された『花咲くいろは』（花いろ旅館組合製作）の舞台となった石川県金沢市の湯涌温泉街では，アニメの作中で描かれた架空の祭りを実際に開催するようになっている。2011年以降「湯涌ぼんぼり祭り」という名で毎年10月に開催されているこの祭りも多くの集客に成功しており[2]，地域の祭りとして定着しつつある。

　このように，現在のアニメを活用した地域活性化は，観光客誘致のきっかけこそコンテンツにあるが，持続的な観光客誘致のためには，地域の特性に応じて新たな観光資源をつくり出し，定期的にファンが来訪する仕組みを構築していく必要があることがわかる。そのためには，ファンのニーズをつかみ，コン

テンツホルダーと地域とが連携していかなければならない。最後に，その取組を現在進行形で進めている地域として，2015 年夏ごろよりアニメを活用した地域活性化事業を進めている静岡県沼津市の事例を紹介したい。

4．静岡県沼津市に見られる「聖地化」初期のファンの活動

　伊豆半島の付け根に位置し古来より交通の要所として発展してきた静岡県沼津市は，明治期の文化財や沼津港などの観光資源を有しているが，一方で，2015 年に公開された「沼津市まち・ひと・しごと創生人口ビジョン」によると，1995 年をピークに人口は減少し続けている。2014 年の市外への転出超過数（1,043 人）は全国ワースト 7 位の数値となっており，また，市内の民間事業所数も減少傾向にあるなど，周辺都市と比較しても停滞が続く状況に置かれていることがうかがえる地域である。

　この沼津市で 2016 年より目立ち始めたのが「聖地巡礼」を目的としてこの地を訪れるアニメファンの姿である。この地に巡礼するファンの目的は，雑誌『電撃 G's マガジン』（アスキー・メディアワークス）において 2015 年 3 月号よりメディアミックス企画が展開され，2016 年 7 月〜 9 月に TV アニメが放送された『ラブライブ！サンシャイン!!』（2016 プロジェクトラブライブ！サンシャイン!! 製作）の舞台として描かれている沼津市内の各地を巡ることにあった。特に作中で描かれることの多い，沼津市中部に位置する内浦地区は JR 沼津駅から路線バスで 30 分以上かかる立地であるにもかかわらず，2017 年 3 月現在も毎日のように多くのファンがそこに押し寄せている。とりわけ，地域の NPO（奥駿河燦燦会）によって運営されている三の浦総合案内所には，レンタサイクルの貸し出しや無料の休憩場所としても機能しているため，同地区を訪れるファンがたむろする場所となっている。

　この三の浦総合案内所の職員によると，訪れるファンが増え始めたのは，2016 年 2 月に作品の主要キャラクターを演じる声優が案内所を訪れたことを SNS で発信したことにあるという。以降，多くのファンがこの施設を訪れ始め，「たまり場」化することになったこの施設では，TV アニメの放送が開始

第5章　文化（アニメ）による活性化 | 89

図表5－1　三の浦総合案内所利用者数推移（2015年4月〜2016年7月）

	Apr-15	May-15	Jun-15	Jul-15	Aug-15	Sep-15	Oct-15	Nov-15	Dec-15	Jan-16	Feb-16	Mar-16	Apr-16	May-16	Jun-16	Jul-16
利用者数	583	774	550	665	656	558	606	605	558	754	1,203	1,367	1,439	2,256	1,869	4,047
内ファン数										447	666	745	1,080	1,835	1,390	3,500

■内ファン数　―利用者数

（注）ファン数の計測は2016年1月以降に開始。
出所：三の浦総合案内所の利用者記録より。

された2016年7月には，前年度同月の6倍以上もの利用者数が記録されており，利用者の85％が作品のファンであったという（図表5－1）。

　この作品のTV放送は2016年9月でいったん終了しているが，2017年秋に第2期シリーズの放送が決定しており，2017年3月31日現在も地元の沼津・三津旅館組合でファン向けのイベントが開催されているなど，現在も盛り上がりを続けている状況である。

　この沼津の事例はすでに述べてきた過去の事例と比較した場合，現在進行形で展開されるコンテンツの恩恵を受けている地域であり，コンテンツの人気に頼らない持続可能な取組についてはまだ考える段階には入っていない地域である。また，旅館組合や地域の企業がコンテンツホルダーと連携し，さまざまな取組を進めているとはいえ，2017年3月時点では観音寺市のように行政がまちおこし事業に関与しているわけでもなく，今後コラボレーションが図られていくことが期待される状況にある。そのような「聖地化」に伴う地域活性化を

まさに進めようとする地域において着目したいのが，ファンがどのように地域と関係を持つようになっているかという点である。先にも指摘したように，鷲宮などの先行する「アニメ聖地」ではアニメファンが「消費者」としてだけでなく，異なる形で地域と接する姿が見られた。沼津ではどうだろうか。ここでは，2016年5月から9月にかけて実施した筆者によるフィールドワークや聞き取り調査に基づき，ファンの沼津市での活動を取り上げたい。

　まず，先に紹介した三の浦総合案内所でのファンの活動である。この施設を訪れると目立つのが案内所に設置されたキャラクターの看板やグッズである (写真3)。これらのうち，看板は沼津市近隣と内浦地区在住のファンが中心となって作成し，三の浦総合案内所の職員の許可を得て掲示されているとのことである。また，設置されているグッズの多くもファンからの寄贈によるものであるという。案内所を利用するファンにとっては自身の趣味が表出したような空間に居心地を感じているとのことで，ファンによるファンのための空間づくりを地域住民が認めることで，さらなるファンの来訪を呼び込む状況がつくられていることがわかる。

　一方，同地域ではファンを主体とした別の活動もTVアニメの放送の前後には見られた。たとえば，2016年4月からTVアニメの放送終了直後の10月ま

写真3　三の浦総合案内所
(2016年9月10日撮影)

第5章　文化（アニメ）による活性化 | 91

で2カ月に一度のペースで関東在住のファンが主催する「勉強会」が開催されていたが，主催者によると，この会は沼津市内外のファン同士で沼津市における「聖地巡礼」行動への問題意識と情報の共有を行うことを目的としたものであるという。また一方で，島郷海水浴場の清掃活動（2016年6月25日）や，内浦地区で例年開催されている奥駿河湾海浜祭において併催された「痛車展示会」（2016年8月3日）など，ファンと地域が連携して実施される活動も同時期になされている。前者は，海開きを前にした地域の恒例行事であるのだが，その活動を知った静岡県外在住のファンがインターネットを通じて参加を呼びかけ，清掃当日は雨にもかかわらず52名ものファンが集まり，地域住民とともに清掃活動に汗を流した（写真4）。また，後者では沼津近隣の市に住む製麺店を経営するファンがイベントの主催者である地域のNPO法人に提案し，その呼びかけに応じたファンが所有する「痛車」（アニメキャラクターのイラストで装飾された車）が展示された（写真5）。

　このように，まさに「聖地」への来訪がTVアニメの放送に伴い急増する段階において，ファンによる積極的な地域とのかかわりや，勉強会を通じたファン同士の問題の共有がなされていることは注目すべき点であろう。三の浦総合案内所の装飾にかかわるファン，勉強会を主催したファン，清掃活動への参加を呼びかけたファン，「痛車展示会」を提案したファンはそれぞれ別人であり，

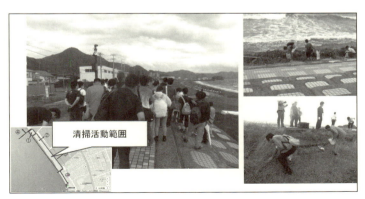

写真4　ファンが参加した島郷海水浴場の清掃活動
（2016年6月25日撮影）

写真5　奥駿河海浜祭での「痛車展示会」の様子
（2016年8月3日撮影）

居住地域も異なる。しかし，彼らへの聞き取りからは，共通する目的の方向性がうかがえる。それは，ファンが地域を理解し，地域がファンを理解する土壌をつくりだしていこうとするベクトルである。これは「聖地巡礼」が認知されてきたなかでも，ファンは自分たちが地域に受け入れられるかどうかを不安視していることを示している。しかし，そのことが地域とのコミュニケーションを試みる姿勢にもつながっており，多様なかかわり方がファンと地域でなされていることに注目すべきだろう。このような「関与の芽」をいかに育てていくかが，いずれ訪れるであろうコンテンツの人気に頼らない地域活性化につながる。コンテンツの展開が続くなかで，沼津市とアニメファンの関係がどのように形成されていくか，今後も注視する必要がある。

5．課題と展望

　「聖地巡礼」現象はファンによる旅行行動の「見える化」が先行し，後にアニメ作品の舞台になっていることに地域側が気づくという「旅行者先導型」の観光現象であった。そして，2010年代に入り，「聖地巡礼」現象への認知度が進むなかで制作段階の初期から製作者と地域とが連携し観光客誘致を見込んで

作品の舞台をプロモーションしていく「FC（フィルムコミッション）型」とでもいうべき作品が増えていくという経過をたどってきた（山村 2011）。

　沼津市の場合は，その後者に該当するが，前者の鷲宮などの地域と同様に単なる消費者としての枠組みを超えて，ファン自身が観光資源の形成にかかわるなどの事例が見られることをここまで見てきた。しかし，一方で，本稿で詳細に論じることはできなかったが，ファンと地域とのかかわりにおいて注意すべき点として権利者の存在も忘れてはならない。沼津市におけるファンの自発的な活動について 2017 年 3 月現在で権利者から問題化されているという話はなく，むしろファンの自主性に対する好意的な反応を耳にする。ただし，アニメなどのコンテンツツーリズムを通じた地域活性化事業では，ファンによる二次創作活動はときにデリケートな問題となるだけに，どのようにその活動を扱うかは重要な課題である。

　「作品のファンを地域のファンとする」。そのことがコンテンツツーリズム＝聖地巡礼を通じた地域活性化事業を持続していくための出発点となることは鷲宮の事例からも明らかであるが，そのためにファンと地域のネットワークをどのように構築する必要があるか。「聖地巡礼」が観光客の呼び水となることが知られるようになった「第二フェーズ」といえる今だからこそ，その両者のかかわり方を地域やファンの背景から考察していく必要があるといえよう。

【謝辞】
　本稿の執筆は，NPO 法人奥駿河燦燦会の大村文子氏をはじめとした沼津市内浦・西浦地区で活動する方々のご協力を得ることで可能になったものである。関係者の皆様に厚く御礼申し上げたい。

【注】
1）　たとえば，2004 年に成立した「コンテンツの創造，保護及び活用の促進に関する法律」では，コンテンツをこのように定義している。「この法律において「コンテンツ」とは，映画，音楽，演劇，文芸，写真，漫画，アニメーション，コンピュータゲームその他の文字，図形，色彩，音声，動作若しくは映像若しくはこれらを組み合わせたもの又はこれらに係る情報を電子計算機を介して提供するためのプログラム（電子計算機に対する指令であって，一の結果を得ることができるように組み

合わせたものをいう。）であって，人間の創造的活動により生み出されるもののうち，教養又は娯楽の範囲に属するものをいう。」

2）2016 年の第 6 回湯涌ぼんぼり祭りでは，主催者発表によると延べ 15,000 人が参加したという。

参考文献

岡本健編（2015）『コンテンツツーリズム研究 情報社会の観光行動と地域振興』福村出版.

国土交通省（2012）『観光立国推進基本計画』（http://www.mlit.go.jp/common/000208713.pdf）（2017 年 2 月 9 日閲覧）.

国土交通省総合政策局観光地域振興課・経済産業省商務情報政策局文化情報関連産業課・文化庁文化部芸術文化課（2005）「映像等コンテンツの制作・活用による地域振興のあり方に関する調査　報告書」（http://www.mlit.go.jp/kokudokeikaku/souhatu/h16seika/12eizou/12eizou.htm,）（2017 年 2 月 9 日閲覧）.

谷村要（2011）「アニメ聖地巡礼者の研究（1）―2 つの欲望のベクトルに着目して―」『大手前大学論集』12 号，pp.187-199.

谷村要（2013）「ファンが『聖地』に求めるもの」『地域開発』589 巻，日本地域開発センター，pp.13-17.

谷村要（2014）「趣味の包摂が生む地域活性化―アニメ聖地に見る他者の受け入れから―」『ノモス』vol.35，関西大学法学研究所，pp.35-46.

松本真治・山村高淑「鷲宮×『らき☆すた』タイアップの経緯とその後の展開年表」（http://eprints.lib.hokudai.ac.jp/dspace/bitstream/2115/53425/1/washimiya%20nenpyo%2020131019.pdf）2013（2017 年 2 月 9 日閲覧）.

山村高淑（2008）「アニメ聖地の成立とその展開に関する研究：アニメ作品「らき☆すた」による埼玉県鷲宮町の旅客誘致に関する一考察」『国際広報メディア・観光学ジャーナル』7 巻，pp.145-164.

山村高淑（2009）「観光革命と 21 世紀：アニメ聖地巡礼型まちづくりに見るツーリズムの現代的意義と可能性」『CATS 叢書』1 巻，pp.3-28.

山村高淑（2009）『アニメ・マンガで地域振興　まちのファンを生むコンテンツツーリズム開発法』東京法令出版.

「新語・流行語大賞」ホームページ（http://singo.jiyu.co.jp/）2017 年 2 月 9 日閲覧.

「沼津市まち・ひと・しごと創生人口ビジョン」（http://www.city.numazu.shizuoka.jp/shisei/keikaku/machi/index.htm）2017 年 3 月 31 日閲覧.

第 **6** 章　地域の歴史を活かしたまちづくり
―大阪北梅田地区：茶屋町・鶴野町を例として―

１．私と地域のかかわり

　私（門坂章）は，北梅田地区まちづくり協議会の代表幹事を務めるとともに（茶屋町にある商業ビル）NU 茶屋町で小さな画廊を経営している。画廊というといろいろなイメージを持たれる方がおられるが，いわゆる画商の一般的イメージである比較的高い価格の絵画を仕入れて売る画廊ではなく，スペースを貸す貸画廊あるいは作家と話し合って開催企画を考える企画画廊に分類されるもので，木曜日を初日にして火曜日が最終日という大体 6 日間で 1 つの展覧会を開いている。

　本テーマについて語るきっかけとなった門坂家と茶屋町・鶴野町の歴史的なかかわりについて触れさせていただきたい。私の祖父は，日露戦争に従軍後，明治 42（1909）年に滋賀県から大阪市北区の茶屋町に出てきて米穀商を営み，大正 7（1918）年に起こった米騒動も経験し，振興町会の会長や連合振興町会長，北区の選挙管理委員長，綱敷天神社の氏子総代などを務めた。祖父が地域の仕事を経験したことによって，町のいろいろな歴史が祖父から私の母に伝えられ，それを私が聞いて育ち，町の歴史に関心を持つようになった。

　私の母は，昭和 3（1928）年生まれで，茶屋町にあった当時の済美第一尋常小学校，後の梅田東小学校に通った。母は戦後，ファッションデザイナーとして一般社団法人総合デザイナー協会の会員になったが，そのことで私も，グラフィックデザイナー，工業デザイナーなど各界の方とお会いする機会があった。その交流によって今，まちづくり協議会でまちづくりを進める際に，いろ

いろなデザイン分野のキーマンとお話をさせていただくことができている。

　実はこれまでの私は，地域とのかかわりがあまりなかった。私は，もともと昭和30（1955）年に茶屋町で生まれたが，1歳になる前に家族で神戸市の御影へ引っ越した。そのあと浪人時代に一時期大学受験のために，家が持っている借家の1つが空いたので，茶屋町で過ごしただけである。

　その後，東京で生活をしていたが，平成元（1989）年に茶屋町に帰ってきた。私が戻ってきた時は正にバブルの真っただなかで，茶屋町もバブルの嵐に晒され，地上げが毎日ニュースになって新聞紙上を賑わす状態だった。当時のバブルとその後のバブル崩壊によって，茶屋町も大きな影響を受けた。

　私が，地域の方々とかかわりを持ちだしたのはその頃からである。平成5（1993）年から，母が始めた画廊を継ぐ形で本格的に画廊経営をやるようになり，地域とのかかわりはさらに強まった。今年の6月から，茶屋町の町会長である藤原尚之さんの後を継いで，北梅田地区まちづくり協議会の代表をしている。

２．茶屋町・鶴野町

　茶屋町・鶴野町は，阪急梅田駅を起点にして，阪急京都線とJR東海道本線によってすり鉢状に挟まれた地域である。この地域は，昭和44（1969）年に完成した新御堂筋（国道423号）の高架によって東西に2つに分けられ，新御堂筋の西側が茶屋町，東側が鶴野町となっている。

　現在，茶屋町にはNU茶屋町の商業施設，NU茶屋町プラス，その北に梅田ロフト，さらにその北に梅田芸術劇場のあるアプローズやMBS毎日放送の本社ビルがある。新しく鶴野町には昨年10月に8階建ての関西大学梅田キャンパスが生まれ，茶屋町には今年の4月に常翔学園による22階建ての大阪工業大学梅田キャンパス「OITタワー」が完成した。

　しかし1980年代後半までは，この地域はJR大阪駅や阪急梅田駅に非常に近いにもかかわらず，戦後すぐに貸家用に作られた木造アパートや中小の商店が雑然と立ち並ぶ，戦災から復興へと向かう昭和という時代が色濃く残った町だった。ところが1990年代から，地域の再開発が急に進んで短期間に町の様

第6章　地域の歴史を活かしたまちづくり　｜　97

相が激変し，今でに近代的なオフィスや商業ビルが立ち並び，流行の先端を行くテナントが進出し，周辺には個性的なファッションのお店や飲食店が集まり，特に週末は若者で賑わう華やかな繁華街となっている。

　このように最近，茶屋町・鶴野町は大きく変貌を遂げたが，新しく来た人は考えもつかないほど古くからの歴史的な資産が存在している。もともと，この辺りは，北野村や曾根崎村と呼ばれており，後の発掘調査でも明らかにされたが，淀川や大和川が運んだ土砂の上にできており，当時の市街地から遠く，田畑や野原が広がっている場所だった。明治7（1874）年，鉄道省によって敷設された鉄道が開通して梅田に新駅が建設され，それから急激に発展した町である。今日のJR大阪駅は，当時は大阪停車場といわれ，人々は「大阪ステイショ」と呼んでいた。阪急梅田駅は，もっと後の明治43（1910）年，阪急電鉄の前身である箕面有馬電気軌道によって開設された。

　茶屋町・鶴野町には，明治以降の近代化の歴史が凝縮されており，私は，まちづくり協議会の活動を通じて，地域の歴史をまちづくりに何らかの形で活かせられないかと考えている。

3．代表的な歴史遺産

（1）凌雲閣

　茶屋町・鶴野町には，地域の歴史を代表する場所がいくつかある。代表格は，明治20年代に建てられて地域のシンボルともなっていた凌雲閣である。凌雲閣の「凌」の字は「凌ぐ」，「雲」は空に浮かぶ雲，「閣」は楼閣のことで，凌雲閣とは雲より高い建物という意味である。

　私の母は昭和3（1928）年生まれで，当時は済美第一尋常小学校と呼ばれていた茶屋町の梅田東小学校を出ている。母の記憶によると，幼少時に凌雲閣の建物はもうなく，凌雲閣跡は原っぱになっていて，子供の遊び場だったそうである。子供たちは，「クカイ」で待ち合わせようという言い方をしていたらしい。小さな子供だった母は，公園というか原っぱなのに，なぜ「クカイ」と言うのだろうと不思議に思っていたそうだ。凌雲閣は，明治22（1889）年に完成

した9階建ての木造建築の楼閣で,「キタの九階」とも呼ばれていた。「クカイ」といっていたのは当時の呼び名がまだ残っていたものと思われる。

　残された写真などで凌雲閣の姿を見ると,凌雲閣は,高さ約39メートルの木造建築で,1,2階が正五角形,3階から8階までが正八角形,その上にドーム型の屋根のついた展望台があるという大変ユニークな形をしていた。凌雲閣は,遊園地「有楽園」の敷地に建てられており,園内には大小2つの池があり,ボートが浮かび,乗馬場,大弓場もあって,楼閣を備えた一大娯楽施設という体をなしていた。

図表6－1　凌雲閣(全貌)

出所:橋爪京二筆「北の九階」(大阪城天守閣蔵)。

　当時の大阪の観光マップには必ず凌雲閣が載っていたという。明治20年代半ばぐらいのものだと見られる北側の十三堤辺りからから見た絵図によると,凌雲閣の周りに黄色い色が塗られており,そこは菜の花畑だったと見られる。明治34(1901)年撮影の南側から見た写真からは,中之島の控訴院,今でいう高等裁判所越しに凌雲閣が見える。

　最近,凌雲閣の閉館後と思われるリアルな写真を見つけてびっくりした。恐

らく南側から見た写真だと思われるが，まるで田んぼのあぜ道のような所に楼閣が建っている。建物に人が入ってこないように板が打ち付けられてあるようだ。

　凌雲閣の高さは39メートルあり，当時はほかに高いものもなく，周りの人々は本当にびっくりしたと史料にもある。あまりにも高いので倒れてきはしないかということで，近所の住民が官憲の方に，「きちんと見てくれよ」といったらしい。そこで，「警察官がこの上に登って，きちんと安全を確認するまでは営業するな」という指導があったり，「夜間は営業をしては駄目だ」などの制限がかかって，それがオーナーの経営上の負担になって，結局10年もたたずに閉園してしまったといわれている。

　鶴野町にあるデジタルハリウッド大阪校のOBに頼んで，当時の建築の構造を史料で調べて凌雲閣を3Dで復元してもらった。上には時計台があったと記されているので，このような形だったのではないかと思っている。

図表6-2　凌雲閣（復元図）

出所：デジタルハリウッド大阪校（鶴野町）OBによる凌雲閣3D。

　現代のように高層ビルが建ち並ぶことがない時代にあって，30メートルを超す高さから下界を見ることは，貴重な体験で大衆に人気の娯楽だったと思う。当時は展望台を持つ楼閣が流行だったようで，大阪のミナミにも「ミナミ

の五階」と呼ばれる眺望閣という名の5階建ての木造建築の楼閣があり，ミナミとキタで競い合ったという話がある。眺望閣は，凌雲閣より1年早い明治21（1888）年，今宮村（浪速区日本橋）の遊園地「有宝地」の園内に，高さ約31メートル，5階建で八角形の木造建築として建てられている。建物は，後に「五階百貨店」になった。

驚いたことに，凌雲閣は，大阪のなかだけでなく東京とも競い合っていた。当時，東京にも同じ凌雲閣の名前を持つ楼閣があった。大阪の凌雲閣に1年遅れた明治23（1890）年，浅草に凌雲閣（通称「十二階」）が建てられた。こちらは，高さ約52メートル，八角形12階建ての細長く背の高い建物で，1階から10階までが煉瓦造り，11階と12階が木造で屋根が付いており，8階まで日本初のエレベーターが設置されていた。残念ながら，大正12（1923）年の関東大震災で8階以上が崩壊し，取り壊された。

大阪の凌雲閣は，下の2層が五角形で，その上に八角形のフロアを6層重ね，一番上に丸屋根の付いた展望台を置くという奇抜なデザインで，形は本当にユニークだったと思うが，東京の凌雲閣は，仁丹のマークとしてしばらく使われていたのでその名はより広く知られている。東京の凌雲閣は，関東大震災で崩れ落ち，取り壊されてしまったが，権利者の方々が浅草六区の再開発に当たって建設する再開発ビルの外壁の角の部分に，レリーフ状に凌雲閣を一部再現するプランが発表されている。

（2）鶴乃茶屋

第2は，鶴乃茶屋である。当時，この地域には，鶴乃茶屋，萩乃茶屋，車乃茶屋という3つの大きな茶屋があり，そのなかの最大のものが鶴乃茶屋だった。茶屋町・鶴野町の名前はそこから由来している。鶴乃茶屋の前半部分である「鶴乃」が新御堂筋の東側の鶴野町という町名になり，後半部分の「茶屋」が茶屋町の名になったといわれている。

実は，鶴乃茶屋の跡地と門坂家とは密接な関係がある。私の祖父は，大正10（1921）年に始まる米価統制がなかった時代に米穀商で得た資金で，この地に鶴乃茶屋の跡地1,000坪と他に800坪の土地を買った。当時はJRのことを

省線と呼んでいたが，鉄道省の操車場に米を一括して納入するために，毎朝まだ日が昇る前から馬車に米俵を積んで何台も茶屋町周辺に待機させていたと聞いている。貨車に米俵を積み込んで，吹田の方へ運んでいたようだ。「鶴乃茶屋跡」と書いた石碑が再開発にかかる前からあった。

　江戸時代，鶴乃茶屋は，武士や町人が西国から大坂を目指して歩いてきたときに最後に休む場所で，城下や太融寺に行く前に，食事を取り，顔を洗って身なりを整える役目を持った茶屋だった。敷地は 1000 坪あって，きれいな日本庭園があり，白い鶴が 2 羽放し飼いにされていたそうだ。茶屋のオーナーは松並竹塘という商人だったが，士農工商という身分制度で一番下の「商」である引け目を昇華させる意味で「二羽の白い鶴を放し飼いにしていた」という石碑があった。その石碑は，跡地に建った再開発商業施設「NU 茶屋町プラス」の完成前に失われたが，現在はそのことを伝える小さな石碑が新しく歩道部分に設置されている。

　明治になって武士の世のなかが終わった後，鶴乃茶屋は，文人向けのサロン機能を果たしていた時期があった。また，野田九浦という有名な日本画家が住まいとして使用していた時期もあった。今でいうと，アーティスト・イン・レジデンスみたいな感じだ。その他に，浄瑠璃の脚本家が住んでいたり，いろいろな今で言うクリエイターが鶴乃茶屋に集まっていたといわれている。その跡地を私の祖父が買い取り，私が今，クリエイターの方々が作品を展示する画廊をしているというのも 1 つの縁だと思う。

（3）綱敷天神社御旅社

　第3は，綱敷天神社御旅社である。御旅社の縁起はこれらの時代よりもさらに昔にさかのぼる。かの菅原道真公が無実の罪で太宰府に流されていくときの故事が，綱敷天神社御旅社に伝えられている。菅原道真公が，当時，喜多埜（きたの）と呼ばれていたこの地に船を停泊させて，太融寺に参拝されたとき，紅梅の見事な咲きぶりを見て，船の舫（もや）い綱（陸と船をつなぐ綱，艫綱）をぐるぐる円座状に巻いて座布団代わりに座られたといわれる。「綱敷」の名はその故事に由来している。

実際に舫い綱を座布団にしたものが，綱敷天神社御旅社にご神体のようにして保管されている。そのときお供をされていた人が，菅原道真公から「ここにとどまって，私がもし帰ってくるときはきちんと守っていなさい」という命を受けて残られ，その子孫で1000年以上続く家系の白江秀知さんが今も，御旅社の神主としてこの辺りの建物の竣工時のお祓いをされている。

現在の御旅社の敷地は，北区太融町にあった御旅社が，明治初期に土地の寄進を受けて，茶屋町に氏神様として移されたものである。当時の陸地は，旧綱敷天神社御旅社までで，それから先は海だったと見られている。今でも中崎町，豊崎，曾根崎とか海岸べりを連想するような地名が残っているのは，そこから来ている。

再開発により建物が建つときは，教育委員会が埋蔵文化財の有無を調べるが，茶屋町・鶴野町近辺の土地を掘っても海由来のものしか出てこない。たとえば大阪駅のステーションビルからは，カニの化石などが出てきたし，アプローズではクジラの化石も出てきた。一方でNU茶屋町プラスからは，地層ごとに古墳時代からの須恵器が連綿と出てきた。

梅田の名前は，田んぼを埋めた「埋田」から生まれたという説があるが，白江秀知さんにお聞きしたところ，湿地帯を埋めたことから「うめだ」と呼ばれるようになったという説と，菅原道真公が歌で詠んだようにこの地域のシンボルである梅の花からきているという説の2つがあるらしい。

（4）能勢街道

第4は，能勢街道（別名池田街道）である。能勢街道は，大坂と能勢地方を結ぶ大動脈で，大坂から池田，多田を通り能勢，そして亀岡に抜ける道であった。能勢街道は別名，馬街道とも呼ばれ，当時は頻繁な交通量があったとされる。

この街道筋に沿った地域が，後に茶屋町という名前で呼ばれるようになった。江戸時代，能勢の銅，炭や農産物が大坂城下に運ばれ，茶屋町はその貨物の集積地だった。現在も鶴野町の中央を，ゆるやかなS字曲線を描く道が南北に走っているが，能勢街道の原形を留める大阪市内で唯一の場所であるとい

第 6 章　地域の歴史を活かしたまちづくり　│　103

われている。

（5）旧東梅田小学校

　最後が，旧東梅田小学校である。明治 8（1875）年，茶屋町に西成郡第三区第八番小学校（後の済美第一尋常小学校，昭和 16（1941）年に梅田東小学校に改称）が開校している。その頃まで，この辺りは小林遊園地と呼ばれていて，博徒で財を成した小林佐兵衛が，遊園地内に今でいう貧しい方が仕事を手に付けるための技術を教える授産所を作ったと言われている。

　梅田東小学校は，残念ながら平成元（1989）年に閉校し，跡地は大阪市の「梅田東生涯学習ルーム」として利用されていたが，平成 23（2011）年 3 月に閉鎖され，同年 11 月の入札で学校法人常翔学園が落札し，大阪工業大学の梅田キャンパスとして整備された。

　ここを教育委員会が調査したときに，三八式歩兵銃と機銃が見つかった。当時，在郷軍人会が学校で軍事訓練を指導することがあったと思うが，小学校に保管されていた銃が，終戦時に駐留軍の目を避けるために埋められたのではないかと思われる。

4．戦後史の一端

　現在の茶屋町・鶴野町は，阪急梅田駅を起点にして，西が阪急京都線，東がJR 東海道本線に挟まれた細長く狭い区域である。この茶屋町・鶴野町（特に茶屋町）に，日本にそんなにたくさんない一部上場企業クラスの発祥地が 3 つもあることは驚きである。

　北の方には，一般にはそれほど知られていないがパルグループというアパレル企業が，NU 茶屋町 1 階の私の画廊のすぐ隣辺りにあった。この辺りに何回も来られた方は，スリーコインズという 300 円ショップがあったのをご存じかと思うが，それがパルグループのショップ名で，スコッチ洋服店がその前の名前だった。私の祖父が鶴乃茶屋の跡地を購入後，戦火が激しくなり自宅を建てる計画を断念し，昭和 16（1941）年に 16 軒の借家を建てた。戦禍は免れて建

物は残ったが，戦後すぐ借家の一部に借地権が発生し，その一角にスコッチ洋服店が入り，それがパルグループに発展していった。

　祖父が購入したもう一方の土地には，ニチコンという建物が建っていた。今のジャンボカラオケ広場がある所である。日本コンデンサは，ここが発祥の地といわれている。

　南の方には，ヤンマー本社がある。ヤンマーは株式公開していないので一部上場ではないが日本を代表する大きな農機メーカーとして有名である。

　その他，常翔学園の大阪工業大学梅田キャンパスが建設された土地は，歴史ある旧梅田東小学校の跡地であることは既に述べたが，関西大学梅田キャンパスができた場所は，有名な建築家の黒川紀章さんたちの建築思想であるメタボリズムの名をつけた「メタボ阪急」があったところである。それを取り壊して今の建物ができた。メタボというと，肥満という意味を想像しがちであるが，メタボリズムとは，新陳代謝，いうなれば陳腐化したものを取り換えるという意味を持っており，大きな果樹の幹周りの枝に部屋がくっつくというイメージで建てられており（実際は建物に融合していたが），部屋を取り換えさえすれば新しい建物にどんどん更新できるという考え方だった。螺旋階段を上った２階部分に有名なステーキハウスがあり，３階より上は単身者用の高級アパートがあった。

5．歴史に基づくまちづくり

　私は，歴史を辿ることによって得られるものを現在のまちづくりに活かしたいとする立場から，茶屋町・鶴野町に残された歴史遺産から，２つの精神（心）を見いだし，これからのまちづくりをしたいと考えている。

　地域の歴史遺産の代表格である凌雲閣は，人も驚くユニークな造形から「クリエイティブな心」が表わされているととらえたい。その精神は消えることなく現在も続いている。凌雲閣が持っていた「クリエイティブな心」を今後のまちづくりに活かしていきたい。

　「クリエイティブな心」を代表する建物には，都市を創造する阪急グループ

があり，デザイン力を重視するヤンマーがあり，毎日放送があり，梅田芸術劇
場がある。さらに，デジタルハリウッドがあり，関西大学，大阪工業大学も出
てきた。そして，安藤忠雄さんの最初の建築設計事務所も茶屋町にあった。私
個人としても，「メディアアート」を活かすまちづくりをしようとしている。

　もう1つの代表的な歴史遺産である鶴乃茶屋は，お茶屋がおもてなしのシン
ボルであることから「おもてなしの心」が表わされているととらえたい。もと
もとこの地は，まちを訪れる人に非常に温かいお店が多かったところであり，
現在でもそれは変わっていない。鶴乃茶屋が持っていた「おもてなしの心」を
大事にする方向で，皆さんにもまちづくりをしていただきたいと思っている。

　「おもてなしの心」を代表する建物には，ホテル阪急インターナショナル（茶
屋町），グランアーモ・タマヒメ（鶴野町），アルモニーアンブラッセ（茶屋町）
の3つのホテルがある。後の2つはブライダルを中心としたホテルである。そ
の他に，梅田ロフト，NU茶屋町，NU茶屋町プラス，ベルエベル美容専門学校，
そのほかにも個性豊かな路面店がある。数多くのエリア合同イベントを開催し
て，「来街者に優しいまちづくり」をしようとしている。

6．再開発

　大阪市は，平成23（2011）年4月27日，阪急梅田駅の東側約2.2haを再開
発する大阪市茶屋町地区土地区画整理事業の計画案を正式発表している。

　第1期はA-1地区約3,000m^2，A-2地区約6,000m^2，A-3地区約7,000m^2，第
2期は，B-1地区約2,000m^2，B-2地区約4,000m^{2}とし，第1期と第2期を分け
る地区内の東西道路幅を12mに広げるとともに，容積率を650〜800％に緩
和して地区を高層化へ誘導し，土地の高度利用を図る狙いを持っている。

　この事業で大阪市は，規制緩和と用地の無償提供，余剰土地の売却を行い，
工事費の負担はしない。道路を挟んで南北に分断される旧梅田東小学校跡地
7,900m^{2}は，道路用地などに無償提供する部分以外は売却するという計画案だ
った。

　茶屋町一帯は，大阪大空襲のときに焼夷弾が1発落ちたことで，南半分が焼

け野原になった。そのため南の方はすぐに中小の鉄筋コンクリートビルが沢山できたが，北の方には焼けずに残った私の祖父が建てた借家があったり，イトマン会長夫人の伊藤静子さんが建てた社宅があったり，仕舞屋（しもたや）と呼ばれる木造住宅密集地域（通常，木密地域と略）が広がっており，阪急電鉄の再開発が始まるまでは古い姿のまま残されていた。

　阪急電鉄が主導した2つの商業ビル NU 茶屋町と NU 茶屋町プラス（4 階から 31 階までは高層マンションのジオグランデ梅田）が建っている地区の市街地再開発事業は，この木密地域の防災的な意義も含めて認められたものであり，一方茶屋町の南半分は旧梅田東小学校の跡地の校舎と体育館があったことが，巨大ターミナル駅直近でありながら今になってやっと面的再開発が可能になった理由である。

　私は，祖父が残してくれた土地が2つとも再開発に掛かることになり，再開発事業のなかで土地活用をしていかなくてはならないことになった。茶屋町東地区の NU 茶屋町プラスでは特に苦労することになった。話が出てきたのは平成 7（1995）年ごろだったが，完成までに約 20 年かかった。地権者が 18 人と多かったことも原因の 1 つであるが，そのなかの多くの人々は，阪急電鉄による新阪急ホテルや DD ハウスの建設によって，阪急梅田駅の東側の芝田町から代替物件として移ってこられた方だったことも原因だった。その方々には，阪急相手の2回目の再開発と捉えられるもので，再開発事業が難渋する原因の 1 つとなった。

　一方茶屋町南側の A-1 地区は旧ヤンマー本社ビル跡にヤンマー新本社ビル，A-2 地区は旧梅田東小学校の校舎跡（梅田東生涯学習ルーム）に新しく大阪工業大学梅田キャンパスができ，両地区の事業は既に終了している。A-3 地区は ABC-MART 梅田ビルがある所でこれから再開発を迎える。B-1 地区は「百又ビル」（現「イースクエア茶屋町」）と呼ばれる以前は映画館をやっていたビルで，B-2 地区は旧梅田東小学校の体育館（梅田東コミュニティ会館）と隣のジャンボカラオケ広場のビルから新御堂筋沿いのビルまで含めたである。A-3 地区と B-2 地区の再開発計画は未定である。

　B-2 地区は，地権者数が 8 名，このうち大阪市教育委員会が最大の地権者で

実質7名であるが，鹿島建設も結構大きく持っている。あとは個人の権利者だが，何かを発信するまちづくりにプラスになるようなものを作りたいと申し合わせて合意している。きっと早めにできるのではないかと期待している。

　注目すべきは，最近発表になったヨドバシカメラのマルチメディア梅田の北側部分である。現在，駐車場となっているが，これが43階ビルとして再開発されることが発表された。そこから，グランフロントの南館と北館を結ぶペデストリアンデッキのように，現在のヨドバシカメラのビルの横を回ってJR大阪駅で合流するような形で歩道橋ができ，恐らく，新阪急ホテルまで整備される。また阪急電鉄は，ガード下の車道を1つつぶしても歩道を拡幅整備し，できれば駅沿いの歩道も含めて整備したいと表明されている。もしこれらが実現すれば，うめきた・芝田町側と茶屋町・鶴野町側が太くつながり，分断されていた地域が一帯となって発展することが期待される。

7．まちづくり協議会

（1）組　織

　梅田は，乗降客数では新宿とほぼ同じぐらいといわれる。多分，新宿の方が多いと思うが，商業施設の床面積では，新宿よりも多いのが梅田地区の特徴である。

　商業者，大企業，住民が，それぞれの立場を超えて交流し合う場として，北梅田地区まちづくり協議会が生まれた。昭和55（1980）年に，前身の組織からまちづくり協議会に発展した。これは，新御堂筋ができたことにより，これまで1つにまとまっていた町が鶴野町と茶屋町に分断されてしまったという大きな問題が起きたことによるものである。

　まちづくり協議会は，商業者・大企業と地域の住民が互いに協力して，円滑なまちづくりの推進に向けて協議するという情報交換から始まったもので，現在では各種のイベントもやっている。協議会結成20周年には，安藤忠雄さんに記念講演をしていただき，30周年記念総会でも，同様に講演をしていただいた。

まちづくり協議会は，広報部会，イベント部会，民間まちづくり部会などの部会に分かれている。そのなかには「鶴乃茶屋倶楽部」という有志の緩やかな集まりがある。私は，地域の「若手まちづくり塾」に入ったが，平成20 (2008) 年，それが鶴乃茶屋倶楽部に発展し，まちづくり協議会に参加することになった。

（2）菜の花の散歩道

まちづくり協議会では，地域の記憶を忘れないことを目的にして，10年近く前から毎年3月下旬から4月上旬に，鶴乃茶屋倶楽部が始めた「菜の花の散歩道」のイベントを開催している。

江戸時代中期，菜種油を使って，あんどんで明かりを採ることが行われていたため，全国から集めた菜種を北前船や菱垣廻船に積み込んで大坂に運び，茶屋町で搾油していた。茶屋町で搾油された理由は，当時日本で一番優秀な搾油機があったからだと聞いている。そのため，鶴乃茶屋が栄えていた頃と同時期に，茶屋町一帯に菜種油を採集するために菜の花が植えられていた。

「菜の花の散歩道」のイベントの実施においては，梅田東の各種地域団体や「梅田ミツバチプロジェクト」と連携を取っている。行政では大阪市と大阪府に，緑の連携によってまち中の緑を広げるように指導を頂いている。活動エリアは，茶屋町と鶴野町のほか，梅田センタービルも含めた部分となっている。参加メンバーは，大手企業や，毎日放送，梅田ロフト，梅田センタービル，JR西日本の関係会社，竹中工務店，阪急電鉄，阪急不動産，綱敷天神社御旅社，ベルエベル美容専門学校グループ，ヤンマーで，最近 UNIQLO OSAKA にも入っていただいた。

まちづくり協議会では，このイベントが地元の商店主や大企業，住民が一帯感を持ってまちづくりについて考えるきっかけになったと自負している。

（3）チャリウッド

チャリウッドは，まちづくり協議会が実行委員会形式でかかわるイベントで，5月の連休明けに開催されている。毎日放送が，茶屋町に新社屋を造られるときに，まちづくりイベント「チャリウッド」を始めていただいたものが，

今日まで続いており，来街者に大変喜ばれている。そのなかの人気イベントに謎解きゲームがある。毎日放送が主体で毎回，大変面白いものを考えていただき，商業施設や企業が場所を提供して，参加者が街を歩いて各ポイントで出される謎を解きながらゴールを目指し街を回遊するという内容である。

（4）梅田ゆかた祭・ウメチャ祭

梅田ゆかた祭は，7月に開催され，ゆかた着用来街者に各参加店舗から特典が出たり打ち水大作戦というイベントなどをやる。

ウメチャ祭は，11月下旬で，NU 茶屋町・梅田ロフトなどの商業施設や毎日放送，ベルエベル美容専門学校，ヤンマー，UNIQLO OSAKA などが実行委員会を組織し，ファッションショーを行いベストドレッサーを表彰している。踊りなどのパフォーマンスも行われている。ちょうどハロウィーンの時期と近く，仮装・特殊メイクコンテストや「大阪かわいい」というコスプレ系イベントも一緒に行われている。

（5）高架下ギャラリー

鶴野町の近くの JR 高架下を耐震化のための補強工事をするために仮囲いがされているが，まちづくり協議会が動いて，殺風景なので高架下ギャラリーにしてもらった。この地域には，デジタルハリウッド，大阪総合デザイン専門学校，ECC コンピューター専門学校をはじめ，専門学校がたくさんがある。協議会で，これらの専門学校を回って協力を呼びかけ，学生の作品データをいただき，JR 西日本の関係会社に CG の額を付けてもらってギャラリーとして展示している。

（6）Regional Creative

私の会社では画廊をやっているが，それ以外に最近，RC 事業部というのを始めた。RC とは，Regional Creative の略で，クリエイター集団「茶屋町ラボ」を設立した。この世界では有名な「チームラボ」を意識したものであるが，平成24（2012）年にフィンエアーの企画で，茶屋町画廊前でメディアアートを利

用する催しをやって，クリエイターの人と付き合ったことが，結成のきっかけになった。

フィンランドから政府公認のサンタクロースがやって来たので，画廊のシャッターを開けたところに，プロジェクターで急づくりの「リアプロ」を作った。画廊のなかから光を照射するのであるが，画廊の上にマイクロソフトのセンサー「キネクト」を組み込み，サンタクロースが子どもたちの前で手を広げると，それを読み取ってプログラムで変換し，映像として投射した。

このときにプログラマーの1人から「ぜひ，このようなことをこれからも続けてほしい。メディアアートをやっているプログラマーは，いろいろな作品を作りたいけれど，発表する場が田舎の廃校に集まってワークショップをやるなどしかできない。こんな都心でできればみんな泣いて喜ぶ」といわれたのがきっかけで，「ぜひやりたいな」と思った。

その2年後の平成26（2014）年，梅田ゆかた祭の「プロジェクションマッピング in 茶屋町」で，彼のいっていたことを実現させていただいた。画廊の隣にあるベルエベル美容専門学校のファサードに向かって，NU茶屋町の2階のテラスから業務用の1万ルーメンクラスのプロジェクター4台を使って映像を投射した。

プロジェクションマッピングのソフトを作るのは非常に難しいと思われるが，公募で全国から募集した。この部分は〇ドット×〇ドット，柱は〇ドット×〇ドットというテンプレートを公開して，「これに沿って動画を作ってください，あとの細かい専門的なハードウェアの調整はこちらに任せてください」とした。すると意外にも素人からよい作品が出てきた。実際，最優秀賞のグランプリを取ったのは神奈川県に住んでいる主婦の方だった。

（7）UNIQLO×茶屋町

平成26（2014）年10月末，UNIQLO OSAKAのオープンのときに名刺交換をしたユニクロの果瀬執行役員から，「ぜひ地域のいろいろな人を紹介してください」と話があって，「UNIQLO×茶屋町」というタイトルで地域連携を重視する店舗展開のお手伝いをすることになった。その数カ月前，ユニク

第6章 地域の歴史を活かしたまちづくり | 111

ロが地域連携を行う最初のお店としてユニクロ吉祥寺店がオープンしていた。「UNIQLO OSAKA は，グローバル旗艦店として位置付けているが，ここでも地域との連携を是非やりたい」といわれた。その理由は，「ユニクロのお店はもうどこの町にもあるので，消費者が茶屋町を探訪してこんなお店がある，あんなお店もあると感動をともなった発見をし，その帰りにユニクロに寄って商品を買おうという気持ちにさせたい」ということだった。

そこで，茶屋町のお花屋さんを紹介して，「菜の花の散歩道」のときに，ユニクロのマネキンに造花でアフロヘアーのようなものを付けてもらった。地域のイベントを紹介する「茶屋町インフォボード」と名付けた大型掲示板を用意してもらい，そのコンテンツ制作もさせてもらった。

また，ユニクロからお金を出していただき，表は地域の路面店の方にモデルになってもらって，裏にその店を紹介する地図と情報を付けてパンフレットを発行した。美容室マッシュの美容師の人たち，あるいは美容室に勤める方々にモデルをお願いし，NOON + CAFÉ というクラブを撮影場所にさせていただいた。紹介した店舗の方々も大喜びだった。また店の阪急梅田駅側を「茶屋町ウィンドウ」として，まちの食べ物屋さんや美容室などパンフに取り上げた店を紹介するパネルを置いていただいた。

あと，私の弟がタイ製三輪自動車のトゥクトゥクを持っているので，ユニクロさんの夏のエアリズムを宣伝するために，まちを何回も走り回った。弟は，格好いいのが嫌いで格好悪いのばかりを集める。トゥクトゥクはしょっちゅう故障し，スピードメーターも３割ぐらいは間違っている。それをいろいろ触って，乗るのが好きみたいだ。よく写メで撮られるらしく，拡散するのが恥ずかしいからといって仮装して乗っている。結構ユニークで，ネット世界ではトゥクトゥクの王様のように呼ばれている。

（8）メディアアート

メディアアートをまちづくりに利用する目的で，知り合ったプログラマーの人に協力してもらって，「SEA CUBE」（現在は「C-CUBE」）と名付けたインタラクティブ・メディアアートを作った。「チャリウッド」のときに，これをヤ

ンマー地下の東向きの行き止まり通路に展示した。幕張メッセの方でも注目され，「こういうのは見たことがない」として結構な問い合わせがあった。

日本で初めてキューブ型の LED パネルが，NHK のリオオリンピック特設スタジオで使われたが，「SEA CUBE」と同じ立体 LED パネルである。この $50cm^3$ の凹んだ所に手をかざすと，今までゆっくり漂っていたクラゲが手の動きに合わせて速く動く。そして，クマノミ（ニモ）やサンマの群れなどが寄ってくる。他の魚や，時々ダイオウイカもやって来るしかけである。

韓国のソウルの例であるが，ビル外壁全面に設置された LED パネルによってゆっくりゆっくり画像が変わっていって，ロッテの建物がメディアアート化している。建物自体がオブジェとなってメディアアートになっている。私は，こういうものを茶屋町でもやってみたいと思っている。カーテンウォール工法でガラスエリアの多い建物のウィンドウの内側に，シースルーの LED パネルを備品扱いで設置すると屋外広告規制を免れることができる。まちづくりイベントということであれば，建築指導でも規制できないと思う。

まち全体の多くのビルで，同じタイミングでやると効果がある。たとえば乳がん検診を訴えるピンクリボンの日に，まち全体のビルがゆっくりピンクになって，消えて，またピンクになっていく。「あれは何だろう」と注目され，ピンクリボンの日を周知する。自閉症の人を思うためのブルーライトアップの日もあるが，同様のことをやったら本当に面白いと思う。

（9）「君も You Tuber になろう」

日本財団に「海と日本プロジェクト」という海の日を盛り上げるイベントがあるが，当社が幹事社となった実行委員会の提案企画が助成対象に選ばれ，「君も You Tuber になろう」とのタイトルで海に思いを馳せる内容のビデオ作品を小学生中心の各チームに作ってもらった。毎日放送やヤンマーや梅田ロフトなど，いろいろな企業の方々，地域の方々に協力いただいて，子どもたちが，茶屋町は昔海だったらしいこととか遠くの海のことを町の人にインタビューして，その様子を iPhone でビデオに撮って You Tube に UP する。これまでは海でボートを漕いで陸に上がって何かを食べておしまいという一時的な企画が

第6章　地域の歴史を活かしたまちづくり　｜　113

多かったらしいが，海のない地域でかつ映像作品が残るところに価値を認めて
いただいて選んでいただいたと思う。

（10）生活者との共生，共創

　茶屋町は，流入人口は多いけど，住宅はもう数えるほどになってしまった。
茶屋町にも，ジオグランデ梅田という高層マンションが「NU 茶屋町プラス」
の上にあるが，再開発としては異例だった。商業地にマンションを建てると
権利者が増え，建替えの際に問題が生じるので嫌がられる。阪急電鉄も最初，
「NU 茶屋町」と同様の形で，9 階建ての商業ビルを別館として造るとしており，
周りの方々も「それならば案に乗ろう」ということで再開発に従ったけれど，
途中から阪急は，ビル床を商業テナントで埋めるのは無理と判断し，「これで
ないとできない」と都市計画を 3 回ぐらい変更して，分譲マンション案に変更
してしまった。市街地再開発事業は，本当なら全員同意方式で進めないといけ
ないが，少数の反対者がいても事業進行が可能な縦覧方式が採られた。意見書
を大阪府知事に出しても，採択されなければ半強制的に進むやり方になってし
まった。残念だが，それだから 20 年もかかってしまったという面もある。

　茶屋町に限ってみれば生活者の数が少なく，外部から流入する人が多いが，
鶴野町は割とマンションが多く住民の数も多い。だから，まちづくり協議会は，
茶屋町と鶴野町という性格の違う町で，会員間の交流や住民を重視した運営を
心掛けており，今のところうまくいっていると思う。

【注記】

　本稿は，平成 28 年 10 月 28 日（金）17：30 〜 20：00 関西大学梅田キャンパスで行わ
れた地域活性学会第 5 回関西支部研究会「北梅田地区（茶屋町・鶴野町）のまちづくり：
戦前から現代まで」（門坂章氏：北梅田地区まちづくり協議会代表幹事，門商事株式会
社代表取締役，茶屋町画廊経営）の講演内容を要約したものである（記：関西大学 橋本
行史）。

参考文献

大阪市 HP「茶屋町東地区第一種市街地再開発事業」：茶屋町東地区（商業系）
（http://www.city.osaka.lg.jp/toshiseibi/page/0000021535.html）.

大阪市 HP「茶屋町西地区第一種市街地再開発事業」：茶屋町西地区（商業系）
（http://www.city.osaka.lg.jp/toshiseibi/page/0000021036.html）.

大阪 HP「茶屋町地区土地区画整理事業」
（http://www.city.osaka.lg.jp/toshiseibi/page/0000140430.html）.

大阪市 HP「茶屋町地区計画」（都市計画決定）
（http://www.city.osaka.lg.jp/toshikeikaku/cmsfiles/contents/0000005/5302/s14_chayamachi_k.pdf）.

地方建設専門紙の会 HP「茶屋町地区で新たな再開発　大阪市が 2.2ha を再開発等促進地区に　ヤンマー本社ビル改築など」
（http://www.senmonshi.com/archive/02/0289JIHgB5DF2H.asp）.

大阪市 HP「北区の歴史」
（http://www.city.osaka.lg.jp/kita/page/0000002159.html）.

大阪「NOREN」百年会 HP「眺望閣」と「凌雲閣」
（http://www.osaka-noren100.jp/）.

東京都台東区の歴史　凌雲閣史蹟保存の会「浅草凌雲閣記念碑」
（tokyotaito.blog.shinobi.jp/）.

日本ペンクラブ HP　電子文藝館「江戸川乱歩」『押絵と旅する男』
（http://bungeikan.jp/domestic/detail/125/）.

綱敷天神社 HP
（http://www.tunashiki.com/）.

陽は西から昇る！　関西のプロジェクト探訪 HP
（http://building-pc.cocolog-nifty.com/map/2011/05/post-d183.html）.

芝田町商店街 HP「茶屋町遺跡発掘調査」
（http://www.shibata-shotenkai.com/history_005/）.

北梅田まちづくり協議会 HP
（http://kitaumeda.org/）.

第7章 神戸の地域創生策としての起業家支援
―神戸の事例から―

1．はじめに

　神戸と聞いて連想するものは何か。神戸ビーフや神戸スイーツ，中華料理やインド料理などの多彩な料理や食文化，神戸港，ポートタワー，異人館，南京町，六甲山などの観光スポット，パールや神戸コレクションに代表されるおしゃれなファッションなど多岐にわたる。これらは，すべて「神戸ブランド」と呼ばれ，いわば明るい側面のものばかりである。

　しかし，神戸には他の大都会にはない負の遺産がある。阪神淡路大震災という未曾有の災害の後遺症である。この震災は，尊い人命の喪失や建物の損壊などだけではなく，その後もボディブローのように地元経済に大きな影を落としてきた。神戸は，震災後22年経った今でも，復興のために懸命に取り組んでいる。現在，神戸市では，シリコンバレーに若手IT技術者を研修に送り，魅力のあるビジネスプランを立てた者には投資とメンタリングを行う起業支援を始めている。この章では，震災直後から始まったベンチャー支援から現在に至るまで，神戸で取り組んでいる起業・創業支援を取り上げる。災害復興は，真に地域活性化であり，地元で雇用を生み出す起業が盛んに行われることが肝要である。

2．阪神淡路大震災からの復興策

　1995年1月17日，神戸を阪神淡路大震災が襲った。これは，大都市の直下型地震であり，神戸の経済的なダメージは甚大なものであった。震災後の神戸

を復興するために，エンタープライズゾーン構想，神戸国際マルチメディア文化都市構想，医療産業都市構想など「創造的復興」を掲げたさまざまな構想が打ち上げられた。なかでも「エンタープライズゾーン構想」は，神戸ポートアイランド第2期建設を対象に，関税減免を軸にした規制緩和で企業を集め，集客施設や医療都市構想との相乗効果で消費を促すいわゆる特区構想であったが，一国二制度は認めないという国の判断で実現しなかった[1]。

　しかし，1997年1月，神戸市と兵庫県は，これにめげずに，各々産業誘致のための優遇措置を盛り込んだ「神戸起業ゾーン条例」と「産業復興推進条例」を制定し，地域のイニシアチブによる経済政策の一歩を踏み出した。

3．財団法人阪神・淡路産業復興機構の設立[2]

　震災直後，1995年6月30日に「産業復興計画」が立てられ，この復興事業を効果的かつ円滑に実施するために，同年12月25日に財団法人阪神・淡路産業復興機構が設立された。地元自治体と民間が，復興を支援する企業や民間の有識者と連携して，復興事業の支援を加速的に推進する団体であった。

　機構が実施した事業は，産業プロジェクトの早期実現，新産業創造の支援，既存産業の復興・高度化の促進，集客の促進，企業誘致の促進，復興に関する情報発信の各分野にわたる産業復興支援である。特に「外国・外資系企業誘致事業」，「ベンチャーサポート事業」，「地域産業高度化支援事業」を事業の3本柱とした。外国・外資系企業誘致事業では，外国・外資系企業誘致を促進するために「ひょうご投資サポートセンター」を運営し，ワンストップサービスで許認可，進出の祭に必要な情報提供とアドバイスなどを提供した。「ベンチャーサポート事業」では，「ベンチャー大学校」において，起業家育成スクールを実施したり，「ベンチャーマーケット」を開催して投資家とベンチャー企業のマッチングなどのサポートを行った。「地域産業高度化支援事業」では，ファッション都市神戸の実現に向けて，地元企業と協力して，ファッションクリエーターなどを育成支援した。また，デジタルコンテンツのクリエーター育成支援も行った。

この財団は10年の期間を経て2005年8月に解散し,残余財産を次の公益財団法人神戸市産業振興財団に寄付した。

4．公益財団法人神戸市産業振興財団について[3]

公益財団法人神戸市産業振興財団は,震災前の1992年4月に設立され,定款によると「神戸市における事業者の経営革新,人材育成,産学官連携,創業及び貿易などの促進等により,市内産業の基盤強化と振興を図り,もって神戸経済の発展に寄与することを目的とする」とある。この財団が,非常に魅力ある起業・創業支援策をしてきたので次に触れる。

（1）KOBEドリームキャッチプロジェクト[4]

公益財団法人神戸市産業振興財団のホームページで,「KOBEドリームキャッチプロジェクト」について以下のような説明がある。これを見ると,起業の

図表7−1　KOBEドリームキャッチプロジェクト

人生をかけた起業家の決意に,私たちにできることは何か。
神戸市産業振興財団は,その問いに正面から向きあい,
創業や新事業に必要な3つのサポートを行っています。
起業の相談ができる「神戸開業支援コンシェルジュ」。
起業の準備の一助となる「ビジネスインキュベーション」。
新事業を成長へみちびく「KOBEドリームキャッチプロジェクト」。
これらのサポートの軸にあるのは,まぎれもなく,熱意。
社長たちにより添い,ともに悩み,ともに歩む。
その結果,これまでの多くの事業が神戸から誕生してきました。

出所：神戸市産業振興財団ホームページより。

相談〜インキュベーション，新事業の成長をサポートする KOBE ドリームキャッチプロジェクトへの流れと役割が明確にわかる。

　神戸市産業振興財団は，起業・創業支援の一環として，「KOBE ドリームキャッチプロジェクト」という仕組みを構築している。年に 2 回ビジネスプランを公募し，神戸ビジネスプラン評価委員会が評価を行い，認定した将来性のある企業に対して，必要とする支援措置を行うものである。具体的には，チャレンジオフィスや SOHO プラザなどインキュベーション施設の提供，技術，生産管理，販路開拓，資金などの支援を集中して投入する。

　KOBE ドリームキャッチプロジェクトの実績は，図表 7 − 2 の通りであるが，2005 年から 2007 年までは，140 件を超える応募があったが，徐々に減り始めており，2013 年からは X-KOBE 認定だけである。

図表 7 − 2　KOBE ドリームキャッチプロジェクトの実績

年　度	2005	2006	2007	2008	2009	2010	2011	2012	2013	2014	2015
応募総数	143	147	141	115	97	88	62	53	60	47	43
X-KOBE 認定	15	13	6	10	9	9	3	3	8	4	7
N-KOBE 認定	41	40	32	20	26	23	11	8			

（注）X-KOBE はすべてのメニューのサポート受けることができ，N-KOBE は神戸ドリームキャッチ支援資金のサポートが受けられない。
出所：神戸市産業振興財団ホームページ。

（2）神戸ベンチャー育成投資事業有限責任組合[5]

（神戸リレーショナルベンチャーファンド）

　2005 年 8 月，地域密着型の投資育成を重視するフューチャーベンチャーキャピタル（株）[6] を無限責任組合員（ファンド運営）とし，兵庫県信用金庫協会加盟の信用金庫，信金中央金庫，（公財）神戸市産業振興財団を有限責任組合員として，「神戸ベンチャー育成投資事業有限責任組合」を設立した。神戸市に本・支店を置くすべての信用金庫（神戸信用金庫，姫路信用金庫，播州信用金庫，兵庫信用金庫，尼崎信用金庫，日新信用金庫，淡路信用金庫，中兵庫信用金庫）と信金中央金庫が結集して参画した全国初の地域密着型ベンチャーファンドである。

「地域での新しい中小企業支援の仕組み」として，民・官が連携して発掘から投資・育成まで支援する。

　ファンドは，成長性の高い企業への投資とハンズオン支援[7]をあわせて行うことにより，株式公開，企業価値向上を目指し，神戸を中心に新産業の創出，中小企業活性化，活力ある産業構造の転換を促進することを目的としている。業種分野は分散投資を基本とし，アーリーステージ[8]からミドルステージ[9]のベンチャー企業，第二創業に取り組む中小企業を中心とする。

① 投資先企業の発掘ルートは，先に述べた神戸市産業振興財団のKOBEドリームキャッチプロジェクトの認定を受けた企業が中心になっており，有限責任組合員との「案件情報交換会」から推薦を受けた企業や無限責任組合員が独自に発掘した企業も対象になる。

② 投資先企業の選考は，経営者の資質，市場成長性，事業性などの観点から審査する。経営者の資質を最重視し，信頼関係を基にした育成支援が行えるかどうかを見極めた上で，無限責任組合員の投資委員会で決定する。

③ 投資方法は，株式，新株予約権付社債[10]の取得などで，1社当たりの投資額は，原則，初回投資額は5,000万円を上限とし，追加投資を行う。

④ 投資先へのサポートは，無限責任組合員による，定期訪問，マッチング（販路，人材紹介など），直接業務支援，決議機関への参加，経営全般に関するアドバイス業務などと有限責任組合員，市内の中小企業支援機関（大学，公的機関，専門家，事業会社など）との連携による支援である。

⑤ 特徴は，地域金融機関の資金，投資会社の育成支援など民間の資金・ノウハウ等を積極的に活用できることで，フューチャーベンチャーキャピタルが組合員との連携を取り，やる気のあるベンチャー中小企業の発掘から育成にいたるまで一体となって支援する地域での新しい仕組みである。

⑥ 震災後設立された（財）阪神・淡路産業復興推進機構が解散に伴う残余財産を（公財）神戸市産業振興財団へ寄付し，その資金を活用して3,000万円を出資している。市レベルでの地域密着型ベンチャーファンドに公的団体が出資するのは，政令市では札幌市に次いで2例目でファンド増額によりファンド総額は国内最大級になった。なお，神戸市では，（財）先端医療

振興財団が出資する神戸バイオ・メディカル投資事業有限責任組合と神戸ライフサイエンス IP 投資事業有限責任組合に次いで，公的団体が出資するのは 3 例目である。

5．公益財団法人ひょうご産業活性化センター [11]

　ひょうご産業活性化センターは，1966 年 7 月に財団法人兵庫県近代化施設貸与協会として発足したが，社会経済の動向に応じて国や県と連携して，中小企業の経営革新，創業の促進，企業誘致，海外展開などに取り組んできた。名称も 1968 年兵庫県中小企業振興協会，1977 年兵庫県中小企業振興公社，2003 年ひょうご中小企業活性化センター，2005 年ひょうご産業活性化センターに名称変更し，2010 年に公益財団法人となっている。

（1）ひょうご新産業創造ファンド投資事業有限責任組合 [12]
　　　　（ひょうご新産業創造ファンド）
　2011 年 8 月に，日本ベンチャーキャピタル株式会社 [13] を無限責任組合員（ファンド運営）とし，公益財団法人ひょうご産業活性化センター，独立行政法人中小企業基盤整備機構 [14] と民間企業 14 社を有限責任組合員として，ひょうご新産業創造ファンドが設立された。投資対象は，兵庫県内に本社または拠点を有する研究開発型ベンチャー企業などで，創業 5 年以内のアーリーステージの企業を中心とする。ナノテクノロジー，情報通信，エレクトロニクス，健康・医療，環境・エネルギー，ロボット・人工知能など，先端技術を基盤とする分野で事業を行う企業と兵庫県の経済活性化に寄与することができる分野で事業を行う企業を投資対象とする。
　兵庫県内に本社または活動拠点を有し，成長ポテンシャルの高い創業者または成長初期の段階にある研究開発型ベンチャー企業のほか，県の経済活性化に寄与する企業への資金支援を「ひょうご新産業創造ファンド」を通じて投資するとともに，ハンズオン支援を通じて投資先企業の育成を図る。投資案件の技術評価や投資後の技術支援などに関しては，公益財団法人新産業創造研究機構

第 7 章　神戸の地域創生策としての起業家支援 ｜ 121

図表 7 - 3　ひょうご新産業創造ファンド投資先

企業名	投資年月日
株式会社インニュベーションアライアンス	平成 2012 年 2 月 10 日 平成 2015 年 3 月 30 日
株式会社センサーズ・アンド・ワークス	平成 2013 年 3 月 29 日
イマジニアリング株式会社	平成 2013 年 6 月 11 日
株式会社洸陽電機	平成 2013 年 11 月 28 日
株式会社 GENUSION	平成 2014 年 3 月 31 日
株式会社マックアース	平成 2014 年 10 月 31 日
マゼランシステムズジャパン株式会社	平成 2015 年 4 月 28 日
ユースシアタージャパン株式会社	平成 2016 年 7 月 15 日

出所：ひょうご産業活性化センター HP より。

（NIRO）や県内大学のほか，中小企業支援ネットひょうごとも連携し，育成支援等を促進する。投資方法は，株式，転換社債型新株予約権付社債などの取得で，1 社当たり 1 億円以内で，2017 年 7 月 15 日現在で 8 社，551,016 千円の実績で図表 7 - 3 の通りである。

（2）成長期待企業

　ひょうご産業活性化センターでは，経営・技術・金融など産業支援機関により「中小企業支援ネットひょうご」を構築し，中小企業の経営を総合的に支援している。その活動の一環として，2003 年度より，今後の成長が期待できる中小企業を「成長期待企業」として選定し，企業のニーズに応じた支援を集中的に行っており，これまでの選定企業数の累計が 402 社となった。

　成長期待企業選定企業に対する支援は，同センターの総括コーディネーターなどによる指導・助言や，経営課題解のための専門家派遣などの集中的な支援を原則 2 年間実施する。「支援ネットひょうご」のホームページ[15]への掲載ほか，活性化センターの機関紙「JUMP」で成長期待企業を毎月 1 社紹介し，2 カ月に 1 回開催している「成長期待企業・グローバルの会」や，各地区での例会などを実施しており，センターではセミナーや情報交換会の開催等の支援を行っている。

6．神戸市の新しい施策
　　スタートアップを育成するエコシステム作りの支援

　神戸市産業振興局経済部は，2015年からこれまでになかったエコシステム作りの支援を始めた。コーポレートフェローとして，ヤフー株式会社の宮崎光世氏とNPO法人コミュニティリンク／Code for Kobeの松村亮平氏の2人を，派遣の形式で「行政実務研修生」の肩書で勤務させ，「スタートアップを育成するエコシステム作りの支援」を実施した。神戸市が新規施策として始めたスタートアップ支援事業を活性化するものである。事業としては，シリコンバレー派遣交流プログラムや，キャリア教育，アクセラレーションプログラム選考コンテスト，実際のシードアクセラレーションプログラムがある。アクセラレーションプログラムのパートナーには，シリコンバレーの有力シード投資ファンドである「500スタートアップス」を選んだ。

図表7－4　シリコンバレーへの派遣で学ぶ若手起業家育成プログラム2015

出所：ひょうご産業活性化センター。

（1）シリコンバレー派遣交流プログラム[16]

2015 年が初めてになる起業家育成プログラムは，イノベーションが起こり続けているアメリカのシリコンバレーで，有力な企業などを訪問し，現地でビジネスプランをブラッシュアップし，ベンチャーキャピタリストの前でピッチを行うというものである。

神戸市のホームページに掲載された募集記事は次の通りで図表 7 – 4 はそのフライヤーである。

シリコンバレーへの派遣交流で学ぶ若手 IT 人材育成事業　参加者募集開始について

世界的な IT イノベーションの中心地であるシリコンバレーへ若手 IT 人材を派遣し，現地の起業家やベンチャーキャピタリスト等と交流し，若者の起業家マインドの醸成をはかるプログラムを実施します。このプログラムに参加する，神戸での起業を志す学生や起業家等を募集します。

1. 参加対象者

起業を目指す方，起業に興味ある方（大学生・大学院生・専門学校生・高校生），起業家（概ね 5 年以内），第 2 創業を考えている方

2. 募集期間

平成 27 年 6 月 10 日（水曜）〜 6 月 26 日（金曜）12 時（正午）

3. 派遣期間

平成 27 年 8 月 23 日（日曜）〜 8 月 27 日（木曜）

4. 参加費用

5 万円（※サンフランシスコ国際空港集合・現地解散）

問い合わせ先

シリコンバレーへの派遣交流事業で学ぶ若手 IT 人材育成事業　事務局

訪問企業は，ベンチャー企業から大企業に成長しているシリコンバレーを代表する企業であるヤフー（Yahoo），グーグル（Google），フェイスブック（Facebook），ツイッター（Twitter），アップル（Apple），そして最近注目されて

いるギットハブ（GitHub），ピンタレスト（Pinterest），日本人が現地で起業したトレジャーデータ（Treasure Data），チャットワーク（ChatWork）などである。これに加えて，インキュベーション施設であるプラグ・アンド・プレイ（Plug and Play），ウーマンズ・スタートアップ・ラボ（Women's Startup Lab），ベンチャーファンドであるドレイパーネクサスベンチャー（Draper NexusVenture），500 スタートアップス（500 Startups）とスタートアップ支援に特化した法律事務所 WSGR（Wilson Sonsini Goodrich & Rosati），コンサルティングファームのデロイト（Deloitte）とスタンフォード大学である。

　また，現地でブラッシュアップしたビジネスプランを，サンフランシスコの 500 スタートアップスでピッチし，評価が高い場合は投資の可能性もある。日本ではプレゼンテーションというが，シリコンバレーで「ピッチ（PITCH）」という。エレベーターピッチという言葉もあるように，短くてポイントを押さえたものをいう。

（2）スタートアップコンテスト「KOBE Global Startup Gateway」[17]

　2016 年 12 月から始まった，神戸市アクセラレーションプログラムに参加する起業家を選出するコンテストである。スタートアップコンテストで選出されたチームは，神戸スタートアップオフィスにおけるアクセラレーションプログラムを受けることができる。

（3）神戸市アクセラレーションプログラム [18]

　起業家と大手企業，投資家などからなる新たなコミュニティを生み出すことを目的とし，神戸・三宮の「ミント神戸 14F」に神戸スタートアップオフィスが開設された。専門家によるメンタリング [19] と活動資金の提供を受けることができ，プログラムの最後に投資家に向けたピッチを開催する。活動資金は 30 ～ 150 万円で，メンタリングでは事業計画のプラニングやフォローアップがあり，デモデイにおいての投資家へのピッチは，ベンチャーキャピタルなどからの資金調達につながる。

　ここではアクセラレーションプログラムのほか，有識者を招いて起業家支援

第 7 章　神戸の地域創生策としての起業家支援 ｜ 125

のためのセッションやセミナーなどを開催する。神戸市は，現在の社会にイノ
ベーション起こしている IT を始めとしたテクノロジーを活用したスタートア
ップの集積・育成を支援する取り組みをはじめている。第 1 期で選出された 5
チームに対しては，すでにシードアクセラレーションプログラムを実施してお
り，オフィスを拠点に，約 3 ヶ月間，国内外の民間事業会社から助言を受けら
れる体制を構築した。シードからアーリー段階の通常の単独活動では，実現で
きない徹底的な事業展開をサポートする。プログラムの最後にはベンチャーキ
ャピタルなどを集めたデモデイでピッチを行うことで，さらなる資金調達など
次の成長ステージへの足掛かりにつなげていく。

（4）KGSG 3rd Batch

2017 年 1 月，第 3 期のアクセラレーションプログラムを開始するにあたり，
プログラム対象者を選出する KGSG 3rd Batch を開催した。エントリー対象者
は，IT を活用した新たなプロダクトやサービスの創出を目指すスタートアッ
プで，製品・サービスのプロトタイプが開発中のシード期の最終段階から，製
品・サービスが存在し，種数のユーザーが確保されているアーリー期の前期か
ら中盤段階のステージにある起業家である。選考基準は図表 7 − 5 のようにな
っており，チームの優秀度をトップに持ってきているのが特徴である。

アクセラレーションプログラムには，グローバルコースと社会課題解決コー
スがある。「グローバルコース」は，世界的なスケールアップを目指すスター
トアップが対象で，活動資金は 100 〜 150 万円程度が使え，先輩起業家である

図表 7 − 5　アクセラレーションプログラム選考基準

チームの優秀度	チームメンバーが優秀でバランスがよいか
神戸での親和性	神戸において事業活動が根付く可能性があるか
新規性・創造性	他社と差別化できる要素を持っているか
市場性・成長性	大きく発展できるポジションにあるか
継続性・収益性	トラクションがあるなどビジネスモデルが構築できているか

出所：著者作成。

メンターによるメンタリングや国内外の大企業やビジネスと関連の深い民間事業会社からの助言によってビジネスプランをブラッシュアップする。「社会課題解決コース」は、社会的課題解決を目指すスタートアップで、活動資金は30万円程度で、メンタリングは同様である。

（5）500スタートアップス（500 Startups）について

　ここで、神戸市のアクセラレーションプログラムを協働して取り組んでいる500スタートアップスについて説明する。

① 投資先

　シリコンバレーを拠点に世界50ヶ国以上1500社以上に出資を行っており、トウィリオ（Twilio）、グラブタクシ（GrabTaxi）などの評価額10億ドルを超える企業やグーグルが買収したワイルドファイア（Wildfire）、マイクロソフトが買収したサンライズ（Sunrise）などへの投資が有名である。（エアビーアンドビー（Airbnb）やドロップボックス（Dropbox）を育てたワイコンビネーター（Y Combinator）と並び大きな成果を出しているシード投資ファンドで「アクセラレーター」と呼ばれる。

② アクセラレーターとは

　アクセラレーターとは、小規模でリスクは高いが、大きく成長する可能性のあるスタートアップ企業に対して資金提供する投資会社のことで、文字通り企業の成長を加速させてビジネスを拡大することに焦点を当てている。主に高い成長率を有する未上場企業に対して、ハイリターンを狙ったアグレッシブな投資を行い、資金を投下するのと同時に経営コンサルティングを行い、投資先企業の価値向上を図る。具体的には、担当者が取締役会などにも参加し、経営陣に対して多岐にわたる指導を行う。

③ 日本での活動の狙い

　500スタートアップスの代表デイヴ・マクルーアは、ペイパル（Paypal）や

第 7 章　神戸の地域創生策としての起業家支援 ｜ 127

フェイスブック（Facebook）との共同ファンド，個人投資家などの経験を経て，同社を創業している。

　同社は，2015 年に東京にも拠点を置き，日本において活動を本格的化していく方針である。日本は，これまでは起業が盛んでなかったが，環境の変化によりスタートアップがこれから期待できる環境になってきたにもかかわらず，投資が未だ世界と比べると消極的である。若いスタートアップが挑戦する受け皿が日本にはまだ成立していないので，同社の強みであるアメリカを中心としたグローバルネットワークへつなぐことを武器に，日本市場にビジネスチャンスを見出している。

④　神戸市の新しい取組みについて

　これまで述べたように，神戸市はインキュベーションに力を入れてきた。ビジネスモデルや会社を構築することを目的とし，革新的なアイデアを「生み出す」（インキュベート）イノベーションをより重視してきた。しかし，ベンチャー企業は，成長過程において，死の谷（デスバレー）と呼ばれる厳しい環境を乗り越えなければ，途中で挫折してしまう。インキュベーションは，発芽と成長に最適な土壌が用意されている浮化器に例えられるが，これまで欠けていたことは，アクセラレーションであった。アクセラレーターが，最適な条件を得られる温室で，若い企業を一気に成長させることが重要である。神戸市の今回の試みは，この点において高く評価できる。神戸市は，この 500 スタートアップスと協働して　これまで日本の起業家支援に欠けていたアクセラレーションプログラムを始めた。特徴は，プログラムに参加し，創業から間もないシードステージのスタートアップが一定期間をアクセラレーションプログラム内で過ごす点にある。この期間に，企業は 500 スタートアップスに蓄積されたノウハウを学ぶだけでなく，彼らが培ってきたネットワークを存分に享受することができる。代表のデイヴ・マクルーアは 500 スタートアップスに関わった企業は「500 ファミリー」と呼び，より企業間同士の付き合いを活発にしようと試みている。この点において，グローバルに拠点を持つ，大規模な動きをする同社には強みがある。

また，神戸市で「エコシステム」の構築を目標にしているところが先進的である。シリコンバレーで次々とイノベーションが起こり続けるのは，エコシステムが働いているからである。ここでエコシステムについて考える。

⑤　エコシステム（生態系）について

科学ジャーナリストの垂水雄二氏によるとエコシステム（生態系）とは，「一定の場所に住む全生物とその環境を，物質循環とエネルギーの流れに注目して1つのまとまりとしてとらえたもの。生産社・消費者・分解者・無機的環境の4つが基本的な構成要素である。海洋，湖沼，河川，森林，草原，砂漠，都市などが代表的な生態系であるが，数滴の水たまりから地球や宇宙まで，様々なレベルの生態系がありうる。」とある[20]。これをシリコンバレーに当てはめて考えてみた。

シリコンバレーのエコシステムとは，（一定の場所）シリコンバレーに住む，（全生物）世界中から来た多様でパッションのある起業家，ベンチャー企業，イノベーションを貪欲に取り込みながら成長する大企業（Google，Twitter，Facebook，Paypalなど），個人エンジェル，ベンチャーキャピタル，インキュベーター，アクセラレーター，ベンチャー企業に特化した弁護士事務所，会計事務所と（その環境）スタンフォード大学，カリフォルニア大学バークレー校，カリフォルニア大学サンフランシスコ校医科大学などの有力な大学，起業家をリスペクトする風土，失敗を許容する文化，高いITリテラシー，組織を超えた信頼できる強いネットワーク，オープンイノベーションの進行を，（物質循環とエネルギーの流れ）投資，IPOやM&Aの出口，再投資に着目して1つのまとまりとして捉えたもの。このエコシステムは，シリコンバレー以外ではまだ十分機能していない。

7．神戸ベンチャー研究会

これまで取り上げた支援団体とは違い，ここで草の根の活動である神戸ベンチャー研究会について取り上げる。震災後の神戸を元気にしたいとの強い思い

から，ボランティア精神で例会を続け，17年目になる任意団体である。

（1）設立経緯

1995年の阪神淡路大震災は，神戸市を中心に兵庫県南部に大きなダメージを与えた。当時，「神戸を復興するためには何が必要か」が大きなテーマとなり，あちこちでさまざまな議論が行われていた。そのような環境のなかで，神戸商科大学（現 兵庫県立大学）の社会人大学院第1期生が協議し，神戸で最も重要な課題の1つは新事業・新産業を創造することだろう，それには多くの起業家が排出されることが不可欠であり，ベンチャー企業を応援する研究会が必要であると決議し，2001年1月27日に「神戸ベンチャー研究会」を立ち上げた。同研究会のホームページには次のように設立の趣意が述べられている[21]。

> いま，この神戸でベンチャーに関係して解決が求められている主な課題は何であるのか，ベンチャーを取り巻く社会経済の状況はどのようになっているか，多数のベンチャーが立ち上がっていくためには何をどう変える必要があるのか，などについて，地元で，専門的にも研究を行い，議論を深め，その成果を関係方面へも伝達していくという活動が必要である。これが積極的に行われていくならば，最近の神戸のベンチャーに対する社会的関心や支援の機運も，一層，高められていくにちがいない。そこで，この地域でベンチャーに関心を寄せる学者，研究者，大学院生，ベンチャー，実務家，行政マンなどが一堂に集まり，「神戸ベンチャー研究会」なる組織を設立し，研究会としての活動を行うことにした。< 2001年1月27日 設立　神戸ベンチャー研究会 会則 前文より>

設立以降，毎月欠かさず例会を開催し17年目になるが，神戸ベンチャー研究会の人的ネットワークの広がりは，大阪，北摂，京都の3ベンチャー研究会の設立につながった。

（2）活動内容について

　研究会は，毎年度，年間テーマを決めて例会を行い，神戸ベンチャーフォーラム（KBF）を開催している。

・2001 年度「神戸地域のベンチャーの実態調査」
　設立初年度は，神戸経済の現状，ベンチャー企業の実態，ベンチャー支援の現状についての調査を中心にした。
　第 1 回 KBF「神戸ベンチャーの未来を語る」

・2002 年度「神戸地域活性化の条件」
　ベンチャー企業の具体的な事例やベンチャー支援組織の支援策の発表と，神戸地域が活性化するための条件について議論することに焦点を置いた。
　第 2 回 KBF「みなとと神戸の夢とベンチャー」

・2003 年度「ベンチャーと地域ネットワーク」
　プレゼンテーション大会を開始し，特にアーリーステージのベンチャー企業の事業計画のブラッシュアップとプレゼンテーション能力の向上を図ることにした。
　第 3 回 KBF「地域ネットワークの構築」

・2004 年度「NPO とコミュニティビジネス」
　地域の課題をビジネスの手法で解決するコミュニティビジネスも時代の求める起業の形であることに着目した。
　第 4 回 KBF「コミュニティビジネスとベンチャー」

・2005 年度「ベンチャー企業とビジネスモデル」
　ビジネスモデルの構築が，ベンチャー企業成功の要因の 1 つであることを仮説として，1 年間プレゼンテーション大会を中心に研究した。
　第 5 回 KBF「ウェアラブルを神戸から〜ユビキタス社会の要として」このフォーラムから「イルミネこうべプロジェクト」が始まり，現在も神戸ルミナリエの中で続いている。

・2006 年度「起業家教育」
　起業家を応援していく中で実感したことが，若年時の起業家教育の重要性だった。兵庫県立大学付属高校のスクールカンパニープロジェクトに参加し，

以降続けている。

第6回 KBF「神戸からベンチャーを」

いわてネットワークシステム（INS）と合同で開催したが，多くの支援機関
や大学とのネットワークの構築が出来た。

・2007年度「中国・華商と神戸のベンチャー」

神戸で第9回世界華商大会が開催されたことから，躍進する中国をマーケッ
トとして捉え，また双方の強みを活かしたビジネスの構築を研究した。

第7回 KBF「日中ビジネスを考える」

このフォーラムから日中未来研究会が立ち上がった。

・2008年度「ベンチャー企業と経営」

リーマンショック後の経済の悪化の中で，原点に戻って，ベンチャー企業の
経営そのものを考えることにした。

第8回神戸ベンチャーフォーラム「ベンチャー・アット・ザ・クロスロード」

・2009年度「ものづくりとベンチャー」

日本の強みはものづくりであるとの再認識から，ものづくりに焦点を当てた。

第9回 KBF「ものづくりとベンチャー」

・2010年度「農業とベンチャー／地域活性化のイノベーション

地域活性化に繋がる農商工連携や6次産業化の取組みの事例が，数多く報告
された。

第10回 KBF「農業とベンチャー／地域活性化のイノベーション」

・2011年度「ソーシャルベンチャー」

モハマド・ユヌス氏の提唱するソーシャルビジネスについて研究し，多くの
アントレプレナーとネットワークが構築できた。

・2012年度「女性起業家とソーシャルビジネス」

ソーシャルビジネスこそが女性の感性を活かせる分野であると考え，女性起
業家が成功するために何が必要かを研究した。

第12回 KBF「女性起業家とソーシャルビジネス」

・2013年度「女性起業家／ソーシャルビジネス」

・2014年度「女性起業家／ソーシャルビジネス」

引き続き女性起業家とソーシャルビジネスをテーマにし，加えてソーシャルメディアについても積極的に取り上げた。

・2015年度「公益資本主義とソーシャルビジネス」

原丈人氏の提唱する公益資本主義とソーシャルビジネスについて研究する。

・2016年度「エコシステムの構築について」

シリコンバレーのエコシステムを研究し，神戸でもおなじような環境が作れないか，作るとしたらどのようにすればよいのかを議論した。

・姉妹研究会として，2005年10月に「大阪ベンチャー研究会」，2011年10月に「北摂ベンチャー研究会」，2014年5月に「京都ベンチャー研究会」が立ち上がり，2015年7月に第1回ベンチャー研究会合同講演会，2016年7月に第2回合同講演会を開催した。

・兵庫県の「夏のビッグイベント」において，関西ニュービジネス協議会の分科会の運営を担っている。2010年「地域活性化のイノベーション」，2011年「ソーシャルベンチャーの時代」，2012年「女性が躍進するソーシャルベンチャー」，2013年「ソーシャルメディアによる地域活性化」，2014年「ウェアラブルでビジネスはどうかわるか〜中小企業はどのようにこのチャンスを活かせるか」，2015年「地方創生はニュービジネスから」，2016年「iPS細胞を用いた網膜再生医療」

（3）神戸ベンチャー研究会これまでの総括

①　年間テーマが，日本のベンチャーブームの変遷を反映している。当初は，ベンチャー企業が成功するためのビジネスモデルやファイナンス，IPOなどの研究であったが，リーマンショック後はIPOの減少もあり，企業の在り方や人間の生き方そのものの見直しから，ものづくりやこれまで見向きもされなかった農業，女性起業家，特にソーシャルビジネスへの意識が高くなっている。

②　16年間で約520社のベンチャー企業が発表しており，神戸においてはベンチャー企業の登竜門的な存在になっている。発表企業については，ネットバブルといわれた時期はIT関連が多く，ベンチャーキャピタルの参加

第7章　神戸の地域創生策としての起業家支援 ｜ 133

も頻繁に行われていたが，ここ数年はコミュニティビジネスやソーシャルビジネス関連が大半を占めるようになっており，NPO の参加も多い。

③ 神戸ベンチャー研究会による人的ネットワークの広がりが，大阪，北摂，京都のベンチャー研究会設立につながっており，定期的に継続して開催することがネットワークのハブとしての価値をもたらしている。関西大学・安田雪氏のネットワーク理論にもあるように，適度な隙があり情報が定期的に往来されている状況がネットワークを広げるのに効果を出している[22]。

④ 運営については，4ベンチャー研究会ともボランティアで行われており，世話人も発表者も手弁当で参加している。これは P・ドラッカーが，アメリカでは成人の多くがボランティア活動に参加し，そこで自己実現を図っていると報告しているのと同様に，世話人の生きがいに成りボランティア精神で継続することにつながっている[23]。

⑤ 「神戸ベンチャーフォーラム」と「夏のビッグイベント」を年度テーマに基づいて開催しており，フォーラムから3つの分科会ができている。2004年「NPO とコミュニティビジネス」からは，増田大成氏を中心に「NPO 法人青年の村」が設立され，地域活性化の大学構想として，限界集落で若者の啓蒙のためにインターンシップを開催している。「イルミネこうべプロジェクト」は10年目になるが，毎年神戸ルミナリエで電飾募金箱制作で参画している。また，神戸大学大学院工学研究科で博士を取った藤本実氏が，m plus plus Co., Ltd. というベンチャー企業をを立ち上げエンターテイメントの分野で大成功している。2015年より，ウェアラブル研究会を開き，関西からウェアラブルのデバイスやサービスの商品化を目指している。また，「日中未来研究会」は，日中協会と連携して「関西日中クラブ」を年2回開催している。中心人物の剣豪集団・鄭剣豪氏は，モッズヘアをM&A して，今後ここを活動の中心にして日中ビジネスを加速させる方針である。

（4）今後の展開

・17年目を迎える同研究会の活動を振り返りその成果を分析したが，コミュ

ニティビジネス，ウェアラブルコンピューティング，日中ビジネス，起業家
教育に実績を残し，次につながる活動になっている。

・しかし，ボランティア組織であり活動には制約も多いので，NPO または一
般社団法人化を検討することも必要である。

・強みは，神戸経済を起業支援で活性化したいという「志」であり，世話人は
これを実現するためボランティア精神で活動している。

・弱みについては，融資や支援を直接できないので，公的な支援組織や団体，
また会員の所属する組織と連携して行う。

・4ベンチャー研究会を統合する話もあるが，広域の運営は難しく，緩やかな
連携体として，協力し共存していくことが存続につながると考察する。

8．まとめ

　阪神淡路大震災からの復興を，起業家支援で行う神戸の取組みについて述べ
てきたが，神戸市のエコシステムを構築する取組みは始まったばかりである。
神戸がシリコンバレーのようなエコシステムを構築できるかどうかについて
は，500 スターアップスのようなアウトサイダーを活用することが重要である。
また，若い IT 技術者が世界中から集まってくるような魅力をどのように出し
ていくかがポイントになる。

　神戸は震災直後からインキュベーションに力を入れてきたが，コミュニティ
が分散しないようにして，メンターが身近にいて寄り添う支援ができるように
すること，アクセラレーションの規模を大切にして継続することで，起業家が
お互いに切磋琢磨しながら成功していき，その成功者が投資家やメンターにな
ってアーリーステージの起業家を応援する「エコシステム」が構築できること
を祈念する。

【注】
1) 神戸新聞 NEXT ／連載・特集／阪神・淡路大震災／震災 20 年目／
　　https://www.kobe-np.co.jp/rentoku/sinsai/20/rensai/201411/0007502902.shtml 引用.
2) 神戸市ホームページ　HERO　財団法人阪神・淡路産業復興推進機構

www.city.kobe.lg.jp/safety/hansinawaji/data/keyword/50/k-73.html 参照.

3）　公益財団法人神戸市産業振興財団ホームページ参照.

4）　KOBE ドリームキャッチプロジェクト　www.kobe-ipc.or.jp/dreamcatch 参照.

5）　公益財団法人神戸市産業振興財団ホームページ
　　www.kobe-ipc.or.jp/funding/investment/ 引用.

6）　フューチャーベンチャーキャピタル株式会社　https://www.fvc.co.jp 参照.

7）　ハンズオン支援とは，ベンチャーキャピタルなどが，投資先企業に，経営陣を送り込んでマネジメントを行うなど，経営に深く関与すること.

8）　アーリーステージとは，スタートアップステージとも言い，ベンチャー企業の投資における成長ステージの区分のうち，起業した直後の時期を指す（IT 用語）.

9）　ミドルステージとは，ベンチャー企業の投資における区分のうち，事業が軌道に乗り始め，成長しつつある時期を指す（IT 用語）.

10）　新株予約権付社債とは，一定の条件で発行体の企業の株式に転換できる権利が付いた社債のことで，一般的には転換社債または CB と呼ばれる（SMBC 日興証券初めてでもわかりやすい用語集）.

11）　公益財団法人ひょうご産業活性化センターホームページ　web.hyogo-iic.ne.jp 参照.

12）　同上ホームページ　ひょうご新産業創造ファンドによる支援
　　https://web.hyogo-iic.ne.jp/kigyo/fund 参照.

13）　日本ベンチャーキャピタル株式会社　https://www.nvcc.co.jp/ 参照.

14）　独立行政法人中小企業基盤整備機構　www.smrj.go.jp/ 参照.

15）　支援ネットひょうご　https://web.pref.hyogo.lg.jp/sr07/ie04_000000039.html 参照.

16）　シリコンバレーへの派遣交流で学ぶ若手 IT 人材育成事業
　　www.city.kobe.lg.jp/information/press/2015/08/20150820141901.html 参照.

17）　KOBE Global Startup Gateway　kobe.globalstartupgw.com/ 参照.

18）　THE BRIDGE　神戸市と 500 Startups. アクセラレーションプログラムを開催へ
　　thebridge.jp/207/announcing-500-kobe-accelerator-program-2017 参照.

19）　メンタリングとは，人の育成，指導方法の一つで，シリコンバレーでは，ベンチャー企業の支援に，スタンフォード大学等の教授やベンチャー企業の成功者，ベンチャーキャピタルが事業計画のブラッシュアップに係わる.

20）　（株）朝日新聞出版社「知恵蔵」2007 年.

21）　神戸ベンチャー研究会ホームページ　kobeventure.jp.

22）　『人脈づくりの科学「人と人との関係」に隠された力を探る』日本経済新聞社，2004 年，参照.

23）　ピーター，F，ドラッカー「非営利組織の経営」ダイヤモンド社，1991 年，参照.

※なお参考文献は，【注】に一括して記入した.

第 **8** 章　国家戦略特区域指定と地方創生
―養父市 中山間農業改革特区―

　日本国政府は，2013年10月に日本における人口減少・高齢化を踏まえ，活力のある大都市の競争力を重点的に強化し，大都市を牽引役に国全体の成長を促す目的で，事業を提案している自治体グループの中から指定区域を選考することを発表した。この指定区域が「国家戦略特区」であり，(1) 医療：相当の外国人患者の受け入れを見込む医療機関における外国医師・看護師の業務解禁など，(2) 雇用：雇用条件の明確化，有期雇用の特例，(3) 教育：公立学校運営の民間への開放，(4) 都市再生・まちづくり：都心居住促進のための容積率・用途等土地利用規制の見直しなど，(5) 農業：農業への信用保証制度の適用など，(6) 歴史的建造物の活用：古民家などの活用のための建築基準法の適用除外など，6分野における事業を提案している自治体グループのなかから指定区域を選考するとした。そして，2014年5月1日（政令公布）「国家戦略特区」として6地域を指定した。そのなかに兵庫県養父市が申請していた「中山間農業改革特区」が指定された。提案内容は，「農地の流動化に関する農業委員会の関与の廃止」と「シルバー人材センター会員における労働時間規制の緩和」であり，そのねらいは「農地の流動化を促進し多様な農業の担い手を確保する」ことと「農業振興・産業振興を図り，定住に結びつける」ことであった。この章では，著者の出身地でもありまたこの取組に少なからず関係していることから，養父市における「中山間農業改革特区」による地方活性化の取組を紹介する。

1. 養父市の現状[1〜2]

養父市は，図表8－1に示した兵庫県北部の但馬地方の中央に位置しており，面積は422.78km^{2}であるが，県下最高峰の氷ノ山や八伏山，妙見山といった1,000m級の山々に囲まれた中山間地にある。そのため，1960年からほぼ半減したにもかかわらず1,594ha（2010年農林水産省調査）もある農地の多くが棚田と呼ばれる階段状で，大規模農業には適さない地形的特徴を有している。交通について，鉄道はJR山陰本線，JR福知山線，JR播但線の利用で，また車では中国自動車道路や播但連絡道路を利用することで，いずれも大阪や神戸から約2〜3時間で到着することができる。養父市の人口推移は，図表8－2に示すように1965年の40,740人から年々減少しており，2010年には26,501人と35％も減少している。2040年には17,123人まで減少し，1965年の約4割に減少すると推定されている。一方，図中の折れ線グラフで示した高齢化率（人口

図表8－1 養父市の位置

出所：養父市HP。

図表 8－2　養父市の人口推移

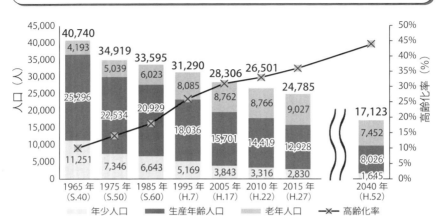

出所：国勢調査。

に占める 65 歳以上の割合）は，1965 年の 10.3％から 2010 年には 34.2％，2040 年には 43.5％まで上昇すると推定されている。世界保健機構（WHO）や国連では，高齢化率が 7％を超えた社会を「高齢化社会」，14％を超えた社会を「高齢社会」，21％を超えた社会を「超高齢社会」と定義している。したがって，養父市は 1965 年の時点ですでに「高齢化社会」が始まっており，1975 年から「高齢社会」，1995 年からは「超高齢社会」に突入しているわけである。このように，市全域が高齢化の進んだ過疎地域であり，また中国山地の北側に位置することから豪雪地域にも指定されている。いわゆる消滅可能性都市にも挙げられている全国どこにでもある「高齢化」が進行した「過疎」の「中山間農業」地域ということができよう。

2．養父市中山間農業改革特区の概要

　国家戦略特別区域への指定に養父市が提案した内容は，(1)「農地の流動化に関する農業委員会の関与の廃止」，(2)「シルバー人材センター会員における労働時間規制の緩和」の 2 点で，その狙いは (1) では農地の流動化を促進し

第 8 章 国家戦略特区域指定と地方創生 | 139

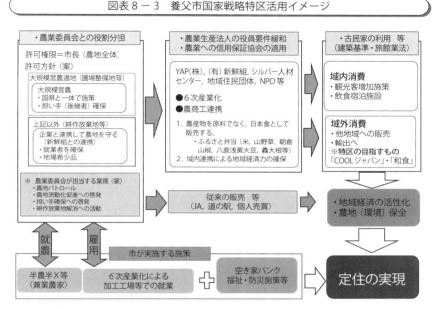

図表 8 − 3 　養父市国家戦略特区活用イメージ

出所：広瀬（2015）。

多様な農業の担い手を確保することであり，(2) では農業振興・産業振興を図り，定住に結びつけることである。図表 8 − 3 には養父市国家戦略特区活用イメージを示した。この図から，農業特区になる一番の変更点は，農地全体の売買などに関する許可権限を「農業委員会」から「市長」に移管することである。そして，「大規模営農」や企業と連携して農地を守る「企業農業」に着手できるようにすることで後継者や就業者を確保し，地場稀少品の増産に寄与することである。「農業委員会」には，許可権限以外の，従来からの役割である農地パトロール，農地流動化促進への啓発，担い手確保への啓発，耕作放棄地解消への活動などを担当してもらう。「市」が実施する施策としては，就農（兼業農家），雇用（6次産業化による加工工場での就業）に加えて空き家バンク（福祉・防災施策など）で定住の実現を目指すことである。たとえば，都会に出ていた地元出身の U ターンや定年後の田舎暮らしを求める移住者などを含め定住者の増加を促進することである。こうして確保した人材を活用した地場稀少品な

どを含む農産物は，区域内消費と区域外消費のいずれもを推進させることで地域経済の活性化を図り，また農地（環境）保全を目指す。区域内消費では，古民家を利用した飲食宿泊施設（民泊や農家レストラン）を設け，農産物を原料としてではなく日本食として販売することで観光客の増加を促進する。区域外消費では，アンテナショップなどによる他地域での農産物・加工品の販売，さらにそれらの海外への輸出を促進し，地域経済の活性化を図る。そのための政策課題として，（1）耕作放棄地などの生産農地への再生，（2）6次産業化による付加価値の高い新たな農産物・食品の開発，（3）農業と観光・歴史文化の一体的な展開による地域振興の3課題を基本方針として掲げている。

3．養父市中山間農業改革特区の経緯

　図表8－4には養父市における「国家戦略特区」に関する経過を示した。こ

図表8－4　養父市における国家戦略特区の流れ

2014年3月28日	国家戦略特区諮問会議（第4回）「国家戦略特別区域の指定について」
5月1日	国家戦略特別区域を定める政令の施行 → 区域方針を内閣総理大臣決定
5月23日～6月3日	区域会議の構成員となる民間事業者の公募・選定（法第7条第2項）
	地方公共団体，民間事業者の意見集約のための組織の設置，代表者の選出
7月23日	区域会議 ・運営方針の決定（下部組織の設置等） ・区域計画の作成に向けた議論 ・特定事業の実施主体の公表，申し出（法第8条第3～5項） 区域計画の作成に係る合意（法第8条第6項）
	内閣総理大臣への認定申請（法第8条第1項） 国家戦略特区諮問会議の意見（法第8条第8項） 関係行政機関の長の同意（法第8条第9項）
9月9日	諮問会議・内閣総理大臣の計画認定（法第8条第7項）
2015年1月27日	第2回区域会議・新たな規制緩和について等 諮問会議・内閣総理大臣の計画認定（法第8条第7項）
4月18日	養父市国家戦略特区推進本部の設置

出所：広瀬（2015）。

第 8 章　国家戦略特区域指定と地方創生 ｜ 141

れからわかるように，2014 年 5 月 1 日養父市は国家戦略特別区域法（2013 年
12 月 13 日法律第 107 号）に基づき，経済戦略のモデルとなる特別区域として政
令により指定された。わが国の経済活動の活力の向上に寄与することが見込ま
れる特別区域の指定は，全国で 6 地区が指定されたが，過疎化と高齢化が急速
に進む小さな自治体の挑戦として注目された。政令公布以降，（1）構成員とな
る民間事業者の公募・選定，（2）地方公共団体と民間事業者の意見集約のため
の組織の設置，（3）設置組織の運営方針の決定（下部組織の設置など）などにつ
いて早急に検討しなければならなくなった。7 月 4 日には，養父市と養父市農
業委員会との間で「農業委員会と市町村の事務分担に係る特例」の合意に基づ
き養父市内全域の農地について農地法第 3 条第 1 項本文に掲げる権利の設定ま
たは移転にかかる同委員会の事務のすべてを養父市が行えることとなった。7
月 23 日に第 1 回区域会議を開催し，「養父市国家戦略特別区域計画」について
議論され，まず国家戦略特別区域の名称を「養父市中山間農業改革特区」に決
定した。また，法第 2 条第 2 項に規定する特定事業の内容について，農業分野
では（1）農業委員会と市町村の事務分担に係る特例（農地等効率的利用促進事
業），（2）農業生産法人に係る農地法等の特例（農業法人経営多角化等促進事業），
（3）農家レストラン設置に係る特例（地域農畜産物利用促進事業），（4）農業への
信用保証制度の適用関連事業，の 4 項目。歴史的建築物の活用分野では，古民
家等に係る旅館業法施行規則の特例（歴史的建築物利用宿泊事業）について検討
された。さらに，追加すべき新たな規制改革事項として，（1）農業生産法人の
出資・事業要件の緩和，（2）植物工場などへの農地転用の一層の円滑化，（3）
鳥獣被害防止対策の強化，（4）森林資材を活用した拠点整備のための林地開発
許可権限の市への移譲，（5）小型の木質バイオマス発電の推進，（6）シルバー
人材センター会員の労働時間の拡大，（7）税制（法人課税など）の 7 項目につ
いて明らかにした。こうした議論を経て，区域計画の作成に係る合意（法第 8
条第 6 項）をし，内閣総理大臣への認定申請（法第 8 条第 1 項）を行った。その
結果，9 月 9 日に「区域認定第 1 号」が内閣総理大臣の計画認定（法第 8 条第 7
項）を受けた。2015 年 1 月 23 日には第 2 回区域会議が開催され，国家戦略特
別区域の正式名称として「養父市　中山間農業改革特区」の決定および区域計

画認定が発表された。そして，(1) 法第2条第2項に規定する特定事業の内容，(2) 農業への信用保証制度の適用関連事業，(3) 歴史的建築物利用宿泊事業，の3項目について検討するとともに，さらに追加すべき新たな規制改革事項として，(1) 農業生産法人の要件緩和（農地法第3条第2項第2号），(2) 有害鳥獣被害防止対策の強化（鳥獣の保護及び狩猟の適正化に関する法律等），(3) 古民家を活用した宿泊施設の施設構造基準の緩和（旅館業法施行令），(4) 地域医療の確保（医師法・医療法）の4項目について明らかにした。養父市はこうした一連の事業をさらに円滑に推進するため，2015年4月18日に「養父市国家戦略特区推進本部」を設置した。

4．養父市中山間農業改革特区の取組[3〜4]

養父市では特区事業として以下のような取組を行っている。

（1）地域産業活性化および雇用確保のための支援会社の設立

2014年5月1日の国家戦略特別区域法（2013年12月13日法律第107号）に基づき，特別区域として政令により指定された養父市では，5月23日に市が100%出資した地域公共会社「やぶパートナーズ(株)」を立ち上げた。この会社は，起業支援を中心に地域産業の活性化・雇用確保を目的に設立され，特区の実現に向けて耕作放棄地の解消や6次産業化を進める上でも重要な役割を担うことになる。

（2）就農就労包括支援事業

養父市では，所得が不安定な期間における支援および空き家バンク制度による住居紹介をする部署を設け，就農を希望する青年・壮年層と農業従事者を求める地域とのマッチングを図る。また，受け入れ地域は営農指導や農業用機械の貸与，水利権の調整などを行うことで新規就農者の確保に努め，地域農業の諸課題と養父市への定住促進に寄与する。

（3）水耕栽培などによる野菜工場の整備

　地域経済の活性化を目指し，廃校や休耕地に農業用プレハブを建設し，水耕栽培などによる野菜工場を整備することで，企業誘致を促進する。

（4）まるごとスクールシティの実践

　市内にある「兵庫県立但馬農業高等学校」を活用して，市内外の多様な方々に農業を学んでもらう「セミナー」の実施。農業に親しみやすい環境づくりを行うための「楽農生活センター」の開設。産官学協働による「フードバレー構想」を将来的に立ち上げる。これらは未だ検討中ではあるが，養父市全体が農業以外にも「自然体験」や「伝統文化」などの学習の場になることを実践していく。

（5）軽自動車税の減免措置

　養父市内の軽自動車税のうち「小型特殊自動車」（農耕作業車）に係る税金の減免を検討中。

　以上，養父市では行政として特区実現に向けて前述 5 項目についての取組が始まっている。ただし，項目（4）および（5）については未だ構想・検討中であり紹介することはできないが，項目（1）〜（3）については既に動き出しているため，参入企業と予定している農業生産品などを紹介しておこう。

　まず始めに，養父市が特区を実現するために 100％出資して設立した「地方経済活性化への支援公共企業・やぶパートナーズ㈱」の設立以後の取組および国家戦略特別区域法第 18 条に規定する企業による農地取得特例の取組を紹介しよう。

①　やぶパートナーズ㈱

　事業内容は地域の経済再生および活性化に関するコンサルタント事業が主であり，直営する事業としては農業生産，販売，加工品も含めた地域産物販売やショップの運営などを行う。また，地域における新産業創出事業への出資・支

援といった投資事業も行っていく。さらに，上下水道維持管理事業や行政業務のアウトソーシングなど公共事業の受託業務も行っている。直営事業では，棚田で収穫された「別宮棚田米」や朝倉山椒の加工品である「山椒の佃煮」「山椒ジェノベーゼ」など多くの生産物や加工品を国内販売するだけでなく海外へも輸出している。

② （株）養父新鮮組

愛知県の農業生産法人（有）新鮮組が養父市に設立した企業で，「世界に求められる品質の農産物を追求し，中山間地域の新しい農業を考え，農家が儲かる農業を実践していく」を目標に 2015 年 9 月に設置された会社である。この会社は，耕作放棄地の再生，地域食材を使った「ふるさと弁当」の海外展開，世界基準の有機野菜の海外への販路拡大を目指しているが，当面は養父市版五平餅「やぶ桑棒」の販売を主に行っている。

③ （株）クボタ e ファームやぶ

兵庫県尼崎市の （株）近畿クボタが，地域，農家，学校などと深く広くかかわる活動を通じて，地球環境保全や日本農業の活性化を目指すクボタ e プロジェクトの一貫で 2016 年 1 月に設立した会社である。この会社では，親会社であるクボタの技術力を活かし，地域，行政との連携で農産物のブランド化，耕作放棄地再生による環境保全に取り組み，若者が集まり，移り住んでくれる地域を創ることを目指している。そのため，水稲鉄コーティング直播栽培による省力軽労稲作の実践，クボタスマートアグリシステムを活用した IT 農業の実践，施設による「高糖度トマト」の栽培などを行うことで，耕作放棄地再生による環境保全への取組および地域雇用を創出する。

④ やぶファーム（株）

日本の総合リース企業であるオリックス（株）とやぶパートナーズ（株）が共同で 2015 年 6 月に設立した会社である。この会社は，地元農家，JA たじま，オリックス，やぶパートナーズが共同で地域農業の受け皿としての組織づくり

第8章　国家戦略特区域指定と地方創生　|　145

をすることで，将来的に恒常的雇用を生み，新規就農や地域雇用を促進することで地域活性化を目指している。そのため，耕作放棄地の再生化，生産・販売・物流が一体となった事業体の確立，「八鹿浅黄」などの養父市特産品を利用した加工・販売による 6 次産業化，「ピーマン」「大豆」「にんにく」などの生産直売による事業の高収益化を事業計画目標としている。

⑤　(株)やぶさん

　農機具やボートなどでお馴染みの YANMAR の系列会社であるヤンマーアグリイノベーション (株) が 2015 年 10 月に設立した会社である。この会社は，「にんにく」の栽培を通して耕作放棄地を減らし，いつまでも元気で働くことに喜びの持てる農業を次世代につなぐことを目指している。そのため，耕作放棄地の再生化，「香辛料（にんにく，山椒など）」と「八鹿浅黄」の産地化，6 次産業による増収増益および子供を中心とした農業体験教育を事業計画目標にしている。

⑥　(株)やぶの花

　花きを取り扱う卸売会社である兵庫県姫路市の (株) 姫路生花卸売市場が 2015 年 10 月に設立した会社である。この会社は，仏花として需要が高い「リンドウ」や「小菊」などの主生産地が東北地方と遠いため，近くで生産地を確保し鮮度の高い花を調達するため卸売市場運営会社が生産に乗り出した珍しいケースである。そこで，農耕放棄地の再生化のため「リンドウ」や「小菊」などの栽培に活用し，養父市を「リンドウ」と「小菊」の大々的な産地にするとともに，花の町として目で楽しむ観光地にすることで地域活性を目指している。

⑦　(株)マイハニー

　国家戦略特区における特定事業者として 2014 年 8 月に起業設立された会社である。この会社は，養父市が持つ自然を産業に変えて中山間地に新たなビジネスモデルを展開するため，農耕放棄地に「レンゲ」や「からし菜」などを栽

培し養蜂業を行う。養蜂で得られた「蜂蜜」を甘味料として加工および販売し，将来的には「蜂蜜」を中心としたカフェの営業（農家レストランの特例活用）を目指している。

⑧ （株）アグリイノベーダーズ

　兵庫県豊岡市の農業生産法人（株）Teams が 2014 年 7 月に関連会社として設立した会社である。この会社は，地域と農業を礎に据え，地域に溶け込み農業全体を底上げし，農産物に新たな付加価値を生み出す付加価値農業を実践するとともに販路を選ばない交易型農業で，従来の農業に革新的な発想をもって取り組み，地域経済の活性化を目指している。そのため，当面は耕作放棄地の再生化および「ブルーベリー」の 6 次産業化によって市内などで経営する食堂への食材供給を行う。

⑨ （株）トーヨー養父農業生産法人

　北海道や埼玉県などで農業生産法人の実績がある福島県相馬市の（株）トーヨーエネルギーファームが 2015 年 12 月に設立した会社である。この会社は，実績のあるトーヨーグループのノウハウを用いて植物工場の運営とバイオガス発電施設との連携を目指している。すなわち，先進的植物工場で養父ブランド野菜を開発し，雇用の拡大を通じて市街からの人の流入を図り地域活性化につなげる。そのため，ハウスでの「トマト」栽培，消化液を利用した土づくりの推進，さらにバイオガス発電施設の排熱を利用した植物工場の運営を行っていく。

⑩ （株）Amnak

　2011 年より農業事業に参画している兵庫県三木市の（株）山陽 Amnak が 2015 年 10 月に設立した会社である。この会社は，耕作放棄地を再生し，「酒米」を生産し，美味しい日本酒を造りそれを海外に販売することを目指している。また，この事業を通じて意欲のある新規参入者を呼び込む仕組みを作り地域活性を図る。そのため，再生した農地で「酒米」を生産し，隣接する朝来市の酒

蔵と連携し日本酒の生産を始めている。できあがった日本酒のブランド化を図り，但馬でできた日本酒を海外に輸出する計画を進めている。さらに，冬寒い養父市でハウスによる野菜作りも計画しており，将来的には淡路島の「玉葱」のような全国展開できる養父ブランドの野菜作りに取り組む予定である。また養父市には「但馬牛」という大きなブランドが既にあるため畜産への進出も視野に入れている。

⑪ （株）やぶの農家

地元養父市の（株）福井建設と兵庫県豊岡市の（株）オークが共同で 2015 年 10 月に設立した会社である。この会社は，養父市農業特区の農業の担い手として産地形成に貢献するとともに，農業土木に取り組むことで将来の養父市の農業生産性の維持・向上に寄与することを目指している。そのため，「米」の生産と加工販売事業，「にんにく」「香味野菜」「リンドウ」の栽培と販売事業に取り組む予定にしている。また農業土木では，田圃や畑の改善・改良による特産品の産地形成を計画している。

⑫ （株）三大

農業事業部を有する兵庫県朝来市の吉井建設(有) が 2016 年 4 月に設立した会社である。この会社は，自社が持つノウハウを集結し市場が求める商品開発（6 次産業化）とあわせて荒廃した農地を再生し，中山間農業の課題に挑戦していくことを目指している。そして，農業・農地が地域コミュニティや伝統を形成してきた歴史をも踏まえて土づくりや地域との共存にこだわって事業を展開していく。そのため，耕作放棄地の再生，「唐辛子類」の特産品化，生産・加工・販売による 6 次産業化を進めるとともに，獣害対策および福祉分野との連携なども計画している。

⑬ 一般社団法人ノオト

農村に残る地域コミュニティに豊かな社会づくりの源があると考え，こうした土地の歴史と文化を未来に継承していくことを目指して 2009 年 3 月兵庫県

篠山市に設立されたのが一般社団法人ノオトである。歴史的建造物の活用分野で実績があったため，当初から国家戦略特別区域会議の構成員に選定されていた団体でもある。養父市においては，歴史的建造物にかかる旅館業法施行令の特例を活用すべく，歴史的風致を形成している伝統的な建築物群で価値の高いものを構成している建築物に人を宿泊させる事業を目指している。そのため，空き家となった養蚕農家群を滞在施設やレストランとして活用し，そこに人が行き交うことで農村集落の活性化や農業振興を図る。この事業は既に実施されており，養父市大屋町大杉地区に残されていた木造3階建ての養蚕住宅において旅館と地域特産品を提供するレストランを2015年10月より営業している。

　以上，養父市における中山間農業改革特区実現へ向けた取組例をいくつか紹介してきた。ここで紹介した農産物やその加工品は既に「道の駅」などの販売所で入手可能となっているものもあるが，未だ緒に着いたばかりであり収穫・販売量も少なく十分とはいえない。今後さらなる展開が望まれるが，それにはこうした取組へのよき理解者および従事者の増員が不可欠であろう。

5．課題と展望[3~4]

　養父市中山間農業改革特区は，紹介してきた取組のほとんどが緒に着いたばかりであるため，これ以後どのように農産物やその加工品を増収・増販していくか，また農業生産事業の従事者増員などの地域活性化が農業改革特区の成否を分けるであろう。そこで，養父市中山間農業改革特区における農業改革と地域活性化に関する課題と展望掲げてみよう。

　まず農業改革について，これまで取り上げてきた農業生産法人のいずれもが一部の地域のごく限られた農家との契約で実施されているため，収穫量が限られている。したがって，収穫作業やその加工を考えると同一の農作物はできる限り近隣地区で生産するようにその地区の多くの農家と契約し，大々的に生産する必要があろう。また，その地区の農家が集まれば，集荷場や加工工場などをその地区に設置することで効率化による低価格化も計れる。農家にとって農

第 8 章　国家戦略特区域指定と地方創生 ｜ 149

産物を変えて作付けすることはなかなか難しい問題ではあろうが，参画企業は着手してからの実績や展望を根気よく示し説得していき，協力農家を増やし作付面積を増大させていく必要があろう。さらに，増産しブランド化された農産物や特産品などを国際市場へ販路拡大していく必要がある。

　地域活性化について，養父市のような人口減少と高齢化が著しい中山間地域においては農業特区事業への取組を実現させるための最大の課題は人材確保であろう。国家戦略特別区域における農業特区では，農業生産法人の役員要件緩和があり，従来は 2 名の農作業従事者が必要であったが，農業特区特例により 1 名でよいことになった。前述の参画企業のなかには都会からの I ターン U ターンを募り，養父市内に移住させて生産活動しているところもあるが，まだまだ人口減に歯止めをかけるまでには至っていない。人口減少に歯止めをかけるため養父市では「市民生活部やぶ暮らし課」を設置して市民活動団体「田舎暮らし倶楽部」と協働で移住定住希望者への相談窓口を設け，空き家の現地案内や説明を行い移住定住者の増加を図っている。また，移住体験が出来る施設「ちょこっとくらし住宅」やいなか生活に思い出をよみがえらせる簡易宿泊所「ふるさと交流の家　いろり」などを設置し移住希望者への啓蒙活動や支援活動を行い，都会からの I ターン U ターンの促進を図っている。さらに，移住候補地に足を運び地域住民との交流を図るイベント「やぶ暮らしセミナー」を開催し，都会にはない日舎の良さをアピールし体験させている。しかしながら，こうしたプログラムによる移住者は未だ少なく，就労年齢の人材確保ができていないのが現状である。

　そこで注目されているのが「シルバー人材センター」である。養父市では 2014 年 5 月に農業に従事する高齢者の労働時間拡大を国家戦略特区法で規制緩和してもらう改正を求めていたが，衆議院の解散により法案が流れていた。したがって，再度法案を作成し提出されるものと思われる。この法案が通れば，農業生産法人の役員要件に規定されている農作業従事者にも就任できるため，特区実現に向けた大きな原動力にも成り得るであろう。現在，養父市シルバー人材センターでは，元気な高齢者が働きやすい環境作りのため，現行の労働時間内で「移住体験」や「体験型農業」などのイベント開催を担って活躍されて

はいるが，さらなるシルバー人材パワーを活用する必要があろう。

【注】
1） 養父市ホームページ（http://www.city.yabu.hyogo.jp/）.
2） 総務省統計局「2010 年国勢調査」（http://www.stat.go.jp/data/kokusei/2010/gaiyou.htm）.
3） 養父市国家戦略特区担当チーム（2015）.
4）「養父市の挑戦」『養父市国家戦略特区リーフレット』，2016 年 9 月.

参考文献

総務省統計局「2010 年国勢調査」（http://www.stat.go.jp/data/kokusei/2010/gaiyou.htm）.

広瀬栄（2015）「地方創生に向けて「国家戦略特区〜養父市の挑戦〜」」やぶらぶ東京講演資料，2015 年 2 月.

養父市国家戦略特区担当チーム（2015）「国家戦略特区（養父市中山間農業改革特区）地域説明会　報告書」，2015 年 4 月.

「養父市の挑戦」『養父市国家戦略特区リーフレット』，2016 年 9 月.

養父市ホームページ（http://www.city.yabu.hyogo.jp/）.

第9章 低補助金社会の実現
─吹田くわい栽培農家の地域活性化・
社会貢献活動を中心にして─

1. はじめに

　ここでは，低補助金のもと民間事業者と地方公共団体との間での正の外部効果の内部化を事例に基づき紹介し，低補助金社会の実現に必要なものとは何かを考えてみたい。特に，正の外部効果という社会的便益と利的便益との間に乖離をもたらす事業のなかでも，比較的，市場メカニズムになじみやすい収益性の高い事業を行う個人もしくは団体に対して，その外部効果に見合った補助金や助成金の給付や地方税の減免などの政策手段とは別に，これら民間事業者と地方自治体の双方にとって利益のある相互補完的な行為に着目することで，財政力を落とすことなく公共サービスの充実が行えることを示してみたい。併せて，情報の共有による利益を積極的に評価することで，情報のプラットフォームとしての地方公共団体のあり方についても述べることとする。

　具体的には，大阪府認定の「なにわの伝統野菜」17品目の1つ「吹田くわい」の栽培農家による市街化区域内で生産緑地認定を受けた農地を使った有機無農薬野菜・果実類の生産・販売と，園主自らがボランタリーに行う食育活動や農業指導等による正の外部効果を有する社会貢献活動との好循環を示す。地方公共団体主催のイベントにおける園主のセルフプロデュースとともに，地方自治体による伝統野菜認定などの信用力を通じたマスメディアによる同農園のプロモーションが，民間事業者の私的便益である事業収益を引き上げる広告宣伝費に資すると考えることで，当該外部効果を内部化するための減税や，補助金に頼る必要がないことを示したい。

加えて，補助金・助成金の効果的な活用のために，地方創生推進交付金（まち・ひと・しごと創生交付金）の申請者以外の第3者が有するさまざまなアイデアや既存の情報を，当該申請者と第三者の双方の利益にかなうよう利活用できる仕組みとしての「プラットフォーム機能」について触れ，民間資金の導入方法としてクラウドファンディングの利活用も示唆している。最後に，低補助金社会を実現するための若干の提案を述べる[1]。

2．吹田市における農地転用の推移

大阪都心部より北に10kmから15km圏内に位置する吹田市は，隣接する茨木市のように農業に強いというよりは，大正9（1920）年にロンドン北部のレッチワースに範を取った千里山住宅（計画当初は自給自足の職住近接型住宅を目指していた）を嚆矢としたことからも，都心郊外にあるベットタウンのイメージがある。これを示す興味深いデータがある。

図表9－1は，この52年間の吹田市における農地転用の推移を示している。まず，昭和38（1963）年度から平成26（2014）年度までの52年間，一貫して市内農地の宅地などへの転用が行われており，昭和38年度に700haあった市内農地が，平成26年度には56.8haとなり，吹田市の面積3,611haに占める割合は19.38％から1.57％へと10分の1以下に縮小している。昭和38年度の吹田市の1人当り農地は41.17m^{2}であり，およそ25畳分の広さがあった。これが平成26年度には1.58m^2，すなわち1畳弱になっている。昭和33（1958）年から昭和50（1975）年にかけて行われた千里ニュータウン開発，昭和30年代から40年代にかけて行われた土地区画整理事業による昭和50（1975～1985）年代の江坂地区開発，昭和55（1980）年の吹田市民病院建設による昭和50年代後半から60年代にかけて行われた片山地区開発といった大規模開発事業と，市内全域で進められた宅地化，そして，市内14ヶ所の駅周辺など交通要所を中心とする商業施設ならびに工場の立地により，農地が急速に失われていった。

次に，農地が宅地などに転用された件数を見てみよう。図表9－1は，吹田市内の4条農地転用と5条農地転用の面積ならびに合計件数と農地面積の推移

第 9 章　低補助金社会の実現 | 153

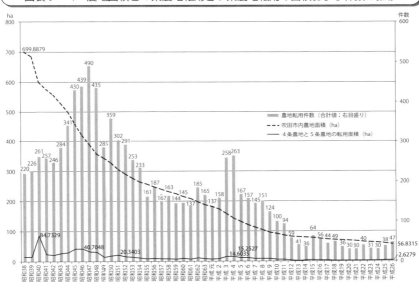

図表 9 － 1　農地面積と 4 条農地転用と 5 条農地転用の面積および件数の推移

出所：吹田市農業委員会事務局および吹田市まち産業活性部地域経済振興室へのヒアリングによる（2015 年 7 月 14 日）。

を示している[2]。ここで 4 条農地転用とは，農地所有者自らが農地を農地以外の他の用途に転用することをいい，5 条農地転用とは農地所有者以外の者が当該農地を農地以外の用途に転用することをいう。

　図表 9 － 1 によると，千里ニュータウン開発効果もあり，昭和 38（1963）年度から第 2 次オイルショックの昭和 54（1979）年度までは，昭和 48（1973）年の第 1 次オイルショックのときに一時的に農地転用面積ならびに件数は減少するものの，農地面積は急激に減少している。昭和 55（1980）年度から昭和 61（1986）年度にかけて，農地転用の速度は弱まったかに見えたが，昭和 62（1987）年度と翌 63 年度の資産価格が理論価格を上回る「バブル期」において農地転用面積が増え，バブルが調整された平成 3（1991）年度から平成 8（1996）年度にかけて，また農地転用が増えていることがわかる。これは高齢化や後継者不足などがその理由に考えられるが，定かではない。農地転用件数で見た場合，昭和 38（1963）年度から昭和 54（1979）年度までが，昭和 45 年の大阪万博と

千里ニュータウンをはじめとする「都市化の第1期」であり，昭和55（1980）年度から平成12（2000）年度までが，市内全域の宅地化がさらに進む「都市化の第2期」であると考えられる。52年間に限り農地転用された面積の合計は約660haであり，これは吹田市の面積のおよそ18.3%を構成している。

では，農地はどのように宅地等に転用されたのだろう。これは，農地所有者以外の者が農地以外の用途に転用する5条農地転用と，農地所有者自ら農地以外の他の用途に転用する4条農地転用の推移を見ればわかる。図表9－2には，5条農地転用の面積（左目盛り）と件数（右目盛り）の推移が示されている[3]。

同図表によると，昭和38（1963）年度から54（1979）年度にかけて5条農地転用の件数が多くなっている。これは，北摂地域の農村地区である旧山田村を中心とする吹田市北部において，昭和45（1970）年の大阪万博の前後，すなわち昭和37（1962）年から48（1973）年の時期に千里ニュータウンの大規模開発事業が行われたためである[4]。この時期，旧山田村や旧千里（ちさと）村の農地所有者は農地を第三者に転売し，第三者は当該農地を千里ニュータウン開発など宅地や商業施設などの用に供したものと考えられる。なお，昭和40（1975）

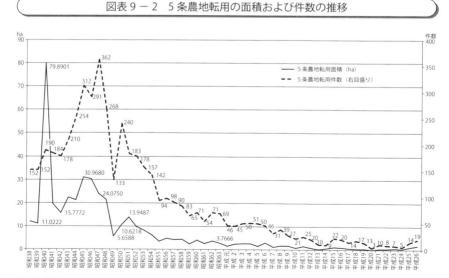

図表9－2　5条農地転用の面積および件数の推移

出所：図表9－1と同じ。

年度には5条農地転用面積がおよそ80haとなり突出しているが，転用件数が190件とその前後年度と比較してそれほど大きくないことから，一部の大地主が農地転用したものと見るのが妥当であろう．具体的には，昭和40年度には1件当たりの5条農地転用面積が0.42haと，前年度の6倍，次年度の4倍となっている．ちなみに52年間を通じた平均5条農地転用面積は0.063ha，すなわち毎年631.7m^2（191.4坪）の農地が農地所有者以外の第三者の宅地等に転用されていることになる．

次に，図表9－3により，農地所有者が農地をそれ以外の用途に転用する4条農地転用の面積および件数の推移を見てみよう[5]．まず，転用面積と転用件数がほとんど同じ動きをしており，52年間の平均4条農地転用面積を見てみると0.057haであり，5条農地転用の同時期の平均面積0.063haとその差は60m^{2}しか変わらない．それでも，1件当たりの4条農地転用面積が大きかったのは，昭和39（1964）年度の0.064haと40（1965）年度の0.068ha，44（1969）年度の0.095haから46（1971）年度の0.070ha，62（1987）年度の0.067ha，平成5（1993）年度の0.079haと6（1994）年度の0.078ha，平成9（1997）年度の

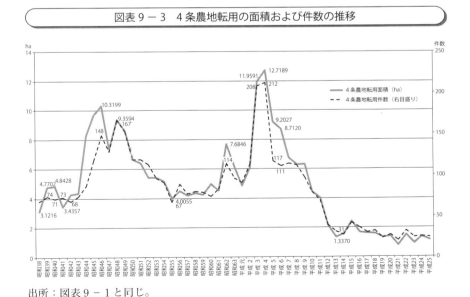

図表9－3　4条農地転用の面積および件数の推移

出所：図表9－1と同じ．

0.065ha である。

　すなわち，昭和52年度までは，先に示した大阪万博と千里ニュータウンをはじめとする「都市化の第1期」であり，60年度以降平成9年度までが，市内全域の宅地化がさらに進む「都市化の第2期」にそれぞれ重なっている。4条農地転用の動機については，都市化による離農者の増加，すなわち農業から収益性の高い商工業あるいはサービス業への移行や，高齢化による農業の後継者不足，宅地価格の高騰化による農地の転売などが考えられるが，その詳細は定かではない。ただ，農地の場合，営農の意思が確認できれば宅地並み課税は行われず，よって土地価格の高騰化や不動産評価の上昇に伴う相続税対策は，農地に限ってはあまり関係がないといえる。

　このように吹田市の農地は確実に減少しており，また吹田市役所も，茨木市のように農業を重視するよりは，昭和45年以来，市内全域を市街化区域に指定していることから，早くから都市化を目指していたと考えられる。ゆえに吹田市は，同市内で農業を営む者にとって，宅地などへの農地転用の誘惑が相当程度強い地域であったといえよう。

3. 吹田くわい生産農家・平野農園の場合

　このような経済価値の高い，すなわち，機会費用の高い土地を農地利用している例として，なにわの伝統野菜，「吹田くわい」の栽培農家，平野紘一氏（平野農園園主・吹田市農業振興研究協議会会長）による市街化区域内での有機無農薬野菜の生産・販売と食育活動[6]による社会貢献活動の好循環から学ぶべきものとはなにかを考えてみよう。吹田市には，その地名を冠した「吹田くわい」という大阪府に指定された「なにわの伝統野菜[7]」があり，これを平成14（2002）年に吹田市の要請で復活させたのが，平野農園園主 平野紘一氏（77）その人である。

　ここでのポイントは，補助金や助成金がつきものの農業事業において，梅田茶屋町の一等地での飲食店（蕎麦屋）経営という優れた経営感覚を持つ平野紘一氏が農園を引き継ぎ，平成14年には吹田市の要請もあり，当時，吹田くわ

第9章　低補助金社会の実現　|　157

い保存会（北村英一会長：当時）や一部の栽培農家しか目に留めなかったオモダ
カ科の半栽培植物，吹田くわい（和名：スイタグワイ）に着目し，これを栽培・
頒布することで，「吹田野菜の平野農園」というブランド作りに成功し，低補
助金経営による自立型農業を展開しているところにある。

　まず，平野農園の平成26年度の吹田市との動きを見てみよう。図表9－4は，
平成26年度の吹田市主催事業に参加した同農園による農産物出荷状況を示し
たものである。

　平野農園は，吹田市農業研究振興協議会を通じてほぼ毎月にあたる年間14
もの吹田市のイベントに協力出店し，131万円余りの年間売上をあげている。
イベント会場での店舗設営などは主催する吹田市が行い，出店料などの追加費
用は徴収されていない。これに，夏期や冬期の野菜が不足する時期を除き，週
3日間開店する平野農園内の直売所の年間売上を合わせると700万円から800

図表9－4　平野農園農産物出荷状況（販売額）：平成26年度吹田市主催事業

日　付	名　称	売　上	内　容
4/16	江坂朝市	136,000 円	（筍以外不詳）
4/27	すいた朝市	158,500 円	（20 品目）
5/10，11	産業フェア	340,550 円	（24 品目）
6/11	江坂朝市	116,920 円	（不詳）
6/22	すいた朝市	54,750 円	（不詳）
7/13	江坂朝市	56,700 円	（不詳）
9/14	江坂朝市	83,100 円	（18 品目）
10/12	江坂朝市	76,800 円	（不詳）
11/8	花と緑のフェア	62,150 円	（18 品目）
11/9	江坂朝市	20,350 円	（不詳）
11/23	すいた朝市	38,200 円	（20 品目）
12/23	すいた朝市	39,700 円	（17 品目）
12/28	江坂朝市	93,400 円	（29 品目）
3/8	江坂朝市	35,400 円	（16 品目）
	合計	1,312,520 円	

　（注）平野紘一園主とボランティア5名以上。年間有機野菜
　　　　は167品目以上，果物を含むと200品目以上。
　出所：吹田市農業委員会事務局，吹田市まち産業活性部，平
　　　　野紘一氏へのヒアリングに基づく。

万円となり，これに農産物などの仲買の売上が別途加わることとなる。このように，平野農園は専業農家として自立できる事業所得を，都市型農業を展開することで得ているところに注目したい。

　なお，同農園の畑は約 3,000m² であり，近年の吹田くわいの年間生産量は，同農園内にある約 900m² の吹田くわい圃場から収穫されるものと，6，7 軒の吹田くわい生産農家の収穫とを合わせて，年間およそ 500kg 弱となっている。「葉もの 3 ヶ月，根もの 6 カ月」といわれるように，吹田くわいのような「根もの」は，苗の植え付けから収穫までの半年間にわたり泥田を拘束する。加えて，昭和 40 年頃吹田を訪れた坂本寧男京都大学教授（当時）が指摘したように，そもそも吹田くわいは田圃で栽培されていたものではなく，自然のままに成長したものを収穫するという野生と栽培の中間である半栽培植物[8]であったことから，その栽培は容易ではなく[9]，平野農園でも収穫高は安定推移していない。吹田くわいは生産効率を考えると割りの良い商品作物ではないのである。同農園は吹田くわい生産のため，平成 14 年度にわずかな補助金を吹田市と農業協同組合の双方から受けており，直売所で販売する野菜については大阪府からはエコ野菜の認定を受けているが，大きな補助金や助成金は受けていない。

　次に，平野園主の平成 26 年度吹田市主催事業における社会貢献活動を見てみよう。平成 26 年 6 月に吹田市障がい者授産工賃向上支援事業 HAPPY & SMILE との連携事業「ハピスマ朝市」において同農園はボランティア出店し，その売り上げを HAPPY & SMILE に寄付している。また，吹田市主催の観光イベントの朝市にも出店している。小学校への「出前講座」では，豊津第一小学校，豊津第二小学校，江坂大池小学校，山手小学校，北山田小学校他に自ら赴き，主に吹田くわいの苗の植え付けから収穫までの栽培指導を行っている。

　一方，農業体験については，吹田市の「ふれ愛農園」において市内の親子約50 組に対して年間 10 回程度の農業指導を行っている。さらに食育活動については，指定管理者が運営する「花とみどりの情報センター」，市内各地区の公民館，NPO 法人すいた市民環境会議，私立千里山グレース幼稚園，関西大学などで「食育講座」を随時開講している。また，平成 20 年度より，大阪学院大学（平成 26 年度から主催）と毎年 11 月末から 12 月初旬にかけての日曜日に「吹

田くわい祭り」を開催し，そこで吹田くわいの有償頒布を行っている。

　平野園主の場合，朝市や実店舗を通じた有機無農薬野菜などの生産・販売から収益，すなわち，私的便益を得つつ，農業指導や食育活動による社会貢献活動を行うことで正の外部効果の増大にも努めている。そしてこれらの活動は相互補完の関係にある。これはどういうことかというと，平野園主が社会的便益の増大をもたらす社会貢献活動を行うことで同農園の栽培する有機無農薬野菜等の売上にも貢献するという「正のスパイラル効果」を持つためである。

　そしてこの相互補完性は，実はマスメディアによる同農園の活動紹介がその一助となっている。すなわち，千里丘陵が育んだ良質な湧水を利用し，有機無農薬栽培により育てられた「なにわの伝統野菜」の「吹田くわい」の生産農家である平野農園を，NHKや新聞各紙が大きく取り上げたことで，吹田くわい生産農家「平野農園」がブランド価値を持つようになり，これが同農園の有機無農薬野菜や果物のさらなるブランド力の強化に資することとなったからである。

　たとえば，北摂地域におけるトマトの生産は高槻市の三箇牧（みこまき）が有名で，市場でのブランド力も強いが，後発の平野農園がトマトを生産・販売するとき，「きれいな水でしか生育できない吹田くわいを生産している平野農園が作った安心・安全で美味しいトマト」というブランド力とその口コミ効果が市場で大きな力を発揮する。同農園はこれまでホームページの作成など積極的な広告宣伝活動は一切行ってはいない。しかし，吹田くわい生産農家としてマスメディアやミニコミ誌や農業関係の業界誌にたびたび取り上げられたことから，千里丘陵の地下を流れてきた良質な湧水と有機無農薬栽培による安心・安全な野菜生産者としての平野農園の信用力が増したことで，美味しいトマトを期待する消費者の口コミ効果も手伝い，その存在が広く消費者に知れ渡ったのである。

　平野園主が農業の分野において強いリーダーシップを発揮できるのは，農の匠としての「目利き」であることに加え，固定資産税の負担が1／80あるいは1／100に軽減される生産緑地の認定を必要とする近隣農家が生産した野菜をそれぞれ平野農園に委託販売することで年間およそ30万円の販売実績が近隣農家の営農証明となり生産緑地認定を得ることができる，という関係があるこ

とも見逃してはならない。平野農園は地域の農家を束ねる重要な役割をも担っているのである。

　また，米作りの場合は，減反手当という名の補助金を受けることができるものの 1,000m^2 当たり約 7 万円の売上にしかならないが，野菜なら 1,000m^2 当たり 100 万円の売上も可能であると平野園主はいう。これは，都市の農地は消費地に近いことから，鉄道輸送により大量に送られてくる「レールもの」の野菜に対抗するために，収穫後 3 日間しか保存が効かないが，柔らかくて美味しい「軟弱もの」の野菜を，少量多品種生産により消費者の好みにできるだけ合わせることで，商品単価の引き上げに成功しているからでもある。

４．プラットフォーム機能の拡充に向けて

　平野農園のように市場メカニズムになじみやすい事業の社会的価値に目を向けて，その正の外部効果をいかに評価するかは，財政が厳しい地方政府にとってより重要になってくるだろう。すなわち，地方公共団体が，地方公共財の提供という形で社会的収益率の高い事業に補助金や助成金を与えるのか，租税特別措置にみられる減税という「隠れた補助金」を支給するのか，それとも，民間事業者に収益獲得の場を与え，彼らの事業に公的な信用を賦与することで民間事業者から正の外部効果を有する行為を引き出すかである。ここで取り上げた平野農園の場合は，「有機無農薬によって栽培された吹田くわいの平野農園の野菜」というブランディング，すなわち，同農園の農産物のブランド価値の形成過程において，吹田市農業振興研究協議会を通じて吹田市が朝市など年間を通してコンスタントに農産物販売の機会を同農園に与えたことで，公的な信用に裏付けられた私的便益獲得の場を提供されたことになる。

　しかし，その定性的な評価はともかく，定量的な評価は困難であるといわざるを得ない。すなわち，平野農園の有する有形無形の社会的便益を数量的に把握し，それに見合った外部効果を税補助金政策によっていかに報いるか，あるいは，そのような告知の場をどれだけもしくはどの程度提供すると，出前講座や農業指導，そして，「吹田くわい」という吹田という地名を（間接的にとはいえ）

第9章　低補助金社会の実現 ｜ 161

メディアを通じて全国に広報する平野農園の有償・無償の活動がもたらす正の
外部効果に見合った告知効果と信用力を賦与することができるのかを定量的に
把握することには多くの困難を伴うであろうし，得られた結果がどの程度説得
力を持つのかについても疑問が残るであろう。

　最後に，地方自治体にとって補助金や助成金などの予算をあまりかけない
で，例えば，平野農園に広告・宣伝の機会をもたらす活動の場を与えるなど民
間事業者に信用力を賦与するような方法は他にないだろうか。ここでは，有馬
温泉の陶涼御所坊主人金井啓修氏が示してくれたアイデアも有効である[10]。

　さまざまなコンペに応募し，採択されてきた金井氏によるアイデアとは，地
域に眠っているさまざまなアイデアを利活用するためには，採用あるいは所期
の計画期間内において目標を達成できたプロジェクトについてのみならず，不
採用となった事案や事業途中で打ち切られたプロジェクトについても，それぞ
れ提案者の了解を得たうえで，地方公共団体が場を設けてこれらを長期間公開
の用に供すべきではないか，というものである。もちろんそれは，内閣府地方
創生事務局でもかまわないだろう。

　このようなアイデアあるいはさまざまな取組に関する情報や平野園主のよう
な「目利き（高度な専門性を有する人材）」の情報を地方公共団体および内閣府な
どが積極的に開示することで，たとえば，不採用となった事業や事業期間半ば
で打ち切られたプロジェクトについては，それをサポートあるいは改良する主
体が現れるかもしれない。また，ある地方で成功した事業は，他地域でこれを
採用するところが出てくるかもしれない。目利きを必要としている地域はこれ
でアドバイスを得ることができるかもしれない。

　なお，「目利き」については，内閣府地方創生推進事務局が各省庁が所管す
る地方創生の専門家一覧を公表している[11]。また同局は，平成23年3月から
5月にかけて環境未来都市の提案について広くアイデアを募集し，93件の提案
書のうちウェブサイトにて公表可とされた66件を公開している[12]。

　さて，高齢社会におけるさらなる財政逼迫が予想される地方公共団体にとっ
て，正の外部便益をもたらす行為だからと，そのすべてに予算を割り当てるこ
とはできなくなるだろう。そこで，民間事業者や個人による正の外部便益をも

もたらす行為について地方公共団体から財政支援が期待できないときは，インターネットを使って少ない費用で不特定多数の人々から事業資金を募るというわが国ではここ5年余りで成長してきた新しい金融の仕組みであるクラウドファンディングの活用が考えられよう。

　クラウドファンディングには，ジャパンギビング社のように篤志家から基金を募る寄付型，ミュージックセキュリティーズ社のように投資家から基金を募る投資型，そして，マクアケ社やレディーフォー社のように消費者から基金を募る購入型があり，寄付型は篤志家による社会的価値あるいは正の外部便益が，投資型は投資家による事業の収益性が，購入型は需要者の便益が，それぞれプロジェクトに対する共感を伴って評価される直接金融の一形態である。ミュージックセキュリティーズ社の子会社大阪セキュリティーズ社が平成25年6月に大阪府に指名され，府内の企業や金融機関，市町村と連携して資金調達を支援するという補助金行政とは異なるリスクマネー供給による地域活性化を行っているように，これからの地方自治体はクラウドファンディングをさまざまな局面で利活用することで，財政負担を軽減しつつ，正の外部便益をもたらす事業を実現させることができるだろう[13]。

5．おわりに

　「低補助金社会を実現するにはどうすればよいか…」と考え書き進めてきたが，これまでに述べた事柄に基づき若干の提案を記して閉じることとしよう。

(1) 市場メカニズムのもとで私的便益獲得事業（ブランド野菜の販売活動）を核として，その収益を用いて公益性あるいは正の外部便益の高い事業（出前講座や農業指導など）を補助する仕組みは，企業による宣伝活動あるいは寄付行為やメセナ活動に似ている。それは，民間事業者が私的便益事業によって生み出された収益の一部を社会的価値の高い行為に充てることでもあるからだ。もし，この民間事業者の活動がもたらす正の外部便益を地方公共団体が積極的に評価し，支援するとすれば，公益性の高い財・サービスを提供している民間事業者に対して補助金・助成金の給付や地方税の減免など

第9章　低補助金社会の実現　|　163

で対応することが望ましいだろう。これは正の外部効果の内部化である。

(2) しかし，社会的便益の高い事業に対して補助金・助成金の給付や地方税の減免などで対応できない財政力の乏しい地方公共団体にとっては，地方公共団体が私的収益活動の場を提供したり，地方公共団体の持つ信用や広報活動などを通じて，民間事業者に正の外部便益をもたらす事業を行わせる誘因を与えることができるかもしれない。平野農園の場合，吹田市が吹田市農業振興研究協議会を通じて「朝市」など同農園に収益事業の場を無償提供したり，同農園をはじめとする農業の「目利き」たちによる「出前講座」や「ふれ愛農園」での農業指導といった社会貢献活動を『市報すいた』や吹田市の公式ホームページなどに掲載することで，結果として，平野農園のブランドイメージを高めることに寄与している。これを社会貢献活動という外部効果を市場取引のなかに組み入れる内部化だと考えると，補助金や助成金を給付しなくても社会的便益をもたらす事業が一定の品質を伴って継続的かつ廉価に行われたことになる。

(3) 併せて，平野園主などさまざまな分野の「目利き（高度な専門性を有する人材）」たちの情報や，公募型補助金申請を却下あるいは事業期間半ばで補助を打ち切られたプロジェクトの情報を，採用あるいは所期の計画期間内において目標を達成できた計画についての情報とあわせて，それぞれの情報の提案者の了解を得たうえで，これらをプールし，広く閲覧できるような「情報プラットフォーム」を各地方自治体や内閣府地方創生推進事務局内に作り情報の偏在解消に努めることで，市場メカニズムによる効率性を引き出すことができるのではないだろうか。

(4) また，正の外部便益をもたらす活動を行う民間事業者やNPO法人については，公募型補助金よりも，たとえば，クラウドファンドを用いて民間，あるいは市場から資金を募る方が，直接の受益者のニーズや公益性に敏感な篤志家のニーズ，そして，将来のビジネスチャンスを求める投資家あるいは新商品に対する消費者のニーズを反映しやすいのではないか。地域限定の正の外部便益の潜在的受益者にとって，このクラウドファンディング情報に接する費用が彼ら潜在的受益者の属する地方公共団体や地方議員への陳情な

どに係る費用よりも小さいときは，潜在的受益者はクラウドファンドにより民間から資金を募り，潜在的外部便益をもたらす事業を実現させるだろう。

【注】

1）ここでの議論は，鎌苅（2016b）の一部に加筆したものである。また，ここで取り上げる平野農園が行っている有機無農薬栽培とは，有機肥料を用いて，虫の付きにくいねぎ類に加えて，ローメインレタス，西洋ニラ，スイスチャード，ハーブ類は柔らかい時期に早期に収穫することでさらに虫を防ぐ一方で，虫の付きやすい大根，白菜，キャベツはビニール栽培を行い，かつ，虫を一匹ずつ丁寧に取り除く農業である。

2）吹田市農業委員会事務局および吹田市まち産業活性部地域経済振興室へのヒアリングによる（2015 年 7 月 14 日）。

3）吹田市農業委員会事務局および吹田市まち産業活性部地域経済振興室へのヒアリングによる（2015 年 7 月 14 日）。

4）千里ニュータウンは，高度経済成長期に都市への人口集中による住宅不足の解消と都市の乱開発による住環境の悪化に対応するために大阪府企業局が開発した日本で最初の本格的な計画人工都市である。昭和 33（1958）年 5 月に開発決定，昭和 35（1960）年 10 月にはマスタープランがまとめられた。単なる団地ではなく，健康で文化的な生活を享受でき，さまざまな交通網やアメニティ施設を整えた「理想的な住宅都市」をめざした。基本的なコンセプトは「大阪近辺に勤務する中低所得層を主体に，一部高額所得者層を加えた安定した住宅地域で，独自の文化をもつまち」。この千里ニュータウンの計画はその後の全国のニュータウン建設計画のモデルプランとなった（吹田市立博物館編（2010）p.96 より引用）。しかし，急速な高齢化の進展と市場原理に従い一部の近隣センターは「シャッター通り」と化し，地区毎に適宜配置されていた医療機関は駅前に移転するなど，その現状はわが国のニュータウンの光と影の縮図を表わしている。

5）吹田市農業委員会事務局および吹田市まち産業活性部地域経済振興室へのヒアリングによる（2015 年 7 月 14 日）。

6）食育活動とは，生産者と消費者との交流促進を通じ，特に，食の目利きによる（地元の）食文化に関する知識と食を選択する力を養うことで，豊かで健全な食生活を実践できる人間を育てること，と定義しておく。

7）大阪府環境農林水産部農政推進課地産地消推進グループによると，「なにわの伝統野菜」の基準は，（1）概ね 100 年前から大阪府内で栽培されてきた野菜であること。（2）苗，種子等の来歴が明らかで，大阪独自の品目，品種であり，栽培に供する苗，種子等の確保が可能な野菜であること。（3）府内で生産されている野菜であること。大阪府 HP：http://www.pref.osaka.lg.jp/nosei/naniwanonousanbutu/dentou.html（2016 年 12 月 3 日閲覧）

8）中尾（1976）によると，「野生植物から栽培植物にいたる中間の段階の植物（p.23）」

を半栽培植物といい，北アメリカのワイルドライス（日本のマコモの一種）を例にあげている（pp.24-25）。

9）吹田市まち産業活性部地域経済振興室編・吹田くわい保存会編集・協力「吹田名産　吹田慈姑（吹田くわい）」パンフレットより。

10）このアイデアは，金井啓修氏（有馬温泉御所坊グループ社長）との会話のなかで同氏が提案したものである。

11）内閣府地方創生推進事務局は，「目利き」として地方創生の専門家一覧を示しており，項目ごとに，「しごとづくり」に395，「まちづくり」に375，「地域コミュニティ」に153，「観光」に84，「地域医療」に61，「ひとづくり」に43，「その他」に132の個人および団体がそれぞれ登録されている。また，同局には「地方創生コンシェルジュ」や「地域活性化プラットフォーム」があり，前者は地方公共団体を必要な関係省庁と結びつけるコネクターであり，後者は「超高齢化・人口減少社会における持続可能な都市地域の形成」および「地域産業の成長・雇用の維持創出」の2つの施策テーマについての成功事例（モデルケース）の創出に取り組むものであるとする。ただし，この成功事例が他地域に波及するかは次の問題となろう。
内閣府地方創生推進事務局HP：「地方創生の専門家一覧」http://www.kantei.go.jp/jp/singi/tiiki/expert/index.html「地域活性化プラットフォーム」
http://www.kantei.go.jp/jp/singi/tiiki/platform/index.html（2017年6月19日閲覧）

12）内閣府地方創生推進事務局HP：「環境未来都市の提案募集（アイデア募集）」
http://www.kantei.go.jp/jp/singi/tiiki/kankyo/teian/idea.html（2017年6月19日閲覧）

13）地域金融機関や中小企業がクラウドファンディングを利用するメリットは，鎌苅（2016a）pp.28-31を参照されたい。

参考文献

大阪府環境農林水産部農政室推進課地産地消推進グループHP：http://www.pref.osaka.lg.jp/nosei/naniwanonousanbutu/dentou.html（2016年12月3日閲覧）

鎌苅宏司（2016a）「コミュニティバンキングとしての地域金融機関の機能強化の可能性について：社会貢献事業とクラウドファンディング」『大阪学院大学経済論集』第29巻　第1・2号，pp.17-46.

鎌苅宏司（2016b）「低補助金社会の実現に向けて：補助金をできるだけもらわないで地域活性化や社会貢献を行うには何が必要か」『大阪學院大學通信』第47巻　第6号，pp.31-55.

吹田市まち産業活性地域経済振興室編・吹田くわい保存会編集・協力「吹田名産　吹田慈姑（吹田くわい）」パンフレット.

吹田市立博物館編（2010）『わかりやすい吹田の歴史　本文編』.

中尾佐助（1976）『栽培植物の世界』中央公論社.

第10章 地域活性化策としてのふるさと納税
—全国の特徴ある事例から—

1．はじめに

　本章は，近年，返礼品競争の過熱化で制度自体を問題視する声が出てきた「ふるさと納税」制度について，その現状を詳しく分析することによって，地方創生の視点からその意義を考察するものである。ちなみに，本格的な人口減少時代に対応するために国が打ち出した地方創生では雇用の創出が大きな課題であるが，この課題について，地元特産品の販路拡大に大きな効果を発揮しているのが「ふるさと納税」制度といえる。

2．「ふるさと納税」の現状

（1）「ふるさと納税」の仕組み

　ここで，まず簡単に，「ふるさと納税」を説明すると，個人が任意に自治体に寄付をすると，2,000円を除いた金額が所得税，住民税から軽減される制度である。都市部に偏る税収の是正や地域活性化を目的として2008年4月に始まったもので，減税となる寄付額の上限は，世帯構成や所得に応じて決まる。すなわち，「ふるさと納税」は，収入などで決まる上限額以内なら，寄付額から2,000円を引いた額だけ住民税などが軽くなる。自己負担（下限額）は2,000円なので，それよりも高額な特典を受け取れば，利用者が得する制度となっている。より具体的にいえば，年収700万円の給与所得者で扶養家族が配偶者のみの人が，自治体に30,000円寄付すると，本来，その人が納めるべき住民税

第 10 章　地域活性化策としてのふるさと納税　｜　167

などが 28,000 円控除される。より所得の高い人が 100,000 円寄付すると 98,000
円，200,000 円なら 198,000 円それぞれ控除される仕組みである[1]。

（2）急伸する「ふるさと納税」─受入額・受入件数の推移─

　2008 年 4 月に施行された「ふるさと納税」は，当初は，国民へのアナウン
ス不足や下限額の高さから，返礼品をもってしてもメリットを十分感じられ
ず，2010 年まで，その件数は，5 〜 8 万件前後とあまり多くなかった。しかし，
2011 年 1 月より下限額が 5000 円から 2000 円に引き下げられ，返礼品を考え
れば寄付者にとってかなり有利な仕組みになった。さらに，同年 3 月 11 日に
は東日本大震災が発生し東北から関東にかけて甚大な被害をもたらし，被災地
支援の一手段として，「ふるさと納税」が活用され世間における認知度が格段
に上がり利用も増えることになる。

　このような結果，図表 10 − 1 のように，納税の金額，件数をみても 2011 年
度は群を抜いており，その後，12，13，14 年度と，「ふるさと納税」の金額，
件数は増加し，15 年度は約 1653 億円（対前年度比 4.3 倍），約 726 万件（対前年
度比 3.8 倍）と前年度に比べ大きく伸びている。これに伴い，参加自治体の数
も増加し，「ふるさと納税」を取り扱うインターネット・サイトも充実し，一
部の自治体では高額の返礼品を送るなど，「ふるさと納税」をめぐる自治体間
の競争は激化している。

　ここで，あらためて，2015 年度が著しく伸び過去最高となった要因を考え
ると，後述（3（1））する自治体間の返礼品競争のほか，14 年度から減税対
象となる寄付額の上限が約 2 倍に引き上げられたこと，さらに，寄付する自治
体が 5 団体までなら確定申告なしですむワンストップ特例によって利便性が高

図表 10 − 1　「ふるさと納税」の推移

年　度	2008	2009	2010	2011	2012	2013	2014	2015
受入額（百万円）	8,139	7,697	10,217	12,162	10,410	14,563	38,852	165,291
受入件数（千件）	53	56	79	100	122	427	1,912	7,260

出所：総務省「ふるさと納税に関する現況調査結果」（2016 年 10 月公表）。

図表 10 - 2 　ふるさと納税寄付額の多い上位 10 団体

2015 年度				2014 年度			
団　　体		金　額(万円)	件　数	団　　体		金　額(万円)	件　数
宮崎県	都城市	423,100	288,338	長崎県	平戸市	146,300	36,067
静岡県	焼津市	382,600	138,903	佐賀県	玄海町	106,700	49,778
山形県	天童市	322,800	181,295	北海道	上士幌町	95,700	53,783
鹿児島県	大崎町	272,000	63,731	宮崎県	綾町	94,400	62,991
岡山県	備前市	271,600	33,746	山形県	天童市	78,100	58,289
長崎県	佐世保市	264,800	115,534	島根県	浜田町	72,700	45,520
長崎県	平戸市	260,000	46,736	長野県	飯山市	62,500	39,844
長野県	伊那市	258,300	30,406	佐賀県	小城市	51,200	20,456
佐賀県	上峰町	213,000	95,763	宮崎県	都城市	50,000	28,653
島根県	浜田市	209,400	106,266	鳥取県	米子市	47,600	40,124

出所：総務省「ふるさと納税に関する現況調査結果」（2016 年 10 月公表）。

まったことなどが要因と考えられる。全国の上位 10 団体をみても，図表 10 - 2 のように，14 年度は 10 億円以上は 2 団体だったのが 15 年度は 20 億円以上がほとんどで，そのなかでも後ほど詳しくみる宮崎県都城市が 42 億円と著しく多い。

　以上，今後とも「ふるさと納税」の利用者は増加することが予想され，今後，自治体の地域活性化などに寄与した企業の税負担を軽減する「企業版ふるさと納税」も導入する予定である。安倍政権は，「地方と都市部の税収格差を縮める」「寄付集めが地方創生につながる」と利点を強調する。ただし，総務省は過熱する返礼品競争について，2015 年 4 月，各自治体に過度の返礼品についての自粛を促している。返礼品については，今後，一定の制限，見直しが行われる可能性もあるといえよう[2]。

（3）「ふるさと納税」の有効な使途

　「ふるさと納税」で得た寄付金を有効に使って，図表 10 - 3 のように，地域活性化において効果をあげている自治体が出始めている。自治体の多くが，寄

第 10 章　地域活性化策としてのふるさと納税 | 169

図表 10 - 3　人気の返礼品と寄付金の使途

自治体	事　業	人気の返礼品
北海道東川町	「ひがしかわ株主制度」をつくって，寄付者である株主を招いて植樹体験などのイベント交流。	米や野菜
山形県天童市	将棋の駒をつくる職人の後継者育成やプロ棋士を育てるための将棋教室の運営。	サクランボ，将棋のストラップ
東京都墨田区	2016 年 11 月にオープンする葛飾北斎の浮世絵などを展示する美術館の運営。	美術館の年間パスポート
山口県周南市	周南市徳山動物園で新たな動物を受け入れるための基金。	とらふぐ
宮崎県都城市	放課後児童クラブを 5 か所，子育て支援センターを 2 か所それぞれ増設。	牛肉・焼酎
佐賀県	県が認定した NPO の 13 団体から支援したい寄付先を選ぶことができる。	NPO ごとに返礼

出所：朝日新聞 2016 年 6 月 18 日より。

付を受けた額の 4，5 割を返礼品の購入に使っているが，それでも，財政力の弱い小さな自治体においては「ふるさと納税」の寄付は大きいし，その財源を工夫すれば有効な地域活性化につながり，かつ自治体の PR にもなるなど，多面的な効果が期待される。

　たとえば，北海道上士幌町は，人口 5 千人にも満たず高齢者比率も 35％近い過疎地であり，住民税などの税収は 6 億 5 千万円ほどしかないが，2015 年度の「ふるさと納税」による寄付額は 15 億円を超え有力な財源となっている。これは，地元ブランドの「十勝ナイタイ和牛」や酪農家が作る「ジェラード」を返礼品にしたのが人気になったからである。寄付金の半分は返礼品の購入などに使われるが，地元産品の売上増と PR にもつながるし，寄付金で子育て支援・少子化対策基金を作り，「認定こども園」の利用料は 2016 年から 10 年間無料にする財源確保ができたとする。減り続けていた人口は 2016 年 3 〜 5 月にかけて 39 人増え，今後は，寄付を通じて町に関心を持ってもらい，旅行や移住を促すことを狙いたいとする[3]。

（4）販路拡大策としての「ふるさと納税」―ネットの力―

　人口減少の本格化に伴い，近年，地方創生が叫ばれるようになったが，地域活性化は，1988年の竹下政権での「ふるさと創生」提唱の頃から，取り組まれていることである。そのなかで，地場産業振興は特に大きな課題であった。しかし，地元農産物など特産品の販路拡大については，有効な手立てが十分でないという期間が長かったといえる。このようななか，「ふるさと納税」が，地方の農産物を直接都市部の消費者につなげる有力なツールとして注目され始めている。その契機は，ふるさと納税の民間のインターネット情報サイトの存在である（図表10－4参照）。

　たとえば，どのような返礼品があるかのかを自治体ごとに調べるのは，従来大変であったが，これらの民間サイトを利用すると，多くの返礼品，寄付の使い道などから，寄付したい自治体を検索でき，選んだ自治体への申し込みからクレジット決済による寄付金の支払いまで，民間サイトを入口にして一連の手続きを行えるようになっている[4]。このように利便性が高いため，結果的に自治体にとって特産品の販路拡大の有効なツールとなっている。

図表10－4　ふるさと納税の自治体検索ができる民間サイト

サイト名 （運営会社）	ふるさとチョイス （トラストバンク）	さとふる （さとふる）	楽天ふるさと納税 （楽天）	ANAふるさと納税 （全日空）
掲載自治体数	1,788	117	114	40 （12月から64）
特　徴	全ての自治体の情報を掲載。直営カフェでセミナーを開催。相談にも応じる。	利用者のレビューを掲載。電話問い合わせに応じる。	1万円の寄付について100円分の楽天スーパーポイントがもらえる。	1万円の寄付につきマイレージが100マイルもらえる（11月1日から）

（注）全国の自治体数は1788（2014年末：総務省調べ）。
出所：読売新聞 2016年10月26日。

3.「ふるさと納税」の成功事例

（1）宮崎県都城市

　宮崎県は，「ふるさと納税」に力を入れている自治体が多く，その返礼品も

第 10 章　地域活性化策としてのふるさと納税　|　171

図表 10 − 5　宮崎県における寄付額上位 5 団体

	自治体	2015 年度寄付額	2014 年度寄付額	人気の返礼品
1	都城市	42 億 3,100 万円	4 億 9,900 万円	肉，焼酎
2	綾町	13 億 8,000 万円	9 億 4,300 万円	綾ぶどう豚，マンゴー，有機野菜
3	都農町	7 億 300 万円	300 万円	尾鈴豚，牛
4	小林市	6 億 6,500 万円	1 億 3,000 万円	牛，木製ままごとキッチン，マンゴー
5	川南町	5 億 7,500 万円	1 億 6,900 万円	参協味蕾豚，のどぐろ，マンゴー

出所：朝日新聞 2016 年 9 月 23 日。

地域の特産品であり，現在，問題になっているような返礼品でない（図表 10 −
5 参照）。また宮崎県の自治体で全国的にみても上位になっているのは，2014
年度には 4 位に綾町，9 位に都城市があり，2015 年度は都城市は全国 1 位であ
る（図表 10 − 2 参照）。

　このように格段の実績をあげている都城市の成功理由は，「肉と焼酎」への
特化戦略とされる。もともと都城市は，日本一とされる宮崎牛の産地であり，
焼酎でも全国一位の霧島酒造が都城市に本社があった。ここで，都城市におけ
る「ふるさと納税」の効果をまとめてみたい。

　第 1 に，各種住民サービスの充実である。

　これは，その財源となる寄付金が多額となったからで，寄付者に，子ども支
援，環境対策，まちづくり支援など 8 つの使途を明示し，寄付者の指示した目
的に沿って使用している。そのなかでも「市長おまかせ」が最も多く 43.9 ％と
半数近くで，次は子ども支援が 27.3 ％で，この 2 つの目的で 7 割を占めている
（図表 10 − 6 参照）。

　寄付金を財源とした活用事例を具体的にみると，子ども支援で，「放課後児
童クラブ・子育て支援センター」の追加設置がある。放課後児童クラブは，平
成 27 年に 47 か所だったのを平成 28 年には 52 か所に 5 か所追加設置する。子
育て支援センターは平成 11 年以降 3 か所しかなかったが，平成 28 年には 5 か
所となっている。そのほか，中学生を国際感覚醸成，人間力育成のために英語
圏へ派遣する「中学生海外交流事業」を 10 年ぶりに再開した。また人口減少

図表 10 − 6　都城市の寄付の使途状況（2015 年度）

使途目的	子ども支援	環境支援	人口減少対策	長寿支援	まちづくり支援	災害対策支援	スポーツ・文化振興支援	市長におまかせ
金　額（百万円）	1,157	396	238	171	150	131	127	1,858
構成比（％）	27.3	9.4	5.6	4.1	3.6	3.1	3.0	43.9

出所：都城市から入手した資料より筆者作成。

対策としては不妊治療費助成を新たに事業化（助成期間 24 月，10 万円上限）し，さらに「市長おまかせ」で，コンビニでの各種証明書発行サービスを行う「コンビニ交付サービス」を開始している[5]。

　第 2 に，都城市の県外への PR と地域産業の活性化である。

　「ふるさと納税」全国 1 位と，地元マスメディアをはじめ全国紙でも紹介され，都城市の知名度は大きく高まった。2016 年 6 月には菅官房長官が視察するなど全国からの視察も相次いでおり，国も地方創生の成功例として注目している。

　ここで人気の高さをみると，「肉と焼酎祭り」と称した月 2 回土曜日の午後 6 時は，インターネットで 1 分間に 180 件の申し込みがあり，人気セットは数分で売り切れたり，100 万円の寄付で 365 本の焼酎（1.8 リットル）を焼酎 1 年分として返礼する企画はインターネットで話題となり 2015 年度の申し込みは 22 件だった。ただ，市としてはあくまで全国の注目を集めるための企画で実際に申し込みがあるとは予想していなかったという。さらに，2015 年夏には，返礼品に飲料やマンゴー，米なども追加し，今では 55 事業者がかかわり，2016 年 4 月には，「ふるさと納税振興協議会」を発足している。

　第 3 に，職員の意識改革が進んだことである。

　返礼品の手続き事務を扱うことで，職員に「品質管理」や「お客様目線」が育っているという。職員にとって最大のお客様は市民であり，この意識改革が住民サービスの意識改革にもつながっている。

　以上のような効果について，池田宜永都城市長は，「足元の宝物を発掘し，

第 10 章　地域活性化策としてのふるさと納税 ｜ 173

見せ方を工夫すれば，どの自治体にもチャンスがあると思う。まずは行政側が自己満足的なお役所意識を変えること。金額（税収）目的ではなく，全国にファンを作るつもりで PR することが大切」と述べている[6]。

（2）長崎県平戸市と福岡県福岡市

　前述の都城市の「ふるさと納税」が著しく伸びた理由は，「肉と焼酎」への特化戦略であった。これに対し，2014 年度全国 1 位の平戸市の場合，「少量多品目の産品をそろえた」のが成功理由で，都城市と対照的な戦略であった。

　平戸市は，2014 年度に寄付額が 14 億 6 千万円と日本 1 位になった。その理由は，少量多品目の産品をそろえ，有効期限のないポイント制で季節ごとに思いを込めた返礼品を届ける「地域ブランド化」戦略が効果を発揮したからである。また，その効果として，寄付額と返礼品の注文が伸びたことで，市民に自信が生まれ，新しい商品開発や後継者の就業など地域の活性化につながっているという。

　一方，都市部の自治体での「ふるさと納税」の事例として，福岡市をみると，寄付金の使途への共感を重視し，福岡城のやぐら門の復元整備費，市動物愛護管理センターで保護した犬や猫の飼育費や治療費，消防救急活動費など 16 種類のメニューを用意し，寄付者が選択する形にしている。この福岡市の取組は，前述の都城市，平戸市の事例に比べ，返礼品より使途への共感を目指した本来あるべき「ふるさと納税」の姿ともいえよう[7]。

4．「ふるさと納税」の問題点

（1）返礼品競争過熱化の弊害

　「ふるさと納税」の問題点として，第 1 にあげられるのは，返礼品競争の過熱化である。

　この結果，売却目的や高額な特典目当てで「ふるさと納税」をする人も増えているという。これは自治体を応援するという寄付制度に反するとして，2016 年 4 月，総務省は，全国の自治体に対し，「ふるさと納税」へのお礼（特典）と

図表 10 - 7　商品券・家電など贈っている自治体の例

自治体	特　典
千葉県　大多喜町	地元商店等で使える商品券「ふるさと感謝券」
群馬県　中之条町	地元の宿泊施設・飲食店等で使える商品券「感謝券」
静岡県　西伊豆町	地元宿泊施設等で使える「ふるさと納税感謝券」
長野県　飯山市	ノートパソコン，スマートフォン，液晶ディスプレイ
長野県　伊那市	液晶テレビ，カメラ，ハードディスク
福岡県　久留米市	自転車，電動アシスト自転車，ゴルフクラブ

出所：宮崎日日新聞 2016 年 4 月 2 日「ふるさと納税待った」。

して，お金に換えやすい商品券や家電などを贈らないよう通知した。同省のあげた不適切な事例は，プリペイドカード，電子マネー，通信料金，電気・電子機器，貴金属，ゴルフ用品，自転車などである（図表 10 - 7 参照）。自治体間の寄付獲得競争の激化を背景に，こうした特典は後を絶たないため，2015 年も換金性の高い物や高額な商品を贈らないよう自治体に求めていたが，あらためて事例とともに要請した形となった。

　総務省の実態調査によると，今後 34 の自治体が特典の内容や価格表示を見直し，57 自治体が見直しを実施する予定である。これに対し，自治体からは地元経済に貢献しているという声も多いとされる。

　堀田隆明によると，返礼品で人気が高いのは牛肉やフルーツなど少しぜいたくな「ハレの日食材」を提供する自治体で，人口 1 万人未満の自治体の多くは，主要な産業を持たず特産品による返礼が難しいという。こうした自治体の多くが寄付を集めようと返礼品に家電や商品券などの金券を出し問題となったといえる。また，特典を始めたのが遅い自治体が知名度を上げるために家電や商品券を贈る例が多いと指摘し，制度の健全な発展のためには国主導より自治体が協議会など作って独自のガイドラインを整備すべきと堀田は主張している[8]。

（2）寄付増加による収支の明暗

　返礼品競争の過熱化に伴い，「ふるさと納税」の収支をみると，各自治体間

第 10 章　地域活性化策としてのふるさと納税　｜　175

に大きな差が出ているといわれる。全国自治体の合計ベースでみると，2015年度分の寄付額は，1,653億円で，これに対して事務費などは160億円，返礼品の購入経費は633億円の計793億円が自治体の経費となっている。つまり，この差額，860億円が，自治体が得た新たな財源である。

　一方，2015年1〜12月でみると，2,000円の自己負担は26億円，「所得税の軽減」と「上限を超える寄付による自己負担」の合計額は446億円，住民税の軽減が999億円で，これらを合計すると，寄付は1,470億円に達している。これは，自治体にとっては，1,470億円の寄付があり，それを反映した住民税の軽減額は999億円で，自治体にとっては999億円の住民税の税収を失ったことになるが，この地方税の減収は，その75%を地方交付税の上積みで補う形となっている。すなわち，多くの寄付金を集めた自治体の地方交付税交付金は大きく減らないので，地方の自治体にとっては有利な制度といえる。一方，国の財政にとっては所得税の軽減分がそのまま減収として影響する。詳細な統計はないが，所得税の軽減と交付税の上乗せで数百億円の規模に上っている可能性があるという[9]。

　ところで，寄付の受入額から減税額を差し引いたのを収支としてみると，朝日新聞の調査では，2014年において全国1,741団体のうち黒字は1,271団体である。一方，赤字の団体は都市部に多く，横浜市が約5億2千万円の赤字で首位，東京都世田谷区，港区や名古屋市，大阪市などが赤字の上位に入っている（朝日新聞2016年4月13日）。ちなみに，宮崎の隣県である鹿児島県では有力地元紙の南日本新聞が1面で，「ふるさと納税・控除貧乏権，県1億円以上赤字か」という見出しで，ふるさと納税の収支をめぐり県内自治体の明暗が大きく分かれていると報じ問題を提起している（南日本新聞2016年7月31日）。

5．「ふるさと納税」の効果と批判的指摘

（1）効果と批判的指摘の状況

　保田隆明は，「ふるさと納税」について，地域活性化にとって，これほど効果的なツールは今までなかったと評価する。かつて，竹下政権での1988年の，

「ふるさと創生1億円」では，自治体は温泉を掘ったり金塊を買ったりと使途に困った例もあったが，「ふるさと納税」は寄付をした人々に特産物などの返礼品が届き，首都圏と地方の間でモノとカネが循環するほか，寄付した人々へのアンケートでは，7，8割が「その町を訪ねたい」と回答し，都市部住民が地方に関心をもつきっかけを与えたという。一方，課題も多いと指摘する。「ふるさと納税」で都市部の住民が農村部に寄付すると，住んでいる自治体の住民税収が減る。前述したように，減収分の75％は地方交付税で補てんされるが，東京23区のような交付税の不交付団体では純減となる。保育園の整備などの区民のために使われていた税の一部が「ふるさと納税」によって特定の区民が食べる牛肉に流れてしまうことになる。「ふるさと納税」は，自治体に経営の視点を持ち込み，自治体に自助努力を促し，一部効果が出ているが，返礼品競争で行政に弱肉強食の世界を持ち込んだことは制度の光と影と堀田は指摘している[10]。

　菊地裕幸は，「ふるさと納税」は，財政の格差是正の効果は限られているが，返礼品の競争が地域経済に良い効果を及ぼしているとする。それは，地域経済の発展には産業振興，雇用の受け皿作りが重要だが，地方に行くほど第1次産業が基幹産業という地域が多く，その販路開拓を後押しする効果が大きいとする。多くの寄付を集めるにはどうすれば良いか考えるなかで，多くの自治体が地場の農産物や海産物に着目し営業やマーケティングを意識するようになった。端的にいえば，返礼品に魅力ある商品をそろえると結果として寄付が増え，それが意識改革につながる。ただ，あくまで寄付制度なので，過度に豪華な返礼品は問題である。今後，寄付をした人が届いた返礼品を気に入って，通信販売のリピーターになり，さらに地域の応援団になることが一番重要である。この視点を忘れない返礼品競争となるべきであると菊地は主張している[11]。

　以上のように識者は，どちらかといえば，「ふるさと納税」は地場産業活性化のための有効なツールと好意的な評価をしている。

（2）マスコミの論調

　マスコミは総じて，ふるさと納税の本来の趣旨に沿った運営を求めるという

スタンスといえる。

毎日新聞の社説（2016年6月29日）は，「返礼品の制限が必要」という見出しで，「本来の趣旨を踏み外し税のあり方をゆがめているのではないか」と指摘し，寄付額が大きく伸びているが，問題は，自治体が返礼品を豪華にして寄付競争を過熱させていることで，地元農産品が多いが無関係な商品券や家電も目立っているとする。そして，「ふるさと納税」は，寄付税制の一環で，見かえりを求めない寄付を後押しするため税控除を認めているのだから豪華な返礼品はこの趣旨に反するとする。ただ，都会の住民が応援したい自治体に認められる範囲で寄付でき，地方は税収不足を補い人口減対策や福祉にあてられるメリットは確かにある。自治体に求められるのは，返礼品に頼らず独自のまちづくりで魅力を高め，寄付先に選ばれる工夫をすることで，全国知事会などで自主的に返礼品の額に一定の上限を設けることを検討すべきだと主張している。

朝日新聞の社説（2016年5月17日）は，「富裕層の節税策なのか」という見出しで，「ふるさと納税」のあるべき姿とは何か，現状を見すえ，ゆがみを正すときだとし，返礼品をめぐる過剰な競争に走る動きが収まらないため新たな弊害が浮上しているとする。それは，所得の多い人ほど恩恵が増えるため，富裕層の節税に利用されていることで，「ふるさと納税」は，寄付の上限額を引き上げるなど制度拡充によって急に伸び出し，とりわけ富裕層にとっては上限額が増えた分，節税策としての使い勝手がよくなったという。さらに，自治体同士が税金を奪い合い，結局，国と地方に入る税収の総額を減らしている。税収の減る都市部の自治体では，保育所整備などへの影響を心配する声も出始めており，自治体間や，国と地方の財政力の格差を縮めるには，税制や財政の仕組みを見直すのが筋だとして，制度の弊害を是正すべきと主張する。

以上，マスコミの論調は，「ふるさと納税」の問題点をあげ，自治体は返礼品に頼らないまちづくりで寄付を集めるべきだとしたり，都市部自治体へ入るべき税収が流出する弊害が指摘され，国と地方の財政力の格差是正は財政制度の改善で対応すべきとしている。

6. 租税原則からの検討

　先ほどみたとおり，本来，納めるべき自治体への税が，他の自治体に流出していて問題という主張がマスコミから出ている。この点について，ここでは租税原則から考察してみたい[12]。

　地方税には地域の独自性があるため，国税と違い地方税特有の原則が導かれる。一般的には，地方税原則として，応益性，負担分任性，普遍性，安定性，伸縮性があげられる。

　応益性とは，地方公共サービスからの受益に応じた負担をするべきという原則である。地方税は所得再分配・経済安定化を主に担うという国税と違い，どちらかといえば資源配分を担うものであり，応益性が重視される。また，負担分任性とは，行政サービスの受益者である住民の是認でそのサービスを分担するべきであるという原則であり，税を回避的な性格としてとらえている。そして，普遍性とは，地域間の経済格差があることから税源と税収はなるべく隔たりがなく普遍的でなければならないという原則で，安定性とは，経済状況に左右されず安定的な税収がなければならないというもの，伸縮性とは増加する行政需要に対応して税収も増加しなければならないという原則である。

　では「ふるさと納税」を，これらの各原則から考察したい。

　応益性の原則は，ある自治体の行政サービスの受益者が別の自治体に「ふるさと納税」（寄付）をするため，本来「ある自治体」に支払うべき住民税が別の自治体に移ってしまう。このため，「ふるさと納税」は応益性の原則を満たさないことになる。実際，「ふるさと納税」への批判は，これを論拠することが多い。ただし，制度導入を検討した国の「ふるさと納税研究会」での意見であったように，税の移転のライフサイクルで考えた場合，納税者個人が自分が故郷などで過去に受けた公共サービスに対価を支払うと考えれば，ある程度応益性を満たすことが可能となろう。

　負担分任性の原則も，その自治体のサービスを受けた住民が，他の自治体に「ふるさと納税」をした場合，応益性の原則と同様，住民税という「会費」を

他の自治体に支払うことになり負担分任性の原則に反することになる。しかし，前述のように税の移転をライフサイクルととらえれば，過去の故郷での「会費の未払い」を現在支払うことになり，先の応益性原則と同じような結論を導き出せると思われる。

普遍性の原則については，「ふるさと納税」制度（返礼品の贈呈も含む）を採用する自治体が全国で急増している現在では，都市圏から地方へ「ふるさと納税」を行うものが増加すれば税収の格差を多少なりとも解消することになるし，税収の普遍性もある程度満たすことになると思われる。

ちなみに，保田隆明は，「ふるさと納税」は農村部の地方税の少なさをカバーする効果があるが，自治体間の税の偏在の是正は，本来，地方交付税制度で行うべきであるとする。しかし，寄付には住民税の２割までと上限が定められ，底なし沼のように税収が減ることもないし，「ふるさと納税」は，あくまで魅力ある自治体を作るマーケッテイングのための制度と理解すべきであると指摘している [13]。

安定性と伸縮性については，「ふるさと納税」があくまで他の自治体への寄付であると考えれば，恒久的な寄付とは考えにくく，安定性に欠ける。ただ，「ふるさと納税」で寄付したときに，その用途を指定することができれば，特定の行政サービスの需要に対応した税収（寄付）が確保でき，伸縮性は多少なりともあるといえる。

以上のように地方税の原則から検討すると，識者やマスコミが特に問題としている応益性と責任分担性の原則について，国の制度導入を検討した「ふるさと納税研究会」での意見であったように，税の移転のライフサイクルでみて，納税者個人が過去に故郷で受けた公共サービスに対価を支払うと考えれば，いずれも問題ないということになろう。さらに，「ふるさと納税」は税と言葉がついているが，あくまで寄付であるので，これまであげた租税原則は，必ずしも適用されないという考えもあり得るのではないか。その上で，これまでにない特産品の販売拡大のツールとしてとらえるという考えもあるといえよう。

7．おわりに―地方創生策としての「ふるさと納税」―

　「ふるさと納税」は，自分の故郷や応援する自治体を支援するため，また都市部に比べ地方ほど税収が少ない実態，つまり地方の財政力が弱いのを是正するためスタートした制度といえる。しかし，近年，返礼品の競争が過熱化し，家電製品や商品券などを返礼品とする問題も生じたり，都市部から地方への税収の流出を問題視する指摘もあり，今後，「ふるさと納税」制度自体を問題視する声が高まる可能性もある。ただ，本章でみたように，地方創生の視点からみれば，地域住民の行政サービス充実のための財源確保のほか，特産品の販路拡大，地域のPRで，これまでにない効果を発揮しており，この点を評価する声も多い。さらに，自治体職員の経営感覚向上につながるという評価もある。さらに，先ほどの都市部から地方への税収流出も，本章での租税原則から考察すれば大きな問題ではないという意見もある。

　以上のことを総合的に考察すれば，「ふるさと納税」制度は，地方創生の視点からは大きく評価できる一定の効果を発揮している。今後，返礼品については，一定の制限を求められる可能性があるが（2017年4月，総務省は返礼品を寄付額の3割以下に抑えるよう自治体に通知），地方創生の有効なツールとしての面は大切にしていくべきであろう。

【注】

1）　最近，「ふるさと納税」は大きく注目され，新聞による報道も多くなった。宮崎日日新聞2016年4月2日，12月5日。毎日新聞2016年6月15日を参照し，「ふるさと納税」制度をわかりやすく説明した。

2）　以上（2）は，安田信之助・小山修平（2016）「地域経済活性化とふるさと納税制度」『城西大学経済経営紀要』第34巻 p.57，58。毎日新聞2016年6月15日「ふるさと納税額4.3倍」参照。

3）　以上（3）は，朝日新聞2016年6月18日「教えて・ふるさと納税④・寄付金はどう使われているのか」参照。

4）　サイトの状況は，読売新聞2016年10月26日「ネットで選ぶふるさと納税」。

5）　以上，活用事例は，2016年12月，都城市からの入手資料より。

第 10 章　地域活性化策としてのふるさと納税　|　181

6）以上，第 2・第 3 は，毎日新聞 2016 年 9 月 7 日「論点・ふるさと納税を問う」（池田都城市長へのインタビューはこの記事）。朝日新聞 2016 年 9 月 23 日「都城ふるさと納税で活気」参照。

7）以上の平戸市，福岡市の例は，朝日新聞 2016 年 7 月 30 日「意義あり・異議なし，ふるさと納税返礼品競争必要か」より。なお，黒田成彦（2015）『平戸市はなぜふるさと納税で日本一になれたのか？』KADOKAWA 一部参照。

8）以上，宮崎日日新聞 2016 年 4 月 2 日「ふるさと納税待った」，毎日新聞 2016 年 6 月 15 日「ふるさと納税 4.3 倍」（堀田の指摘はこの記事参照）。

9）以上，宮崎日日新聞 2016 年 9 月 18 日「寄付少ない自治体赤字」参照。

10）毎日新聞 2016 年 9 月 7 日「論点・ふるさと納税を問う」の神戸大学大学院保田隆明准教授へのインタビューより。

11）朝日新聞 2016 年 7 月 30 日「意義あり・異議なし，ふるさと納税返礼品競争必要か」の鹿児島国際大学菊地祐幸教授へのインタビューより。

12）本節は，前掲注 2 の安田・小山（2016）p.61，62 参照。

13）保田の指摘は，毎日新聞 2016 年 9 月 7 日「論点・ふるさと納税を問う」より。

※なお「ふるさと納税」に関する学術論文・書籍は少ないため，本章執筆には，新聞情報を多く活用するとともに，都城市については市役所の協力を得て資料を入手した。

第11章 地方創生における人材育成
―宮津青年会議所の地域で輝く人づくり―

1．はじめに：Act locally thinking globally and virtually.

　私たち現生人類（ホモ・サピエンス）は約16万年の歴史[1]の中で，今2度目の大転換期を迎えているように見える。

　1度目はダイアモンド（Diamond. J）氏が「大躍進」と呼んだ[2]約4万年前，石刃と呼ばれる規格化された精巧な石器が大量に作られ始めた頃である。弓矢のような複合的な道具や骨角器，釣り針，土器，更には装飾品や洞窟壁画，骨笛等もこの頃から急にヨーロッパや西アジアで広く見られるようになる。大型獣の狩猟によりヨーロッパのバイソンやマンモス等が絶滅したのはこの後であり，ネアンデルタール人が消えたのも今から3万年程前のことである[3]。

　ダイアモンド氏は話し言葉が使えるようになったことがこの「大躍進」の背景にあるのではないかと考えている[2]。ネアンデルタール人は話し言葉を自由に操れたのであろうか？　興味深い謎である[3]。

　メソポタミアの地で約1万年前に農耕・牧畜が始まり，5千年ほど前に文字が使われ始めた頃から，世界各地で都市と文明が栄え始めた[4]。人間の世界認識は各地で神話や宗教を生みだし，哲学や科学が体系化され始めたのは高々2千年余り前からのことである。

　集団運営の観点から大局的に見ると，家族・血縁，地縁集団から始まったと思われる様々な小集団が，各々の「言葉（記号体系）」に基づいて「きまり」や「境界」や「お金」をもち，争いを繰り返し，人類は「国」という単位に整理されていった。やがて覇権国家の出現と変遷を繰り返し，20世紀には二度の

第 11 章　地方創生における人材育成　|　183

図表 11 − 1　世界人口の指数関数的増加

人口（億人）

20世紀　21世紀

世界人口の推移（推定値）

2050年96億人（予測）

2011年70億人　　2005年65億人

1999年60億人

1987年50億人

狩猟採集生活　　　　　　　　　都市化　　1950年25億人

産業革命始まる

10数万年前　　　　1万年前　　　　　　　　　　　ヨーロッパで
現生人類（ホモ・サピエンス）　農耕・牧畜　4大文明の発展　　　ペスト大流行
誕生　　　　　　　始まる

100,000　　　8,000　　　　3,000　　　0　　500　　1,000　　1,500　　2,000（年）

紀元前　紀元後

UNFPA

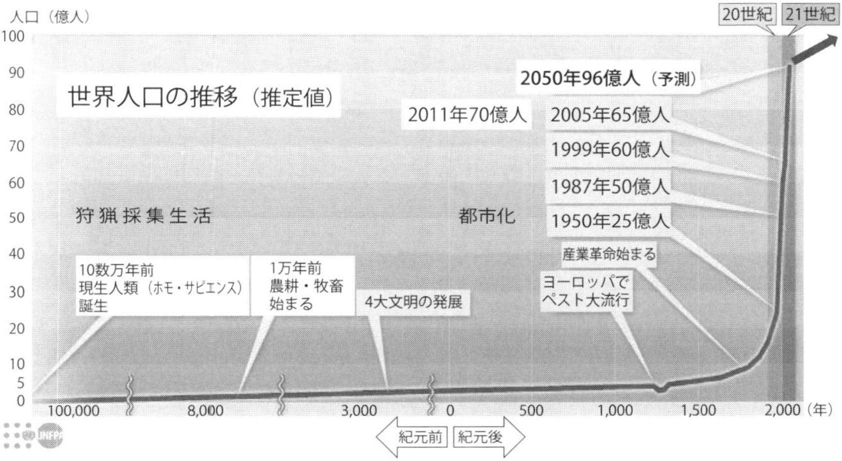

出所：国連人口基金東京事務所作成のグラフに加筆。

世界大戦を経て核兵器の脅威の下，国家間の平和を求める気運が高まっている。人類は今や193の国が国連に加盟[5]し，200余りの「国と地域」でオリンピック競技を競っている。

　科学技術の発展[6]は生産・輸送・交通・通信手段などの発達により世界の人々の生活を豊かで便利にするとともに，公衆衛生と医療技術の発展により世界人口の指数関数的増加をももたらした（図表11 − 1）。2017年には74億人を超え[7]，2050年には96億人を超えると予想されている。この人類史上初の指数関数的人口増加は，人類の食糧，水，エネルギー，ゴミの問題，さらには人為起源の温室効果ガスによる地球温暖化[8]の問題など，地球人類としての集団運営を現代人に求めている。

　そして科学技術の発展は2進法を基盤とする情報技術（IT）とそのネットワークにより，地球人類全体の情報共有世界（サイバー空間）を創り出し，人工知能ロボットや人工知能と合体した人との共存という，約4万年前の大躍進に匹敵する地球人類2度目の大転換期の扉を開いているように見える（図表11 − 2）。

184 |

> 図表 11 - 2　現生人類（ホモ・サピエンス）の変遷

約 16 万年前〜約 4 万年前： 狩猟採集生活による自然と一体化した生活。血縁・地縁による多様な小集団運営の世界。 ローカルな時代。
約 4 万年前〜現代： 言語（記号体系）により構築された世界での生活と集団運営が中心となる。 国家による世界の分割が進み，国家間の集団運営が求められる時代に至る。 グローバルな時代。
現代〜近未来： 2 進法による IT ネットワークのサイバー空間と人工知能との共存が加味される世界。 地球人類としての集団運営が求められるバーチャルな時代。

（注）ここでは「現代」を「現在生きている人によって創られる時代」，「近未来」を「現在誕生した新生児とその子と孫たちによって創られる時代」と定義する。
出所：著者作成。

　この未曾有の集団運営が求められる時代にどう対処することができるのか？我々は今地球人類としての叡智が試される時代に生きている。そして，そういう時代のなかで，一人ひとりの幸せな生活と人生をすべての人が望んでいる。
　集団における一人ひとりの幸せとは？

2．現代史における日本の国の在り方の流れ

（1）中央集権から地方分権へ

　明治維新により，大政奉還，大日本帝国憲法制定と急速に近代国家の仲間入りを果たした日本では，＜国が地方を一律に統治する中央集権型の行政システムは，我が国の驚異的な発展を支える一因となってきた＞[9]といわれている。
　第 2 次世界大戦敗戦後，多くの都市が廃墟となった日本の復興は連合国軍総司令部（GHQ）の日本統治政策の下で始まった。当初，民主化と非軍事化や重工業解体などを目指していたが，共産主義の防波堤としての役割を担わせるため，1948 年にその方針は大きく転換された[10]。そして日本の中央集権化と警察予備隊の設置，さらには朝鮮戦争の軍需景気による高度経済成長への助走が始まった。日本は民主化教育のなかで豊かな国家の再建を進めるという道を歩

むことになった。

　国と地方の関係で見ると，GHQ 指導下で農地改革は進んだものの，1950 年
に制定された全国総合開発法に基づき 1962 年に第 1 次全国総合開発計画（一
全総）[11] が始まった。拠点開発による産業振興政策のなか，農村の労働者人口
は都市へ流出し，石炭から石油へのエネルギー政策転換により炭鉱人口は消
滅，林業も衰退し，臨海工業地帯の整備により水産業従事者も減少した。この
ことは，人口の転入増加する都市圏（都会）と人口の転出増加する地方圏（田
舎）の人口密度格差の増大を招いた。そしてこの人口格差の変遷は日本の実質
経済成長率の変化ともよく対応している[12]。日本の戦後約 40 年（1950 ～ 1990
年），東西冷戦下における高度経済成長期（1955 ～ 1973 年）と安定成長期（1973
～ 1991 年）は，1 次産業衰退の上に 1 億総中流と呼ばれるに至った経済的豊か
さを築いた[13] といえる。

　そして 1990 年代以降，東西冷戦構造の終焉と日本のバブル経済崩壊後，「失
われた 20 年[14]」を経て，IT ネットワークのサイバーな世界のなかで中央集権
から地方分権への移行を模索する時代に入っている。以下，地方創生に至る地
方分権政策の流れを概観する。

（2）地域おこし[15] の流れ

　本来，全国総合開発計画（全総）は地域間の均衡ある発展を図ることをめざ
したものであり[11]，高度経済成長期後半には大規模開発を目指す第 2 次全国
総合開発計画（二全総）の下，重化学工業の地方圏進出や公共投資などにより，
都市圏と地方の経済格差は減少し，都市圏への転入超過も減少した[12]。しかし，
これは地方から都市への転出がなくなったことを示すわけではなく[13]，1 次産
業の衰退に歯止めがかかったわけでもなかった。また，重化学工業地域での公
害問題[16] から経済発展による豊かさ実現の陰が顕在化し，さらに農薬による
水質・土壌汚染や赤潮などの海洋汚染，酸性雨などの大気汚染の問題等々から
地球レベルでの環境問題[17] へと課題は広がった。

　こういった背景のなか，1970 年代に日本における地域主義[15, 18] が盛り上が
りを見せ，地方自治体の首長を中心とした地方の時代[19] を迎え，1979 年に

は「哲学・指針としての田園都市国家構想」[20] が提示された。これは＜中央からの集中投資ではなく，個々のコミュニティの能力を発掘，伸長させるということに主眼を置くべきという視点＞[21] を持つ提案であったが，大平正芳氏の急逝によりこの構想は立法化されなかった。しかし1977年に定住構想を掲げて発表された三全総[22] に関連付け，＜地域において経済的，社会的にも完結した生活を送れることを目指すという考え方は国土政策上の共通認識であったには違いない＞[21] と竹野克己氏は述べている。それを反映するかのように，1980年代にはミニ独立国[23] ブームや一村一品運動[24] が地方から広まった。さらに1987年には「多極分散型国土」を目指す四全総[25] が策定され，バブルを象徴するかのようなリゾート開発が総合保養地域整備法[26] の下で行われ，1988年からは「自ら考え自ら行う地域づくり事業」に自由に使える地方交付金として，全国の市区町村に1億円を交付する「ふるさと創生事業」[27] が行われた。

　一全総から四全総までは，国の施策が高度経済成長から安定成長を維持し，バブル景気経済を迎えるまでの計画であったが，「地域間の均衡ある発展」は実現せず，地方と都市の「格差」は解消されなかった。＜（全総の失敗は）国土政策上の地方分権的思想の欠如も重要な点であろう＞[21] と竹野克己氏は述べている。

　地方分権とは一体何なのであろうか？

（3）バブル崩壊後の地方分権改革

　地方分権改革有識者会議による「個性を活かし自立した地方をつくる〜地方分権改革の総括と展望〜」[28] と題した報告が2014年に内閣府から出されている。

　「はじめに」で，＜地方分権改革の起点となった衆議院及び参議院両院の「地方分権の推進に関する決議」から20年が経過し，第1次・第2次地方分権改革が進められてきた。その過程を振り返れば，改革は「1日にして成る」ような性格のものではなく，段階を追って積み上げていく，息の長い取組であることが改めて実感される＞と述べている。そして2016年5月，内閣府から「地

第 11 章　地方創生における人材育成　｜　187

方分権改革のこれまでの歩み」[29]が年表とともに公開されている。以下にその本文を引用する（下線は筆者による）。

＜地方分権改革とは，住民に身近な行政は，地方公共団体が自主的かつ総合的に広く担うようにするとともに，地域住民が自らの判断と責任において地域の諸課題に取り組むことができるようにするための改革です。＞

ここで，地方分権改革は地域住民の判断と責任に基づく地域課題解決への取組を，地方公共団体が行えるようにするための制度改革であることが示されている。

＜1. 国と地方の新しい関係を確立～第1次地方分権改革～

地方分権改革は，衆参両院の「地方分権の推進に関する決議」（平成5年6月）から始まりました。

平成7年7月に発足した地方分権推進委員会は，5次にわたる勧告を行い，平成11年7月の「地方分権一括法」（地方分権の推進を図るための関係法律の整備等に関する法律）の成立により，第1次地方分権改革が実現しました。

この改革により，国と地方の関係が上下・主従の関係から対等・協力の関係に変わり，機関委任事務制度の廃止や国の関与に係る基本ルールの確立などを実施し，地方分権型行政システム（住民主導の個性的で総合的な行政システム）が構築されました。＞

ここでいう「地方」は広域地方自治体（都道府県など）と基礎自治体（市町村）であり，括弧のなかに入っている「住民主導の」という言葉に注意しておきたい。

＜2. 具体的な改革の積み重ね　～第2次地方分権改革～

平成19年4月に発足した地方分権改革推進委員会は，第1次地方分権改革の課題として持ち越された地方に対する規制緩和（義務付け・枠付けの見直し※），権限移譲を中心に4次にわたる勧告を行いました。これを受けて，4回にわたり地方分権改革の一括法（地域の自主性及び自立性を高めるための改革の推進を図るための関係法律の整備に関する法律）が成立しました。

この改革により，国の個々の法令を見直すことで，数多くの個別の事務・権限について，規制緩和（義務付け・枠付けの見直し）や権限移譲（都道府県 → 市町村，国 → 都道府県など）を実施しました。

第1次・第2次地方分権改革を通じた取組により，地方全体に共通する地方分権の基盤となる制度が確立し，地方公共団体について，自治の担い手としての基礎固めが行われました。

※義務付け・枠付けの見直しとは，（中略）全国一律に定めた基準を廃止したり，条例に委任したりする見直しをいう。＞

　ここで国から地方自治体への規制緩和と権限移譲が進み，地方分権改革がさらに進んだことが述べられている[9]。

　＜3. 新たなステージを迎えた地方分権改革　〜提案募集方式の導入〜

　平成26年5月に成立した第4次一括法により，地方分権改革推進委員会の勧告事項について一通り検討を行ったことから，平成26年から，従来の委員会勧告方式から，地域の事情や課題に精通した地方の「発意」と「多様性」を重視し，個々の地方公共団体から全国的な制度改正の提案を広く募る「提案募集方式」を導入しています。

　また，権限移譲に当たっては，地域特性や事務処理体制などに大きな差があることを踏まえ，個々の地方公共団体の発意に応じ選択的に移譲する「手挙げ方式」を導入しています。＞

　ここで，「地域」と「地方」の使い分けに注意しておきたい。この2つの単語はあいまいに使われることも多いが，この文書では「国」に対応した行政組織として「地方」という単語を用い，「地域」は住民の生活の場という意味を含む単語として，区別して用いられている。その視点で全体を読み直すと，ここでいう地方分権改革とは国から地方自治体への権限移譲の法的整備の事であり，逆に見ると地域住民の集合体としての地方行政は地域住民の総意に基づいて基礎自治体（市町村）で行うことを基本とし，それを広域自治体で統括することを可能にしたということである。中央に集中していた権限（中央集権）を地方に「分権」したということである。

　どのような地方政治を行うかは地域住民の集団運営能力に委ねられている。地域住民の集団運営能力が試され，競われることになったのである。そして，この「地域住民の集団運営能力」を高めることが今後の地方分権改革の成否の決め手となる。ここに地方分権における人材育成（教育）の課題が見えてくる。

第11章　地方創生における人材育成　|　189

＜4.　地方創生の極めて重要なテーマである地方分権改革

地方分権改革の推進は，地域が自らの発想と創意工夫により課題解決を図るための基盤となるものであり，地方創生において極めて重要なテーマです。＞

ここで使われている「地域」は厳密にいうと「地域住民の集団としての地方自治体」を指すと思われる。そして地方創生は「地方分権改革の実現」を重要なテーマとしていることを宣言している。

＜このため，国から地方への権限移譲や規制緩和に関する地方からの提案について最大限の実現を図るなど制度改正を強力に進めていくとともに，改革成果の情報発信や優良事例の展開などを図っていくこととしています。＞

そこで，地方分権改革の「実現」をめざして現在進行中の「地方創生」と，同時進行中の「国土のグランドデザイン2050」と「新たな国土形成計画」を概観する。

① 国土のグランドデザイン2050

経済成長を基本路線とする戦後日本の歩みは，国民生活の豊かさを実現すると同時にさまざまな「格差」を生み出してきた。そして日本は今，さらに「人口減少」と「少子化」と「高齢化」のなかで21世紀の持続可能な発展を模索する新たな課題に直面し，＜国土交通省を中心とした国の国土計画の変遷から新たな都市構造への転換＞[30]を模索している。

1998年3月末に国は五全総に相当する「21世紀の国土のグランドデザイン」を閣議決定し，2005年に全総の基盤であった国土総合開発法を抜本的に見直して国土形成計画法[31]に改訂した。そしてこの新法に基づき2008年に国土形成計画（全国計画）[32]が閣議決定された。これにより，＜量的拡大「開発」基調から「成熟社会型の計画」へ＞と＜国主導から二層の計画体系（分権型の計画づくり）へ＞[32]という方向転換が図られた。

さらに国土交通省は五全総の目標達成年次に入った2012年秋から新たな国土のグランドデザインを検討し，2014年7月，＜急速に進む人口減少や巨大災害の切迫等（口略）国土を巡る大きな状況の変化や危機感を共有しつつ，2050年を見据えた国土づくりの理念や考え方を示すもの＞として「国土のグ

ランドデザイン 2050 ～対流促進型国土の形成～」[33) を発表した。

この「グランドデザイン 2050」策定にあたっては「1km^2 毎の地点（メッシュ）別の将来人口の試算」[34) に基づき，2010 ～ 2050 年の人口減少率 100％（非居住地化）地点も含む全国および 10 ブロック（北海道，東北圏，首都圏，中部圏，北陸圏，近畿圏，中国圏，四国圏，九州圏，沖縄県）の人口密度分布図や年齢層別（若年人口 0-14 歳，高齢人口 65 歳以上，75 歳以上人口）の増減率の地点数割合など [35-37) も有識者懇談会に資料として提出されている。

「国土のグランドデザイン 2050 ～対流促進型国土の形成～」のウエブサイト（http://www.mlit.go.jp/common/001069201.pdf）によると，キーワードは「コンパクト＋ネットワーク」であり，「日本海・太平洋 2 面活用型国土」が全体像として示されている。目指すべき国土の姿として＜地球表面の実物空間（「2 次元的空間」）と知識・情報空間が融合した，いわば「3 次元的空間」＞で，＜数多くの小さな対流が創発を生み出し，大きな対流へとつながっていく，「対流促進型国土」＞を描いている。そして大都市圏域と地方圏域の関係については＜地方への人の流れを創出し，依然として進展する東京一極集中からの脱却を図る＞ことを目指すとしている。そのために 12 の基本戦略が示されているが，そのなかの 1 項目として＜子供から高齢者まで生き生きと暮らせるコミュニティの再構築＞も挙げられ，「小さな拠点」のイメージ図が示されている。

笠原祥平・岩本俊彦氏は「都市構造の改革と集約型都市の実現」[30) において日本の戦後の国土計画の流れとともに，「国土のグランドデザイン 2050」で示された近未来の展望と課題を整理しており，民間企業も強い関心を示している [38)。

② 地方創生

このような流れのなか，2014 年 9 月の安倍内閣総理大臣記者会見 [39) で地方創生大臣創設が発表され，2014 年 11 月，地方創生の理念を示す「まち・ひと・しごと創生法」[40) が制定された。これに基づいて国等の責務，政府が講ずべき施策などを総合的かつ計画的に実施するための計画「まち・ひと・しごと創生総合戦略」[41) を定め，その実施組織として「まち・ひと・しごと創生本部」[42)

が設置された。

　まち・ひと・しごと創生本部事務局により「関係法令・閣議決定等」[43]がウェブサイトに挙げられている。これによると，2060年に1億人程度の人口を確保する長期展望である「まち・ひと・しごと創生長期ビジョン2015」[44-46]と2015年度を初年度とする今後5カ年の目標や施策の基本的方向，具体的な施策をまとめた「まち・ひと・しごと創生総合戦略」[47-49]が2014年12月に閣議決定され，「まち・ひと・しごと創生基本方針」[50,51]が2016年6月に閣議決定されている。

　そしてすべての都道府県および市町村は2015年度中に「地方人口ビジョン」と「地方版総合戦略」の策定に努めること[52]とし，それに資するべくビッグデータに基づく地域経済分析システム「REASAS（リーサス）」[53]が公開された。

　これまでの地方分権改革や「国土のグランドデザイン2050」を踏まえ，「まち・ひと・しごと創生」は人口減少克服と地方創生による東京圏一極集中の是正を図り，将来にわたって活力ある日本社会を維持することを国と地方がそれぞれの役割を担いつつ目指すという総合的で複雑な政策であるが，その全体像が『まち・ひと・しごと創生「長期ビジョン」「総合戦略」』[54]にグラフを交えて整理されている。また内閣官房から2014年10月に「まち・ひと・しごと創生に関する政策を検討するに当たっての原則」[55]が記者団に示されている。

③　新たな国土形成計画

　2015年8月，新たな「国土形成計画（全国計画）」[56-58]が発表された。これは「国土のグランドデザイン2050」で示された国土の基本構想に沿って＜平成27年から概ね10年間の国土づくりの方向性を定めるもの＞である。そして「まち・ひとづくり」に関しては第1部「計画の基本的考え方」の第3章「国土の基本構想実現のための具体的方向性」，第3節「国土づくりを支える参画と連携」において，＜地域を支える担い手の育成等人口減少が進む中で，個性ある地域づくりを進めていくためには，国が示した処方箋を地域が受け身で実施するのではなく，地域がそれぞれの特性を踏まえて自ら考え，地域づくりに取り組んでいく必要があり，各地域において地域を支える担い手をいかにして育成，確

保するかが重要な課題である。特に，少子化と高齢化，人口の転出超過が続き，生産年齢人口が減少している地域では，地域を支える担い手を戦略的に育成することが必要となってくる＞[56]（下線は筆者による）と述べている。

　そして2016年8月には新たな「国土形成計画（広域地方計画）」[59,60]が示された。これは＜昨年閣議決定された国土形成計画（全国計画）（中略）を踏まえ，全国8ブロックごとに，概ね10年間の国土づくりの戦略を定めたもの＞であり＜今後，国，地方公共団体，経済団体等で構成する広域地方計画協議会を中心として，地方版まち・ひと・しごと創生総合戦略や地方ブロックにおける社会資本整備重点計画等との連携を図りつつ，各地域独自の個性を活かした取組を進めてゆく＞としている。そして北海道と沖縄県を除く8ブロックの広域地方計画が示されている[59]。

（4）まとめ

　全総の大きな流れとそのひずみに対応するバブル崩壊後の地方分権改革の中，21世紀に入り2000年9・11以降の国際状況の大きな変化やリーマンショック，日本においては2007年頃からの人口減少，そして2011年の東日本大震災という激し状況変化のなか，矢継ぎ早に国土形成政策が展開（国土強靭化法も含む）されている。そして近未来の長期目標としての「国土のグランドデザイン2050」が策定され，その流れのなかで国土形成計画も見直しが行われ，「地方創生」が進められている。

　以上は国の大きな政策であり，さまざまな観点から総合的に課題解決に取り組んでいる。これに対し，全国町村会からは＜小さな自治体は職員の数が不足し，行政能力が劣るかのようにいうのは，自治とは住民が自ら治めるものだという基本を忘れた見方＞であり，＜どの地域においても，国民一人ひとりが安心して暮らすことのできる国土の多様な姿に見合った多彩な基礎自治体の存在こそが地方自治本来のあり方である＞との見解が示されている[61]。

　いずれにせよ，地域住民（国民）一人ひとりの自主，自立に基づく組織運営をすべての行政組織は強く促している。

　これは人類永遠の難題といっても過言ではない大きな問題であり，「教育」

第 11 章　地方創生における人材育成　│　193

の課題でもある。「地方創生」においては「まち・ひと・しごと創生」と表現されているが，地域住民一人ひとりの幸せな生活と人生をどう創るかという課題は，「地域を創る担い手の育成」という上からの要請課題であると同時に，地域住民一人ひとりの自らの課題でもある。

　地方創生の担い手である「ひと」は生物として誕生した「ヒト」が新生児から大人になる過程の「子ども時代」に大きな影響を受けて育成される。子どもを集めて効率よく大人（成熟したひと）を育成する場が「学校」である。そしてどのような大人（成熟したひと）をどのように育成するかというテーマは，今や世界共通の重要な教育課題である[62]。

　このことは4節でふれることとし，次に宮津青年会議所の活動事例のなかに，地方創生における人材育成の可能性を探る。

3．宮津青年会議所の取組

（1）日本青年会議所[63]

　日本の青年会議所運動は1949年，明るい豊かな社会の実現を理想とした青年有志による東京青年商工会議所創設に始まる。その後各地に青年会議所が誕生し，1951年には全国8団体の総合調整機関として日本青年会議所が設立され，その年，第6回国際青年会議所[64]（Junior Chamber International：JCI）世界会議でJCI加入を承認された。

　現在，日本全国697の地域に各地の青年会議所（JC）があり，47都道府県にブロック協議会が連携・連絡調整機関として組織され，さらに地方ごとに10の地区協議会に組織されている。

　会員の年齢は20-40歳であり，日本全国の正会員約32,400名は第2次，3次産業を中心とした多様な職業人で構成されている。正会員の約9割が代表者・取締役・管理職であり，創業者約11%，事業継承者約70%と，地域との強い絆が特徴である。

　事業は単年度制で，各青年会議所の理事長をはじめ，すべての任期は1年に限られている。これは1年ごとにさまざまな役職を経験することで，豊富な実

践経験を積み，自己修練の成果を個々の活動にフィードバックさせることを大きな狙いとしていることによる。JCにおける実践トレーニングの活動分野も幅広く，「修練」「奉仕」「友情」の3つの信条の下，より良い社会づくりをめざし，ボランティアや行政改革などの社会的課題に積極的に取り組んでいる[63]。

（2）「海の京都」の宮津青年会議所（宮津JC）

　京都府北部，日本海に面した丹後地域は「海の京都」と呼ばれ，地方創生における「海の京都」観光圏整備計画が2014 〜 2018年度の5カ年計画として海の京都観光推進協議会により実施されている[65]。

　日本三景天橋立を擁する宮津市と与謝野町および伊根町で活動している一般社団法人宮津JC[66]は日本JC近畿地区京都ブロック協議会に属し，2016年現在31名が活動している。建築関係11名，サービス・観光関係6名，製造関係5名，小売り・卸関係5名，社会保険労務士1名，市議会議員2名である。このうち25名（81％）が事業後継者であり全員が一度都市に出て戻ってきたUターン組である[67]。

　JCの事業は単年度制で，事業の継続性に課題があるが，宮津JCは人口減少・過疎化傾向[53]を地域課題として正面からとらえ，さまざまなまちづくり活動を展開[68]している。「海の京都」観光圏は多くの優れた観光資源に恵まれている[65]がその拠点の1つである天橋立を活用し，2012年からは「天橋立を世界遺産にする会」[69]と連携した次世代育成事業を続けている。

（3）宮津JCの次世代育成事業
2011年度「宝探しアドベンチャー天橋立」
　　　　　　〜身近に感じよう地域のたからもの〜
　宮津・与謝地域の親子を対象に天橋立の松並木で宝探しをした後，手に入れた絵具を使い，全員の手形で天橋立のイラストを作成し，ラッピング加工した丹後海陸交通（株）の路線バス3台を走らせた。

第11章　地方創生における人材育成 | 195

2012年度「一期一絵」～ひと筆に想いをこめて～

　あらかじめ薄く下絵が描かれた天橋立の巨大模写絵を18のパーツに分け，約150人の参加者が筆を入れて完成した世界遺産登録推進運動のPRパネルを地元の駐車場に看板展示した。

2013年度「いいね！天橋立」～松並木ミュージアム～

　4月中旬より8月末にかけて全国から絵画，写真，俳句，書道，彫刻などの作品を郵送または画像化してインターネット上で受付，また5月末には傘松公園で写生会を実施。専門家による審査を行い優秀作品の表彰を行った。

2014年度「天橋立わくわくキッズガイド」～語り継ごう私たちの宝物～[67]

　これ以降3年にわたり天橋立わくわくキッズガイドは継続的に実施されている。この取組についてここでは事業概要[67]を紹介する。

　天橋立およびその周辺と智恩寺[70]を実施場所とし，7月18日〜10月19日の3カ月間，宮津・与謝野の小学校4〜6年生22名を対象にキッズガイド（図表11-3）を実施した（図表11-4）。

　8月2日「まちづくり寺子屋in智恩寺」開校式の後，現地体験と宿泊合宿で子どもたちの活動は始まった。異なる学校の異学年の子どもたちが5つのグループに分かれ，天橋立とその近辺を宮津JC会員（各グループに1人ずつく）とともに巡り，地引網を引き，天橋立で松葉を集めたりして智恩寺に戻る。住職からお寺の話を聞くとともに，地元米をかまどで炊き，大なべで味噌汁を作

図表11-3　2014年度天橋立わくわくキッズガイドスケジュール

7月18日	児童・保護者説明会
8月2日	開校式，班分け，アイスブレイク，現地体験，宿泊合宿
8月3日	現地体験，ガイド内容作成計画
8月17日	ガイド内容作成
9月14日	プレデビュー
10月19日	キッズガイド開催，閉校式

出所：著者作成。

図表 11 − 4　笠松公園にて集合写真

ここを初めて訪れる子どもも多くいた。
写真提供：宮津青年会議所。

図表 11 − 5　現地体験

（上）フィールドワーク，（下左）まちづくり寺子屋 in 智恩寺での学びの様子，
　　　（下右）地域の協力者による神話や民話を学習。
　写真提供：宮津青年会議所。

りバーベキューで夕食。翌日は地元野菜を使った朝食の後，再びフィールドワーク。宮津観光アテンダント[71]から各スポットで説明や民話などを聞いた。2日間の現地体験は子どもたちにとって初体験も多く，地元の歴史・文化・自然を体感しつつ興味・関心を深めた（図表 11 − 5）。

第 11 章　地方創生における人材育成　|　197

図表 11 − 6　キッズガイドの準備

（左）智恩寺にてガイド内容作成，（右）プレデビュー
写真提供：宮津青年会議所。

図表 11 − 7　キッズガイド当日の様子

写真提供：宮津青年会議所。

　8月17日は智恩寺で子どもたちの持った興味・関心を観覧者（地域住民と観光客）に伝えるためのプレゼンテーション準備。観光アテンダントの協力も受けながら，紙芝居方式，クイズ形式，朗読形式などでの表現方法を各グループで工夫を凝らし，共同作業で準備を行った（図表11 − 6左）。

　9月14日は保護者やJCメンバーを前に発表のリハーサルを行った（図表11 − 6右）。

　そして10月19日，全国から大勢の観光客が集まる「丹後きものまつり in 天橋立」[72] 開催日に同じ場所でキッズガイド実施。5カ所のガイドスポットで天橋立の成り立ちや智恩寺の地獄絵図，橋立小女郎の昔話などについて延べ1,642名の観覧者を前にガイド発表した（図表11 − 7）。

子どもたち（キッズガイド）からは「また参加したい！」「とっても楽しかった！」，保護者からは「子どもが皆さんと会うのが楽しく，事業の日が来るのを毎回楽しみにしていました」，「良い経験をする機会を与えて頂きありがとうございました」というアンケート結果が得られた。他にも観覧者からは「自分達が知らない神話や民話等の事を聴き勉強になった」，「郷土愛を育める事なので，今後も継続して下さい」。協力団体からは「次回があるなら是非協力したい」。教育関係者からは「子ども達が積極的にガイドできるまでになるには，私達が行うとしても大変だったと思います」。京都府の行政関係者からは「次年度は行政として取り組んでいきたい」という声が寄せられた[67]。

この事業は 2015 年 5 月，日本 JC 近畿地区京都ブロック協議会で，グランプリ「京都府知事賞」を受賞し，2015 年度も世界遺産登録推進運動「天橋立わくわくキッズガイド」第 2 弾を開催することとなった。またこの取組に共感した京都府丹後教育局[73]で『TOMMOROW 丹後プロジェクト推進事業』による「TANGO 魅力伝え隊（仮称）」事業が始まることとなった。

2015 年度「天橋立わくわくキッズガイド 2015」
〜想いをつなげるプロジェクト〜 [67]

宮津・与謝野の 4 小学校から 4 〜 6 年生 17 名が参加し，4 班に分かれて前年同様，「天橋立ものがたり」，「こんなの知ってる !? 天橋立」，「天のおもてなし智恵の餅」，「天橋立未来予想図」のキッズガイドを行った。

ここでは宮津 JC の活動に焦点を絞り，キッズガイドプログラムの教育的側面について述べる。

2015 年 1 月，次年度天橋立世界遺産登録推進運動に係る別事業を模索していた「理想の未来創造委員会」の次期委員長から，地域連携学校教育[74]の 1 プログラムである「キッズ・ベンチャー」[75]に関しての問い合わせが筆者に届いた。その後，前記のような事情でキッズガイドプログラムの継続実施が決まったため，「地域の魅力を誇れる人づくり事業」において「子どもたちをやる気にさせる」というタイトルの講演を依頼されることとなった。これは，前年度の取組において JC メンバーが感じた教育的課題を改善するためであった。

第11章　地方創生における人材育成　|　199

　このキッズガイドプログラムは「観覧者に地元の魅力を伝える」という，わかりやすいが子どもたちにとっては不安感のある到達目標（ミッション）を明確に持ちやすい，という点が優れている。そしてそのミッションを達成する過程で地域の人から知識や思いを受け取るとともに自らの体感を通しても学び，そこで得た「想い」を，グループワーク（コミュニケーション）を通してガイド内容にまとめ，実際に発表（プレゼンテーション）をするという体験を積むことができる点でも，優れたプログラムである。

　このプログラムを有効活用するためには，①プログラム実施のための環境整備と，②子どもたちの主体的な活動の支援が大切な必須要件になる。

　①環境整備には，予算立てと地域人材との連絡・連携が必要である。宮津JCのこの取組においては，「理想の未来創造委員会」の活動として予算立てし，「天橋立を世界遺産にする会」の連携事業補助金を合わせることにより，参加者からの参加費2,000円／人で実施している。

　地域人材との連携においては智恩寺（住職），宮津観光アテンダントまちなか案内人の会，天橋立を世界遺産にする会の他に，京都府，宮津市，与謝野町，伊根町，宮津市・与謝野町・伊根町の各教育委員会，京都府丹後教育局，京都府丹後土木事務所，元伊勢籠（この）神社，文珠繁栄会，丹後保健所管内食生活改善推進委員協議会，丹後海陸交通(株)，府中実業会，公益社団法人天橋立観光協会，天橋立きものまつり実行委員会，天橋立を守る会，2014年度まちの未来創造委員会（OB）と連絡をとっている。

　②子どもたちの主体的な活動の支援は，教育的スキルの問題であり，指導者のねらいを押し付けるのではなく，子どもたちの自発性（やる気）を引き出しつつ，子どもと指導者双方の目的を達成することが求められる。

　2015年度の宮津JCの事業目的は，報告書[67]によると＜子どもたちに，地域への愛着や誇りを持ってもらい，故郷の記憶として心に刻まれることを目的とします。（地域住民に対する目的は省略）＞である。

　この目的はあくまでもJCの目的であり，子どもたちには，先に述べた「観覧者に地元の魅力を伝える」という，わかりやすいがドキドキ感のあるミッションを，最初の導入時点でしっかり持ってもらうことが大切である。次の現

地体験においては JC メンバーや観光アテンダントの方達や智恩寺住職との接触・交流により、地域の歴史・文化・自然のみならず地域の大人と接することの意義が大きい。宿泊合宿による生活体験も含め、大人と接することにより子どもたちに芽生える信頼感、安心感が学びの意欲を高め、やる気を引き出す基盤となる。

　次いでガイド内容の作成においては、子どもおよび子どもたちの活動を見守ること、つまり「良い内容」にしようという大人の側からの指導は極力控えることが大切である。また子どもたちの意見対立場面も大切であり、子どもたちによる解決を見守ることが必要である。この場合時間的制約により解決を迫る方法も十分工夫することが望ましい。次の発表練習の時間では聞いている人に想いが伝わることを子どもたちが意識することが最も大切である。これらのことは社会人・企業人にとっては当たり前のことが多いが、子どもたちが経験を通して自分で気付くように促すことが難しい。ガイド内容と方法が固まったら、発表練習を重ねる回数が多いほど発表成果が上がることはいうまでもない。

　このプログラムを実施することは、子どもたちや地域住民の地域に対する愛着心を醸成することが目的であるが、実施している JC メンバーの教育スキルを磨くという意義も大きい。それは正に人材育成スキルを磨くことであり、人を動かす、あるいはマネージメント能力を高める研修でもある。

　なお、2015 年度の丹後きものまつりにおいては、京都府丹後教育局の「TOMORROW 丹後プロジェクト推進事業」[76] における「TANGO 魅力伝え隊」推進校の 1 つ、府中小学校の 6 年生による「府中歴史ガイド」も展開された。また伊根町立伊根中学校 3 年生による「舟屋散策ガイド」も行われた[77]。これらは宮津 JC のキッズガイドプログラムが導入されたものであり、わくわくキッズガイドの大きな成果である。

2016 年度「天橋立わくわくキッズガイド 2016」
　　　〜見たい！知りたい！伝えたい！地域の宝ふれあい隊〜[78]
　3 年目の取組は発表会場を府中地区の国分寺跡に移し、4 小学校の 4 〜 6 年生 21 名が、「文殊菩薩・知恵の輪・天橋立図」、「天橋立ができるまで」、「国分

寺について」，「雪舟について」の４つのガイド発表を行った。

今年度は新たに京都府立丹後郷土資料館[79]の協力も受け，子どもたちは国分寺のジオラマ作成や民話の鬼の面づくりも行った。これはものづくりも取り入れたプログラムの発展的展開である。

丹後教育局の「ANGO 魅力伝え隊」活動は丹後広域振興局地域振興計画に基づく事業[80]であり，2016 年度も吉津小学校５年生による「これが宮津の　お・も・て・な・し」と府中小学校６年生による「府中歴史ガイド」が丹後きものまつりの会場で実施され，さらに伊根町立本庄小学校５・６年生による「本庄１日名所観光ツアー」のガイドも行われた[81]。

宮津 JC によるわくわくキッズガイドの取組は地域の多くの協力者に支えられて行われているが，実施対象児童数は 20 名前後が限界である[67]。このプログラムが地方創生の一環として学校教育に取り入れられて広がりを見せていることは大きな成果である。この活動における宮津 JC メンバーの篤い想い＜すべては明るい豊かな未来のために！＞がさらなる広がりを見せることが，教育の観点からも地方創生の観点からも強く期待される。

（４）まとめ

宮津 JC の活動地域は，REASAS[53]や「1km^2 毎の地点（メッシュ）別の将来人口の試算」[35-37]によると，わが国の戦後の国土政策により過疎化が進行している地域であることは明らかである。

一方，戦後の復興期に明るい豊かな社会の実現を目指す青年有志により立ち上げられた日本 JC は，＜積極的な変革を創り出すのに必要な指導者としての力量，社会的責任，友情を培う機会を若い人々に提供することにより，地球社会の進歩発展に資すること」を使命とする＞ JCI[64]の一員であり，よりよい社会，明るい未来を目指す青年の自己研修機関である。生涯学習の１機関ということもできる。

宮津 JC の活動地域は，日が沈めば満天に星が輝く「当たり前」の地域である。そしてそこには故郷への深い愛着を持つ人々が豊かな自然と歴史（風土）のなかで生活している。この豊かな生活の場を支える人の育成が，地方創生に

おいても，今一番大切である。

4．近未来の教育

　当たり前の自然・風土のなかで子ども時代を過ごして大人になった人が減り，マンションの上層階で都会の夜景を見て子ども時代を過ごして大人になる人が増えている現代。私達はどんな近未来を築こうとしているのだろうか？　それは現在生きている大人の政治課題であると同時に，どんな大人をどのように育成するのかという教育課題でもある。

（1）現行学習指導要領・生きる力
　バブル崩壊後の地方分権改革と時を同じくして我が国の教育改革も始まった。
　1989 年の文部大臣からの諮問に対する中央教育審議会答申「新しい時代に対応する教育の諸制度の改革について」[82] という文書がある。これは 1991 年度「文部省第 119 年報」の付属資料のなかにも「重要記録文書」として残されている。この文書の「はじめに」の 2 節は，＜今回の答申をとりまとめるに当たり，本審議会は，教育が国家社会の発展を目指すべきものであることはもとよりだが，しかし，固定した未来像や産業国家としての計画や目標に合わせて教育の在り方を考えるよりは，まず現在の教育の持つ歪（ゆが）みを正し，子どもの心の抑圧を軽減して人間性の回復を図ることが肝要であり，それを通じて一国の未来への遠い可能性に期待すべきであるとの基本的考え方に立っている＞と述べている。そして第 1 部「改革の背景と視点」では，＜まず，今日の学校教育が抱える諸問題を検討するに当たり，その諸問題をもたらしている要因として，学歴主義の成立と受験競争の激化，教育における平等と効率の問題等を取り上げ，わが国の歴史や国民の意識にまで遡（さかのぼ）って考察＞している。そして，＜学校教育における偏差値偏重，受験競争の激化，その前提となる高校間「格差」，大学の「序列」は，今日，日本の教育のいかなる問題にも必ず障害要因として顔をのぞかせる最大の病理である。しかし，他面では

これが，（中略）産業社会の成功因でもあるとなると，社会全体の平等と効率のバランスを著しく失うことなしに，同時にそれ（学校教育）の引き起こす裏面の災いをどのように制限し，少しでも緩和することができるか，これは矛盾しているがゆえに絶望的に困難な課題であるように思えてならないのだが，しかしまた，教育改革の目的は，紛れもなくここにしかない＞と述べている。

　この答申では，高校教育の改革に関する具体的な提言と受験競争を緩和するための今後の方向と大学における教育研究の在り方について述べ，さらに今後の生涯学習社会の実現に向けて学校に期待される役割（学校教育を生涯学習の一環と位置付けること）や生涯学習の成果を適切に評価する仕組みなど，今後の方策について幅広く提言している。

　その後，登校拒否や学級崩壊，いじめ等々の問題が小・中学校でも顕在化し，「21世紀を展望した我が国の教育の在り方について」[83, 84]という中央教育審議会答申が出たのは1996年であった。この答申では，＜今後における教育の在り方として，［ゆとり］の中で，子供たちに［生きる力］をはぐくんでいくことが基本である＞として，＜［生きる力］は，学校・家庭・地域社会が相互に連携しつつ，社会全体ではぐくんでいくものであり，その育成は，大人一人一人が，社会のあらゆる場で取り組んでいくべき課題である＞と述べ，「生きる力」について，＜これからの子どもたちに必要となるのは，いかに社会が変化しようと，「自分で課題を見つけ，自ら学び，自ら考え，主体的に判断し，行動し，よりよく問題を解決する資質や能力」，「自らを律しつつ，他人とともに協調し，他人を思いやる心や感動する心など，豊かな人間性」，そして「たくましく生きるための健康や体力」が不可欠であることは言うまでもない。我々は，こうした資質や能力を，変化の激しいこれからの社会を［生きる力］と称することとし，これらをバランスよくはぐくんでいくことが重要であると考えた＞と述べている。そして1998年教育課程審議会答申[85]において，2002年度から「総合的な学習の時間」が導入されることが示された。

　これに先立ち，1997年教育職員養成審議会より「新たな時代に向けた教員養成の改善方策について」[86]という第1次答申が出され，今後特に教員に求められる具体的資質能力として，「教員の職務から必然的に求められる資質能力」

に加え，「変化の時代を生きる社会人に求められる資質能力」と「地球的視野に立って行動するための資質能力」が示された。しかし，このような教員の資質能力を養成する基盤は整っていなかった。

そのため 2003 年，「初等中等教育における当面の教育課程及び指導の充実・改善方策について」[87] と題した中央教育審議会答申では，いわゆる「ゆとり教育」が否定され，「生きる力」の内容（知・徳・体）を「確かな学力」「豊かな人間性」「健康・体力」とまとめた。そして幼稚園（新教育要領）では 2009 年から，小学校では 2011 年，中学校では 2012 年，高等学校では 2013 年（数学及び理科は 2012 年度入学生）からそれぞれ「現行学習指導要領・生きる力」[88, 89] が導入された。そこでは＜生きる力を育むために，子どもたちの未来のために＞というタイトルの下，＜これからの教育は，「ゆとり」でも，「詰め込み」でもありません。次代を担う子どもたちが，これからの社会において必要となる「生きる力」を身に付けてほしい。そのような思いで，新しい学習指導要領を定めました＞[88] と述べ，学校教育の大目標として「生きる力」を掲げた。その内容は（図表 11 − 8）で示されている。

図表 11 − 8　現行学習指導要領における「生きる力」

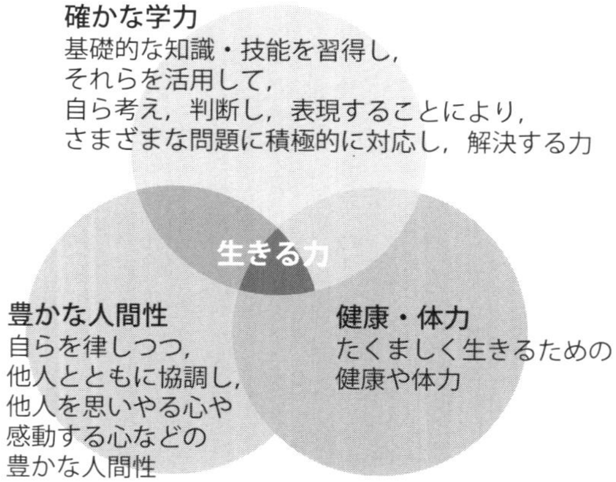

確かな学力
基礎的な知識・技能を習得し，
それらを活用して，
自ら考え，判断し，表現することにより，
さまざまな問題に積極的に対応し，解決する力

生きる力

豊かな人間性
自らを律しつつ，
他人とともに協調し，
他人を思いやる心や
感動する心などの
豊かな人間性

健康・体力
たくましく生きるための
健康や体力

出所：文部科学省「現行学習指導要領の基本的な考え方」。
http://www.mext.go.jp/a_menu/shotou/new-cs/idea/index.htm

第 11 章　地方創生における人材育成　｜　205

　このような流れと並行して，子どもたちの勤労観，職業観を育てるための「キャリア教育」も教育課程としての導入が進められている[90, 91]。

（2）世界の教育の方向性

①　キー・コンピテンシー

　日本で教育改革が進められている頃，世界でも教育の成果と影響に関する情報への関心が高まり，OECD（経済協力開発機構）は「コンピテンシーの定義と選択（DeSeCo[92, 93]）」というプロジェクトを 1997 年末にスタートし，2003 年に最終報告を出した。これにより，各個人や各国社会共通の，「生きるための学力」の国際標準化をめざす「キー・コンピテンシー（鍵となる能力）」[93, 94] という概念が提示された。この概念枠組みを基本として（その一部だが），PISA（OECD による国際学習到達度調査）[95] が 3 年ごとに行われている。

　キー・コンピテンシーの中心にあるのは，個人が深く考え，行動することの必要性であり，「変化に対応する力」，「経験から学ぶ力」，「批判的な立場で考え，行動する力」が含まれる。そしてキー・コンピテンシーは 3 つのカテゴリー，1）社会・文化的，技術的ツールを相互作用的に活用する能力，2）多様な集団における人間関係形成能力，3）自立的に行動する能力，に分けられ，各能力はそれぞれさらに 3 つの能力に細分されている[93]。

②　持続可能な開発のための教育（ESD）

　一方，科学技術の発展により地球を外から見ることが可能になると同時に，さまざまな地球環境問題から人類は地球の有限性に気付き始めた。

　1965 年，米国のアドレイ・スティブンソン（Stevenson. A. E.）国連大使は＜私たちは，全員が共に小さな宇宙船に乗って旅行している乗客で，わずかな空気と土に依存している「宇宙船地球号」の乗組員である＞と演説し[6]，1972 年にはストックホルムで「かけがえのない地球（Only One Earth）」を合い言葉に国連人間環境会議[96] が開催され，同年，ローマクラブ「成長の限界」[97] が発表された。そして 1987 年，環境と開発に関する世界委員会の報告書「Our Common Future（我ら共有の未来）」[98] で「持続可能な開発：Sustainable

Development」という概念が取り上げられた。このような流れのなか，1992年，リオデジャネイロで開催された環境開発会議（地球サミット）の環境と開発に関するリオ宣言[99]を実行するための行動綱領「アジェンダ21」[100]が国連で採択された。

2002年には持続可能な開発に関する世界首脳会議（ヨハネスブルグ・サミット）[101]でアジェンダ21の見直しや新たな課題などについて議論された。そこで日本は「持続可能な開発のための教育（ESD）の10年（DESD）」を提案[102]し，国連総会において採択された。これに基づき，2004年，DESDの推進機関として指名されたユネスコによりDESDの国際実施計画案が策定され，「国連持続可能な開発のための教育の10年2005－2014国際実施計画」[103]が実施された。

ESDは4つの目的，1）質の高い基礎教育を誰でもが受けられるようにする，2）従来の教育プログラムに，環境，社会，経済の各領域における，持続可能性に関するより多くの原則，知識，技能，洞察力，価値観を取り入れる，3）持続可能性について人々（市民）の知識と認識を向上させ，批判的思考と論理的な意思決定ができるようにするより包括的な教育手段を開発する，4）訓練プログラムの開発と提供，が掲げられている。

その内容には「環境，社会，経済3つの領域がすべて継続的に良好であることを目指す学際的なものである」，「生涯学習を推進し，学校教育だけでなくあらゆる教育に取り組む」，「高次元の思考のための技能をはぐくむため，参加型の学習等，様々な教育方法を活用する」といった特徴がみられ，「地方に根ざし，地方文化に沿うものであり，地方ニーズを満たせば，国際レベルでもその影響が及ぶことを認識する」という地方創生にもつながる記述もある。

日本では2006年に「わが国における持続可能な開発のための教育の10年実施計画」[104]が発表された。

ESDの目的と内容は「生きる力」とも「キー・コンピテンシー」ともよく重なる。教育（人材育成）の目的と内容に関しては世界で共通の方向性が示されている。

第11章　地方創生における人材育成 ｜ 207

（3）未来の学校

　このような国際的教育トレンドと日本の現状を踏まえた時，どのような未来の学校像が描かれるであろうか？

　2014年，「未来の学校づくりに関する調査研究」報告書[105]が国立教育政策研究所から出された。これは学びのためのスキルの育成を重視した「学びの場」の在り方を，多様な専門家・関係者のイノベーションに向けた対話と総意に基づいてまとめた「未来の学校像」である。

　現代の時代認識に基づき，教育の方向性を「教えることから学びへの転換」と定め，以下の5つのテーマについての議論がまとめられている[106]。

　「1．教育行政の在り方」では（1）国の果たす役割と（2）学校経営の地域特性化としてまとめ，地域の人材，企業，公的施設などを学校の必要に応じて取り込めるアメーバー状の柔軟な組織モデルが示されている。

　「2．学校環境の在り方」では（1）ローカル，グローバル，ヴァーチャルな学びの場と（2）快適な学習空間としてまとめ，学校を限られた空間としてではなく，学びの場の総体としてとらえ，一人ひとりのニーズに対応しうる場を提示している。

　「3．教育内容の在り方」では（1）スキル中心の教育内容と（2）表現力の教育としてまとめ，キーコンピテンシー[93]と21世紀型スキル[107, 108]が示されている。

　「4．学習方法」では（1）学びの科学化と（2）主体性に基づく学習と（3）互いに異質な集団からの学びとしてまとめ，ビッグデータを活用した個別のオーダーメイド学習と人間的交流の可能な場での幅広い学習方法が示されている。

　「5．指導スタッフ」では（1）多様な人材の学校での活用と（2）コーディネーターとしの教師としてまとめ，多様な人材のコーディネート力が教師に求められている。

　「未来の学校」では，ローカル，グローバル，ヴァーチャルな学びの機会と場を子どもたちが行き来して成長するイメージが浮かぶ。

　今回紹介した宮津JCのわくわくキッズガイド事業と丹後教育局の「TANGO

魅力伝え隊」の関係は「未来の学校」の1断面と見ることもできる。そして宮津青年会議所の活動は地方創成における担い手育成としても継続に値する生涯学習である。

5．おわりに

　地方創生（地方分権）を担う人材育成は，地域に根ざした人たちによる地方自治を実現しうる大人（成熟したひと）をどう育てるかという問題である。

　第2次世界大戦後，廃墟と化した都市の復興と農地改革と民主化教育から始まった日本の歩みは，経済成長を優先する政策のなかで，（図らずも？）それを支える人材育成を学校教育制度のなかで効率よく行ってきた。単純化していうと，入試制度のなかで企業戦士を育成してきた。そして経済成長が続く間は終身雇用と年金制度に支えられた人生設計を多くの人が描き，実現できた。

　しかし，経済成長が横ばいになり，人口構成が変わり，科学技術の発展による新たなサイバー空間が出現し，世界の国々が戸惑い始めた現在，次代を生きる今の子どもたちをどのような大人に育てればよいのか？　誰にも正解は見えない。

　ただ，日本では増大する虚構の都市空間のなかでの生活に多くの人が疲れ，疑問を感じ，田舎に行って癒されながらも都会から逃げ出せないでいるように見える。そして田舎暮らしに目を向け，都会と田舎の二重生活や田舎への移住を始めた人も増え始めているようにも見える。

　豊かな自然のなかで暮らす人びとの地域づくりと1人でも多くの定住者を受け入れる仕事づくり，そしてそのための人材育成は地方創生における課題であると同時に，「人新世」[109, 110]に入った地球人類としての課題でもある。

【謝辞】
　本稿をまとめるきっかけと宮津青年会議所の活動の情報を提供していただいた芝井繁男氏と，宮津の自然と歴史を案内していただき，まちづくりに対する篤い想いを語っていただいた坂根栄六氏に心より感謝する。また生涯学習について筆者の視野を開いてい

第 11 章　地方創生における人材育成　|　209

ただいた岩崎久美子氏にこの場を借りて感謝の意を表す。

　本論は地域活性学会関西支部第 4 回研究会「Act locally, Think globally. ─世界につながる地域活性─」（2015 年 2 月）での発表に基づく。

（2017 年　七草粥の日）

【注】

1 ）　ウィキペディア「ミトコンドリアイブ」．
2 ）　ジャレッド・ダイアモンド（1993）『人間はどこまでチンパンジーか？　人類進化の栄光と翳り』新曜社
　　　（http://www.shin-yo-sha.co.jp/mokuroku/books/4-7885-0461-8.htm）.
3 ）　スティーブン・S・ホール（2008）「ネアンデルタール人 その絶滅の謎」『ナショナルジオグラフィック』2008 年 10 月号
　　　（http://natgeo.nikkeibp.co.jp/nng/magazine/0810/feature02/）.
4 ）　日経ナショナルジオグラフィック社（2012）『ビジュアル 1001 のできごとでわかる世界史』.
5 ）　外務省「世界と日本のデータを見る」
　　　（http://www.mofa.go.jp/mofaj/area/world.html）.
6 ）　文部科学省　平成 16 年版科学白書「これからの科学技術と社会」
　　　（http://www.mext.go.jp/b_menu/hakusho/html/hpaa200401/index.html）.
7 ）　世界の人口
　　　（http://www.arkot.com/jinkou/）.
8 ）　全国地球温暖化防止活動推進センター「IPCC 第 5 次評価報告書特設ページ」
　　　（http://jccca.org/ipcc/about/index.html）.
9 ）　特別区協議会第 2 分科会特別区制度研究会報告書─第 2 期─（2012）「基礎自治体と広域自治体の関係のあり方〜道州や府県をめぐる動向・議論，基礎自治体の視点による今後の方向性等〜」
　　　（https://www.tokyo-23city.or.jp/research/jishu/document/2012bunkakai2.pdf）.
10）　ウィキペディア「連合国軍占領下の日本」.
11）　ウィキペディア「全国総合開発計画」.
12）　縄田康（2008）『戦後日本の人口移動と経済成長』参議院第三特別調査室 経済のプリズム，第 54 号
　　　（http://www.sangiin.go.jp/japanese/annai/chousa/keizai_prism/backnumber/h20pdf/20085420.pdf）.
13）　加藤涼・近藤崇史・鷲見和昭・榎本英高・長田充弘（2012）「高度成長期から安定成長期へ：日本の経験と中国経済への含意」日銀レビュー 2012-J-17 日本銀行
　　　（https://www.boj.or.jp/research/wps_rev/rev_2012/data/rev12j17.pdf）.
14）　金榮愨・深尾京司・牧野達治（2010）『「失われた 20 年」の構造的原因』RIETI

Policy Discussion Paper Series 10-P-004　独立行政法人経済産業研究所
（http://www.rieti.go.jp/jp/publications/pdp/10p004.pdf）.

15）ウィキペディア「地域おこし」.

16）Plala「日本の公害年表」.

17）ウィキペディア「環境問題」.

18）ウィキペディア「地域主義」.

19）ウィキペディア「地方の時代」.

20）橋本武（2008）『歴代総理大臣の国土ビジョンを読む・その2「田園都市国家の構想」（1980年）』
（http://www.ued.or.jp/media/34/20080229-DENEN.pdf）.

21）竹野克己（2015）「大平正芳内閣の「田園都市国家構想」と戦後日本の国土計画」『法政大学公共政策志林』第3号，p.125-138
（http://ppsg.ws.hosei.ac.jp/wp/wp-content/themes/housei/pdf/shirin_3/012.pdf）.

22）国土庁（1977）「第3次全国総合開発計画」
（https://www.mlit.go.jp/common/001135928.pdf）.

23）ウィキペディア「ミニ独立国」.

24）ウィキペディア「一村一品運動」.

25）国土庁（1987）「第4次全国総合開発計画」
（https://www.mlit.go.jp/common/001135927.pdf）.

26）ウィキペディア「総合保養地域整備法」.

27）ウィキペディア「「ふるさと創生事業」.

28）内閣府（2014）地方分権改革有識者会議「個性を活かし自立した地方をつくる〜地方分権改革の総括と展望〜」
（http://www.cao.go.jp/bunken-suishin/doc/260624_soukatsutotenbou-honbun.pdf）.

29）内閣府（2016）「地方分権改革のこれまでの歩み」
（http://www.cao.go.jp/bunken-suishin/doc/jirei30_h27_hyoshi_4.pdf）.

30）笠原祥平・岩本俊彦（2015）「都市構造の改革と集約型都市の実現」『東京情報大学研究論集』Vol.19 No.1，p.49-58
（http://www.iic.tuis.ac.jp/edoc/journal/ron/r19-1-5/r19-1-5.pdf）.

31）国土形成計画法　附則（平成一七年七月二九日法律第八九号）
（http://law.e-gov.go.jp/htmldata/S25/S25HO205.html）.

32）国土交通省「国土形成計画（全国計画）」（平成20年7月4日閣議決定）
（http://www.mlit.go.jp/kokudoseisaku/kokudoseisaku_tk3_000082.html）.

33）国土交通省（2014）「国土のグランドデザイン2050　〜対流促進型国土の形成〜」
（http://www.mlit.go.jp/kokudoseisaku/kokudoseisaku_tk3_000043.html）.

34）国土交通省「1km^{2}毎の地点（メッシュ）別の将来人口の試算について」
（http://www.mlit.go.jp/kokudoseisaku/kokudoseisaku_tk3_000044.html）.

35）国土のグランドデザイン有識者懇談会第8回（平成26年5月30日）配布資料：人

第 11 章　地方創生における人材育成　|　211

口関係　参考資料（1/2）

(http://www.mlit.go.jp/common/001046872.pdf).

36）　国土のグランドデザイン有識者懇談会第 8 回（平成 26 年 5 月 30 日）配布資料：人
口関係参考資料（2/2）

(http://www.mlit.go.jp/common/001046873.pdf).

37）　国土のグランドデザイン有識者懇談会第 8 回（平成 26 年 5 月 30 日）配布資料：人
口関係参考資料（別添）

(http://www.mlit.go.jp/common/001046874.pdf).

38）　ナイス株式会社ナイス経済研究センター（2014）「国土交通省「国土のグランドデ
ザイン 2050」を読む 人口減少と巨大災害の危機から未来を切り開く国土づくりの
理念とは」ナイス経済レポート

(http://www.nce.co.jp/nbr/2014-08-01_2045/03.html).

39）　首相官邸　平成 26 年 9 月 3 日安倍内閣総理大臣記者会見

(http://www.kantei.go.jp/jp/96_abe/statement/2014/0903kaiken.html).

40）　まち・ひと・しごと創生法（平成二十六年十一月二十八日法律第百三十六号）

(http://law.e-gov.go.jp/htmldata/H26/H26HO136.html).

41）　内閣官房「まち・ひと・しごと創生総合戦略」平成 26 年 12 月 27 日

(http://www.kantei.go.jp/jp/singi/sousei/pdf/20141227siryou5.pdf).

42）　内閣官房「まち・ひと・しごと創生本部」

(http://www.kantei.go.jp/jp/singi/sousei/).

43）　まち・ひと・しごと創生本部事務局「関係法令・閣議決定等」

(http://www.kantei.go.jp/jp/singi/sousei/info/).

44）　まち・ひと・しごと創生長期ビジョン 2015 改訂版「地方への多様な支援と「切れ
目」のない施策の展開」

(http://www.kantei.go.jp/jp/singi/sousei/info/pdf/20141227siryou1.pdf).

45）　まち・ひと・しごと創生長期ビジョン―概要―『―国民の「認識の共有」と「未来
への選択」を目指して―』

(http://www.kantei.go.jp/jp/singi/sousei/info/pdf/20141227siryou2.pdf).

46）　まち・ひと・しごと創生長期ビジョン（本体）「―国民の「認識の共有」と「未来
への選択」を目指して―」

(http://www.kantei.go.jp/jp/singi/sousei/info/pdf/20141227siryou3.pdf).

47）　まち・ひと・しごと創生総合戦略―概要―

(http://www.kantei.go.jp/jp/singi/sousei/info/pdf/20141227siryou4.pdf).

48）　まち・ひと・しごと創生総合戦略（本体）

(http://www.kantei.go.jp/jp/singi/sousei/info/pdf/20141227siryou5.pdf).

49）　まち・ひと・しごと創生総合戦略 アクションプラン（個別施策工程表）

(http://www.kantei.go.jp/jp/singi/sousei/info/pdf/20141227siryou6.pdf).

50）　まち・ひと・しごと創生基本方針（全体像）（平成 28 年 6 月 2 日閣議決定）

(http://www.kantei.go.jp/jp/singi/sousei/info/pdf/h28-06-02-kihonhousin2016 zentaizou.pdf).

51) まち・ひと・しごと創生基本方針（本体）（2016）
(http://www.kantei.go.jp/jp/singi/sousei/info/pdf/h28-06-02-kihonhousin2016hontai. pdf).

52) 「地方人口ビジョン」及び「地方版総合戦略」の策定に向けた人口動向分析・将来 人口推計について
(http://www.kantei.go.jp/jp/singi/sousei/info/pdf/vision1.pdf).

53) 内閣官房「地域経済分析システム（REASAS）」
(http://www.kantei.go.jp/jp/singi/sousei/resas/index.html).

54) まち・ひと・しごと創生本部事務局『まち・ひと・しごと創生「長期ビジョン」「総 合戦略」』
(http://www.kantei.go.jp/jp/singi/sousei/info/pdf/panf_vision-sogo.pdf).

55) 内閣官房「まち・ひと・しごと創生に関する政策を検討するに当たっての原則」
(http://www.kantei.go.jp/jp/singi/sousei/about/pdf/siryou_h261022.pdf).

56) 国土交通省「国土形成計画（全国計画）」（平成 27 年 8 月）
(http://www.mlit.go.jp/common/001100233.pdf).

57) 国土交通省「国土形成計画（全国計画）」【概要】～戦後 7 番目の国土計画となる「対 流促進型国土」形成の計画～
(http://www.mlit.go.jp/common/001100228.pdf).

58) 新たな国土形成計画（全国計画）（平成 27 年 8 月 14 日閣議決定）
(http://www.mlit.go.jp/kokudoseisaku/kokudokeikaku_fr3_000003.html).

59) 国土交通省（2016）国土形成「国土形成計画（広域地方計画）」
(http://www.mlit.go.jp/kokudoseisaku/kokudokeikaku_tk5_000029.html).

60) 国土交通省 国土政策局「新たな国土形成計画（広域地方計画）について」
(http://www.mlit.go.jp/common/001124958.pdf).

61) 山本文男（2009）「基礎自治体のあり方等について」全国町村会第 29 次地制調専門 小委員会
(http://www.zck.or.jp/activities/210311/01.pdf).

62) R. ヤック-シーヴォネン，H. ニエミ著，関隆晴・二文字理明監訳（2008）『フィン ランドの先生　学力世界一の秘密』桜井書店.

63) 日本青年会議所「日本青年会議所とは」
(http://www14.jaycee.or.jp/?page_id=29).

64) JCI 世界会議金沢大会ホームページ「JCI（国際青年会議所）って何？」
(http://jciwc2015.com/jp/whats.html).

65) 国土交通省「海の京都観光圏整備計画」
(http://www.mlit.go.jp/common/001049631.pdf).

66) 一般社団法人宮津青年会議所

第 11 章　地方創生における人材育成　｜　213

(http://www.jcm-iyazu.jp/2016/jc.php).

67）宮津青年会議所会員による提供情報.

68）宮津青年会議所「過去の事業紹介」
(http://www.jcm-iyazu.jp/2016/old_activity.php#2007_0525).

69）天橋立を世界遺産にする会
(https://hashida-e.org/).

70）ウィキペディア「智恩寺（宮津市）」.

71）宮津観光まちなかアテンダント
(http://machinaka.sakura.ne.jp/).

72）2014 丹後きものまつり in 天橋立
(http://www.kyoto-kankou.or.jp/news/?id=645).

73）京都府丹後教育局
(http://www.kyoto-be.ne.jp/tango-k/cms/).

74）大阪教育大学「地域連携学校教育のできる教員養成―地域に愛着を持ち地域に根ざ
した子どもを育成できる教員養成」報告書.平成 18 年度文部科学省現代的教育ニー
ズ取り組み支援プログラム，テーマ①地域活性化への貢献（地元型），大阪教育大
学現代 GP（206-2008）.

75）関隆晴（2013）「ニューキッズベンチャープログラム実践報告書」
大阪教育大学リポジトリ
(http://ir.lib.osaka-kyoiku.ac.jp/dspace/handle/123456789/27492).

76）京都府丹後教育司「TOMORROW 丹後プロジェクト事業」
(http://www.kyoto-be.ne.jp/tango-k/cms/?page_id=162).

77）丹後教育局ニュース第 25 号 平成 27 年 11 月 2 日
(http://www.kyoto-be.ne.jp/tango-k/cms/?action=common_download_ main&upload_
id=1895).

78）宮津青年会議所「2016 年度活動報告」
(http://www.jcmiyazu.jp/2016/activity.php).

79）京都府立丹後郷土資料館
(http://www.kyoto-be.ne.jp/tango-m/cms/index.php?page_id=0).

80）丹後教育局ニュース第 22 号 平成 27 年 6 月 23 日
(http://www.kyoto-be.ne.jp/tango-k/cms/?action=common_download_main&upload_
id=1849).

81）丹後教育局ニュース第 29 号 平成 28 年 9 月 26 日
(http://www.kyoto-be.ne.jp/tango-k/cms/?action=common_download_ main&upload_
id=2050).

82）文部科学省中央教育審議会第 29 回答申（1991）「新しい時代に対応する教育の諸制
度所改革について」（平成 3 年 4 月 19 日）
(http://www.mext.go.jp/b_menu/shingi/old_chukyo/old_chukyo_index/toushin/

1309574.htm).

83) 文部科学省中央教育審議会答申（1996）「21世紀を展望した我が国の教育の在り方について」（平成8年7月1日）
(http://www.mext.go.jp/b_menu/shingi/chuuou/toushin/960701.htm).

84) 文部科学省第15期中央教育審議会第一次答申「21世紀を展望した我が国の教育の在り方について―子供に［生きる力］と［ゆとり］を―」（パンフレット）
(http://www.mext.go.jp/b_menu/shingi/old_chukyo/old_chukyo_index/toushin/attach/1309638.htm#top).

85) 文部科学省1998年教育課程審議会答申「幼稚園，小学校，中学校，高等学校，盲学校，聾学校及び養護学校の教育課程の基準の改善について」（平成10年7月29日）
(http://www.mext.go.jp/b_menu/shingi/old_chukyo/old_katei1998_index/toushin/1310294.htm).

86) 文部科学省1997年教育職員養成審議会・第1次答申「新たな時代に向けた教員養成の改善方策について」
(http://www.mext.go.jp/b_menu/shingi/old_chukyo/old_shokuin_index/toushin/1315369.htm).

87) 文部科学省2003年中央教育審議会答申「初等中等教育における当面の教育課程及び指導の充実・改善方策について」
(http://www.mext.go.jp/b_menu/shingi/chukyo/chukyo0/toushin/03100701.htm).

88) 文部科学省「現行学習指導要領・生きる力」
(http://www.mext.go.jp/a_menu/shotou/new-cs/).

89) 文部科学省「現行学習指導要領の基本的な考え方」
(http://www.mext.go.jp/a_menu/shotou/new-cs/idea/index.htm).

90) 文部科学省（2004）「キャリア教育の推進に関する総合的調査研究協力者会議報告書 ～児童生徒一人一人の勤労観，職業観を育てるために～」
(http://www.mext.go.jp/b_menu/shingi/chousa/shotou/023/toushin/04012801/002.htm).

91) 文部科学省中央教育審議会答申（2011）「今後の学校におけるキャリア教育・職業教育のありかたについて」
(http://www.mext.go.jp/component/b_menu/shingi/toushin/__icsFiles/afieldfile/2011/02/01/1301878_1_1.pdf).

92) ウィキペディア「DeSeCo」（デセコ，Definition and Selection of Competencies）.

93) 文部科学省「OECDにおける「キー・コンピテンシー」について」
(http://www.mext.go.jp/b_menu/shingi/chukyo/chukyo3/004/siryo/05111603/004.htm).

94) ドミニク・S.ライチェン，ローラ・H.サルガニク（2006）『キー・コンピテンシー』明石書店.

第 11 章　地方創生における人材育成　|　215

95）ウィキペディア「OECD 生徒の学習到達度調査」.
96）国連人間環境会議（ストックホルム会議：1972 年）「人間環境宣言」
　　（https://www.env.go.jp/council/21kankyo-k/y210-02/ref_03.pdf）.
97）ドネラ・メドウズ（1972）『成長の限界─ローマ・クラブ「人類の危機」レポート』
　　ダイヤモンド社.
98）環境と開発に関する世界委員会（ブルントラント委員会）報告書─1987 年─『Our
　　Common Future（邦題：我ら共有の未来）』概要
　　（https://www.er.v.go.jp/council/21kankyo-k/y210-02/ref_04.pdf）.
99）国連環境開発会議（地球サミット：1992 年，リオ・デ・ジャネイロ）「環境と開発
　　に関するリオ宣言」
　　（https://www.env.go.jp/council/21kankyo-k/y210-02/ref_05_1.pdf）.
100）国際連合広報センター「アジェンダ 21」
　　（http://www.unic.or.jp/activities/economic_social_development/sustainable_
　　development/agenda21/）.
101）持続可能な開発に関する世界首脳会議（ヨハネスブルグ・サミット）
　　（http://www.mofa.go.jp/mofaj/gaiko/kankyo/wssd/）.
102）外務省（2002）「小泉構想」
　　（http://www.mofa.go.jp/mofaj/gaiko/kankyo/wssd/koizumi.html）.
103）佐藤真久・阿部治監訳（2006）『国連持続可能な開発のための教育の 10 年（2005
　　～ 2014 年）国際実施計画（日本語訳）』
　　（http://www.yc.tcu.ac.jp/~sato-laboratory/files/3-5-3.pdf）.
104）「国連持続可能な開発のための教育の 10 年」関係省庁連絡会議（2006）「わが国に
　　おける持続可能な開発のための教育の 10 年実施計画」
　　（http://www.cas.go.jp/jp/seisaku/kokuren/keikaku.pdf）.
105）国立教育政策研究所「未来の学校づくりに関する調査研究報告書」
　　（http://www.rier.go.jp/05_kenkyu_seika/pdf_seika/h24/report_list_h24_5_3.
　　html）.
106）岩崎久美子（2013）「未来の学校のアウトライン」国立教育政策研究所「未来の学
　　校づくりに関する調査研究報告書」，p.1-17.
107）ウィキペディア「21 世紀型スキル」.
108）国立教育政策研究所「求められる資質・能力の枠組み試案」
　　（http://www.nier.go.jp/05_kenkyu_seika/pf_pdf/20130627_4.pdf）.
109）特集：「人新世を考える」『日経サイエンス』2016 年 12 月号，p.60-96.
110）特集：「人新世を考える」（後編）『日経サイエンス』2017 年 1 月号，p.52-75.
　　（http://www.rikkei-science.com/201612_060.html）.

※なお参考文献は，【注】に一括して記入した。

第12章 地域社会における組織学習
—鹿児島県長島町における地域おこし協力隊の活動事例から—

1. はじめに

　現在，わが国では，少子高齢化が急激に進行中であり，総人口の減少が今も続いている。特に地方圏では，多くの自治体において，若年者の転出増加が目立つようになり，親世代人口の急激な減少に伴い，新生児数の減少，人口の高齢化のますますの進展，さらには増田レポート[1]で注目を集めることになった消滅自治体の発生が危惧される事態となってきている。

　国土の均衡のとれた発展を維持するためには，持続可能な地域社会の構築が必要不可欠であり，少子高齢時代に対応した自治体のあり方が問われるようになってきている。そして，定住促進や地域活性化に向けた各種の取組が全国で進められている。しかし，先にも述べたとおり，わが国における少子高齢化は今もなお続いており，地域社会の将来に対する大きな懸念材料の1つとなっている。そして，複雑で将来が見通せない不安定な状況のなかで，持続可能な安定した地域社会の維持・構築は，特に地方圏に位置する自治体にとって最重要の課題となってきている。

　予測が困難な社会経済環境の変化に即応して，持続可能な地域社会を維持していくことは決して容易なことではない。これまで以上に，地道に地域の課題を一つ一つ解決していくことを自治体は強く求められている。しかし，行政の力だけでは，地域課題を解決できないことは，たとえば，大規模災害を例にとって考えれば，自ずと明らかであろう。市民，企業，NPO，大学などの地域における多様な主体と行政との緊密な連携と協働こそが地域課題解決の重要な

カギとなってくる。

　大都市圏の自治体と比べて，相対的に不利な立場に置かれている地方圏の自治体にとって，持続可能な地域社会の維持・構築は非常に重たい課題である。地域にとって厳しい状況をいかに変えていくことができるのか，まさに自治体組織と職員の力量が問われる時代を迎えているということができる。しかしながら，大幅な人口減少が見込まれる将来に備えて，抜本的な行財政改革を迫られている自治体にとって，課題解決のために動員できる行政資源はあまりにも少ない。

　そこで，希少な資源を効率的，効果的に用いることができるよう「選択と集中」を念頭に置きながら，戦略的な政策の策定と，その政策を実施することになる職員の資質向上を図ることが従前にも増して自治体組織にとって大きな重要性を持つようになってきている。限りのある行政資源を活用して地域課題の解決に取り組むうえで人材の果たす役割は大きく，人材の育成と確保が自治体経営上の最重要のテーマの1つとして浮かび上がってくるのは理の当然といえよう。

　地域の人々が知恵と力を出し合い，地域課題を明らかにしながら，解決に向けての取組を進める過程は，ある種の組織学習のプロセスとしてとらえることができる。地域の理想の姿と現実との間には，当然のことながらギャップがあるはずであり，それを埋めるための創造的緊張が政策を展開する際のエネルギーの源泉となる。この創造的緊張を契機として具体的な政策を立案し，実施していくためには，そこでビジョンを共有し，政策の枠組みを作り上げ，内容を洗練していく組織学習のプロセスが重要な役割を果たすことになる。

　このような組織学習について，センゲ（2011）は，過度の分析主義や還元主義によっては，課題を的確に把握し，解決策を導き出すことはできず，全体のつながりのなかで衆知を集めて課題の解決策を模索するシステム思考の重要性を強調している[2]。

　山積する地域課題に取り組まざるを得ない地方圏の自治体にとって，地域における組織学習を進める場の確保とその方法を確立することが何にも増して大きな意味をもつようになってきている。本章は，「地域社会における組織学

習」[3] の成否に大きく影響する要因を抽出することを主な目的としている。

　ところで，最も厳しい状況に直面していると思われる離島において，逆に目覚ましい成果をあげている事例がいくつか存在する。たとえば，島根県隠岐の海士町，鹿児島県甑島，同じく鹿児島県長島町などの事例である。本章では，近年，その独創性において，各方面の識者やマスコミの注目を集めることの多い鹿児島県長島町の事例を主に取り上げ，そこで実施されている具体的な事例を紹介しながら，地域社会における組織学習の意味と意義について論じていくことにする。

２．少子高齢化の進展と地域社会の動揺

　少子高齢化の問題が注目されるようになって久しいが，日本は世界でも例を見ない速さで超高齢社会に突入しようとしている。日本の将来人口の予測について，国立社会保障・人口問題研究所（以下「社人研」という）の報告書（平成24年1月推計）は次のように述べている。「人口推計の出発点である平成22（2010）年の日本の総人口は同年の国勢調査によれば1億2,806万人であった。出生中位推計の結果に基づけば，この総人口は，以後長期の人口減少過程に入る。平成42（2030）年の1億1,662万人を経て，平成60（2048）年には1億人を割って9,913万人となり，平成72（2060）年には8,674万人になるものと推計される。出生高位推計によれば，総人口は平成66（2054）年に1億人を割って9,962万人となり，平成72（2060）年に9,460万人になるものと推計される。一方，出生低位推計では平成56（2044）年に1億人を割り，平成72（2060）年には7,997万人になるものと推計される」（社人研『平成24年1月報告書』pp.1-2）。出生低位推計，出生中位推計，出生高位推計のいずれの結果に基づいても2060年には，総人口が1億人を割り込むことが予測されている。

　さらに深刻なのは，生産年齢人口の大幅な落ち込みである。前掲報告書は将来の生産年齢人口割合が出生低位推計，出生中位推計，出生高位推計のいずれによっても，2010年の63.8％から2060年ではおよそ10ポイン以上減少するものと予測している（前掲報告書p.3）。人口の減少，とりわけ若年人口の減少

第12章　地域社会における組織学習 ｜ 219

は若年層の社会保障負担の増加を招くほか，市場規模が縮小して，現在の経済規模を維持できなくなるだけでなく，子育てや介護サービスに対する大きなニーズが発生するのをはじめ国民生活そのものに幅広い影響を及ぼすことになる。

少子高齢化が進むと，さまざまな産業分野で労働力確保が困難になるだけでなく，地域社会に長く根付いている文化・伝統の継続や伝承も難しくなるなど，地域のコミュニティの維持そのものが危殆に瀕することになる。既に全国で，地域の祭礼や行事が支え手である若年層の不足により，中止に追い込まれてしまった事例も現れてきている。

今日，多くの財やサービスが商品化され，現代社会においては，市場が大きな役割を果たすようになっているが，我々の生活のすべてを市場でカバーできるわけではない。たとえば，防災対策のように地域共同体が我々の命と生活を支える領域も存在している。近年，全国各地で問題が表面化してきているシカや猿，熊などによる獣害被害，さらには特定空き家[4]，ごみ屋敷問題なども共同体機能弱体化の1つの表れということもできる。人口の減少と高齢化が進み，地域のつながりが薄れていくと，地域社会が動揺し，我々の生活を大きく脅かすことになるのである。

3．地方創生の課題

全国で，地域活性化，まち起こし，むら起こしの取組事例には事欠かないが，意外に持続している事業は少ない。単なる観光客誘致やイベント型の事業を打ち上げ花火的に繰り返しても，本当の意味で地域の自立や持続可能性を高めることにはつながらない。住民，企業，行政などの多様な地域内外の主体をどのようにつないでいくのか，そして，協働と連携の仕組みをどのように構築していくのかが重要な課題となってくる。また，持続可能な地域コミュニティを形作り，支えていく人材の発掘と育成，さらには地域の事業や文化・伝統の継承等も対応が求められている重要な課題の1つである。

地方創生において重要な課題は，単なる一地域の事例に止まらず，全国に影

響を波及させることができるような実践的な理論枠組みを構築するところにある。この点に関して，金子（2016）は「これまでの社会学も含めた『地域活性化』論の落とし穴は，異なる地域資源にもかかわらず，他地域で成功した結節機関[5]をそのまま取り込み，その模倣策へ過大な期待をかけすぎた所にある。『葉っぱビジネス』成功は徳島県上勝町の農協職員のリーダーシップにあるのに，それを考慮しないままに他地区が『葉っぱビジネス』を模倣しても成功しない」（p.26）と指摘している。

　地域活性化の取組に，理論的な検討を加えるためには，様々な角度から地方創生に資する多様なデータを集めることが必要となる。そして，基本的なデータを得るためには抽象的・一般的なデータではなく，成功している，あるいは成功の可能性の高い個別事例を詳細かつ濃密に記述していくことも求められる。単なる質問紙調査や簡単なインタビューではとらえきれない部分に関する質的アプローチが今まさに求められているといえよう。しかも，本章の内容は，全国的な制度である「地域おこし協力隊」にかかわる記述でもあるので，長島町という一地域の特殊事例の範囲に止まるものではなく，そこから，他の地域でも応用可能な地方創生のための方法論的な含意を汲み取っていただけるものと考えている。

　本章は，上記のような視点に立って，地方創生にかかわる関係者のいわゆるエスノグラフィーを書くことを企図している。本章で取り上げる具体的な対象はさまざまな地域課題に独創的な手法を駆使して挑戦を続けている鹿児島県長島町である。長島町のケーススタディを通して，少子高齢時代の地方創生の課題解決に取り組むために地域で展開されている多様なプロジェクトについて，一歩踏み込んだ記述を試みることにしたい。

４．研究方法としてのエスノグラフィー

（１）エスノグラフィーの利点

　まず，具体的なケースの記述に入る前に，本章の記述の基礎となっている質的研究法としてのエスノグラフィーについて少し述べておきたい。エスノグラ

フィーには,「フィールドワークの結果をまとめた報告書」と「フィールドワークという調査の方法あるいはその調査プロセスそのもの」という2つの意味があるが,本章では主に調査の方法という意味でこの言葉を用いる。

社会科学の全般にわたって,エスノグラフィーが広く取り入れられるようになって既に久しい。Van Maanen (1988) は,「エスノグラフィーは今や政治学,法学,社会心理学,精神医学,社会福祉論,広告,行政学,コミュニケーション論,経営学,教育学,コンピュータ科学,認知科学,犯罪学及び政策学の分野で見られる。」(p.24) と述べているが,今日,日本でも防災エスノグラフィーや医療現場のエスノグラフィーなど,多様なエスノグラフィーが書かれるようになってきた。

エスノグラフィーの利点は,研究する者と研究される者との間に截然と区分線が引かれることなく,研究される者の視点で記述ができるというところにある。研究者は「現場の人々がどのように生活を送り,どのようにして日常的な活動をおこない,どのようなことがその人たちにとって重大な意味をもち,また何故そう思うのかなどについて,内側の視点から観察するのである」(エマーソン,1998,p.24)。

また,Van Maaren (1979) は「人々は各人の事情に合わせて日々の暮らしを理解し,説明を加えて,行動を起こすことによって自分達の置かれている状況に折り合いをつける。これらの状況に折り合いをつけるために人々が用いる方法を明らかにしていくことがエスノグラフィーの目的である」(p.540) と述べている。

エスノグラフィーにおける内部の視点の重要性について,Van Maanen (2011) は「エスノグラフィーは,特定の場所,特定の時期において,特定の人々によって用いられる文化を対象とする研究であり,その文化に関する描写である。より大事なことは,『文化とは何か』という問いではなく,『生活の実践において,文化がどのように機能しているか』という問いなのである」と述べている。また「組織エスノグラファーは組織を研究する人ではなく,組織の中で研究する人である」とも述べている。

内側の視点からの観察は,組織現象を深く理解するための大きな助けとな

る。組織を理解するためには、人や社会を細切れの要素に還元するのではなく、その全体性において理解する必要がある。このようなアプローチを支えるものこそ、定性的研究法から生み出されるさまざまな記述データなのであり、地方創生の具体的な取組の意味や課題を抽出するうえで大きな意味を持ってくるものと思われる。

　本章では内部者エスノグラファーの視点から、町役場とそこを取り巻く関係者にかかわる記述を進めていく。その形式としては「自己エスノグラフィー（Auto-Ethnography）」のスタイルを用いることにする。自己エスノグラフィーという言葉を用い始めたのは、Hayano（1979）であるといわれているが、彼は、自己エスノグラフィーが成立するための要件として、エスノグラファーが①研究対象とする人々の文化と言葉をあらかじめ知っていること、②それらの人々と同一の成員性を保持し、メンバーとして人々から受け入れられていることをあげている。その意味では本章の記述はその要件を満たしているといえる。

　特に専門性、技術性が高く、さまざまな職能集団を抱える現代の自治体行政組織の全体像を描ききるためには、行政組織の公式見解のレベルを超えた内部者のローカルな知識や行動特性に対する深い理解が必要となる。そして、その種の理解を得ようとすれば、単なる観察者の域を超えた直接的な関与者、すなわち内部者としてのかかわりが求められることになってくるのである。

（2）分厚い記述

　現代組織や社会の文化、人々の考え方や行動を解釈し、分析するために「分厚い記述」の果たす役割は大きい。「分厚い記述（Thick description）」とは、もともとはアメリカの人類学者 Geertz（1973）が Gilbert Ryle の言葉を借りて提唱した用語である。佐藤（2002）は「フィールドワーカーは、その時にはじめて、見たままの姿を平板に記録するに過ぎない『薄っぺらな記述』を越えて、人々の発言や行動の奥に幾重にも折り重なった生活と行為の文脈をときほぐし、その作業を通してはじめて明らかになる社会的行為の『意味』を解釈して読みとり、その解釈を書きとめていくことができるようになる」（p.296）と述べている。

第12章 地域社会における組織学習 | 223

内部者エスノグラファーの志向する記述は，まさにここでいう「分厚い記述」でなければならない。現代の自治体行政組織は多様な業務に従事し，雑多な職能集団から構成されている。さらに自治体行政組織には，外部者の理解を妨げる職員の非公式な行動様式なども存在しており，一般論の「薄っぺらな記述」では論じ切れない内包と外延をもっている。そして，その全体像を一律にとらえ，記述することは不可能であり，組織に対する深い理解を得るためには，それぞれの集団に密着した観察と分析が不可欠となる。

もちろん，先に言及した金子（2016）の指摘にもあるとおり，個別事例の記述に終始する限り，汎用性のある政策にはつながらず，社会に及ぼすインパクトにも限界があるといわざるを得ない。汎用性のある政策を導き出すには，理論的な整理，地方創生に適合した新たな理論モデルの構築も必要である。そして，そのような理論こそが地方創生において実効性のある政策の立案と実施を全国的に展開していくための支えとなる。しかし，その反面，理論と現場をつなぐことのできるフレームワークの構築を進めるためには，現場の活き活きとした雰囲気を伝えることのできる質的な事例研究も不可欠であるといえる。

5．長島町のケーススタディ

私は2016年5月から地域おこし協力隊（以下「協力隊」という）の一員として長島町に移住し，これまでの間，協力隊員や役場職員はもちろんのこと，地域の多くの人々の行動を細かく観察し，インタビューも行ってきた。これは，地域に深く入り込んで研究をしてみたいという私自身の長年の思いに応える活動であるといえる。

以下，長島町のケーススタディを書き進めるにあたって，まず，地勢や産業など，町の概要に関する記述から始めることにしたい。

（1）長島町の概要
① 地 勢
長島町は鹿児島県の西北部に位置し，八代海と東シナ海に面している。熊本

県の天草市とは海を隔てて隣接しており，片道 30 分の行程で両岸を結ぶフェリーも運行されている。さらに熊本県水俣市と町内の離島である獅子島を結ぶ船便も運行されている。そして，本土側の鹿児島県阿久根市とは黒之瀬戸大橋（昭和 49 年 4 月完成）によって結ばれており，阿久根市側から陸路で島内に入ることができる。

　町域面積は 116.12km^2 であり，島内の海抜高度は比較的高く，長島町役場所在地の海抜は約 80m となっている。地形的には，山地が多く，耕作に適した平地は比較的少ないが，地形を生かしたジャガイモのほか，デコポン，甘夏などの柑橘類の栽培，さらには豚，牛等の畜産業が営まれている。また，海に囲まれているため，水産業が盛んで，豊かな漁場に恵まれているだけでなく，ブリ養殖では日本一の実績を誇っている。

② 人口の推移（図表 12 - 1）

　昭和 35 年の人口と比較すると，現在では 1 万人以上減少しており，人口の減少が目立つ。特に町内唯一の県立高校が閉校となり，町内に高校がなくなった結果，高校生以上になると町外に出ていかざるを得ない状況となっていることからも明らかなように若年層の町外転出が目立つようになってきている。しかし，近年，比較的堅調な地域経済の状況を反映して，人口減少のペースはやや鈍ってきており，現状維持か微増の可能性も出てきている。

図表 12 - 1　長島町の人口の推移

年	世帯数	男	女	総　数
昭和 35 年	4,439	10,507	10,672	21,179
平成 2 年	4,477	6,621	7,180	13,801
平成 22 年	4,303	5,276	5,829	11,105
平成 27 年	4,137	5,017	5,417	10,431

出所：国勢調査。

③　産　業

　農・水産業が町の基幹産業であり，観光や福祉関連の従業者も町内に存在してはいるが，全体としては，町内就業者のうち第1次産業就業者の占める比率が高い。水産業については，長島町は世界一のブリの養殖産地（世界シェア10％）であり，国内のみならず海外（29カ国）にも販路を拡大している。農業では，ジャガイモ栽培が活況を呈しているほか，豚，牛などの畜産業（島内で5万頭以上の家畜が飼育されている）も盛んである。また，醸造業も盛んで焼酎ブランドの「島美人」はよく知られている。

（2）長島町の取り組み

　現在，多くの地方において，都市圏への人口流出に歯止めがかからず，全国的な少子高齢化の傾向と相まって，地域の活力低下が進み，さらなる人口流出につながるという悪循環が始まっている。地方圏から都市圏への人口移動は，単に人が動くだけでなく，教育費やエネルギー経費などの形で資金も都市に吸い取られるという結果を招くため，地方の疲弊がさらに進むことになる。

　長島町では，①食のブランドづくり，②教育，③定住促進，④住民力涵養の視点から複数の政策を設定し，具体的なプロジェクトを進めてきている。食のブランドづくりでは，長島大陸食べる通信（季刊誌，年4回，長島産食べ物付き）の発行，東京・大阪の一流レストランのシェフと産地の食材とをつなぐシェフ・ツアー，地元の漁港に立地する地産地消の食材を生かした長島大陸市場食堂（㈱JFA[6]が運営），東京のまちを走り回り，地元食材の宣伝普及に努めるキッチンカー，自治体初の辻調理師専門学校との連携協定の締結などに取り組んでいる。

　教育の領域では，地元の信用金庫の進学ローンと町からの助成施策を組み合わせて，10年以内に町に戻ってくれば，実質的には奨学金の返済が免除されることになる給付型奨学金制度を創設し，若年者の地元回帰を促す「ぶり奨学プログラム」，カドカワとドワンゴが手がけるN高等学校と連携して人材育成に取り組む「長島大陸Nセンター」（以下，「Nセンター」という），町内，唯一の有人離島「獅子島」の子供たちに東京大学，一橋大学や九州大学など都会の

学生が学習支援を行う「獅子島の子落とし塾」などがスタートしている。

　さらに夏休み期間中の 2016 年 8 月 8 日〜11 日の 4 日間にわたって，N セン
ター事業の一環として，参加者が元 TBS キャスターの下村健一氏の指導を受
けながら，短期間集中の学習を進め，一本の映像を完成させる「メディアキャ
ンプ in 長島」が開催され，主に東京方面から約 30 名の学生が参加した。学生
たちは「どうやったら伝わるか」を本気で考え抜く 4 日間を長島町で過ごした。
学生たちは 7 班に分かれて，それぞれテーマを設定したうえで，漁協，焼酎醸
造会社など，町内の関係者に取材をしながら，映像作成に取り組んだ。最終日
の 8 月 11 日には長島町文化ホールにおいて最終報告会が開催され，多くの町
民の前で完成した映像が披露された。各班の作品に対して，下村氏の講評，町
民からの意見表明があり，盛況のうちにすべてのプログラムが終了した。

　定住促進では，町の制度である空家バンクと連携しながら町内の空き家の活
用を図り，移住希望者の受け皿を確保する「みかんの家プロジェクト」が進め
られているほか，自治体向けスタディツアーで実績のあるベンチャー企業「リ
ディラバ」の力を借りて，事業承継に関する町民意識調査を行ったほか，地元
の水産事業者や農業者の協力を得て，就業体験をするスタディツアーが 11 月
に実施された。遠方からの参加者も含めて 13 名の参加があり，貴重な経験と
交流の場として好評のうちに幕を閉じた。今後，さらにスタディツアーを充実
させ，移住促進や事業承継に役立つプロジェクトとなることが期待されている。

　さらに都会の大学生が長島に出向いて政策提言に取り組む「できるまで帰れ
ません」プロジェクトは，東京大学の学内プログラムとしても位置づけられて
おり，学生に自立的な学習の場を提供している。参加学生にとっては，地域コ
ミュニティの産業，歴史，文化，人々の暮らしなどを具に学ぶ絶好の機会とな
るだけでなく，地元の人々との交流を図る場としても機能しており，参加学生
に対する教育効果は大きい。

　このほか，畜産業が盛んな長島の特徴を活かして，家畜の糞尿からメタンガ
スを取り出し，それをエネルギー源として発電・発熱事業に取り組む「バイオ
エネルギー」プロジェクト，都市圏から長島町に移住してまちおこしの支援業
務に携わる地域おこし協力隊などの取組が進行中である。

住民力涵養の部分では，町から転出する住民に対してアンケートを実施しているほか，脳こうそくの予防に向けたトレーニングジム「じゃがじゃがジム」，さらにはファシリテーターを育てるための勉強会や町おこしワークショップなどの取組が始まっている。

さらに，観光商業振興の面では，2016年11月から阪急交通社の長島支店が長島町役場の一角に開設され，町の観光担当課等と連携協働しながら，新たな取組を進める体制が整えられた。

これらの取組を進めるにあたって，地域おこし協力隊の人材が深くかかわっている。次節では，地域おこし協力隊員に焦点を絞って記述を進めていきたい。

6. 地域おこし協力隊の活動

（1）制度としての地域おこし協力隊

協力隊とは，総務省が進めている地方創生に向けての取組の1つである。総務省のホームページでは「人口減少や高齢化等の進行が著しい地方において，地域外の人材を積極的に誘致し，その定住・定着を図ることで，意欲ある都市住民のニーズに応えながら，地域力の維持・強化を図っていくことを目的とした制度です」と紹介されている。

実施主体は地方公共団体であり，活動期間は概ね1年以上3年以下となっている。総務省からは，地方公共団体に対して，協力隊員の活動に要する経費として，1名につき年間400万円を上限とする財政支援（特別交付税により措置）があるほか，協力隊員などの起業に対する支援や協力隊員の募集などに要する経費に対する財政支援などが用意されている。予算は結構大きく，全国では100億円を超える規模となっている。全国での配置状況は図表12－2のとおりとなっており，平成28年度には3,000名配置を目指すとされている。

協力隊の制度としての概要は以上のとおりであるが，協力隊は，必ずしも高い評価を受けている訳ではなく，税金の無駄遣いとの批判があることも事実である。ここで問われるべきは，数の問題ではなく，協力隊の活動の質が問題になると考える。活動の質の問題に深く切り込むためには，定量的な評価に止ま

図表 12 － 2　隊員数と団体数の推移

	21 年度	22 年度	23 年度	24 年度	25 年度	26 年度	27 年度
隊員数	89	257	413	617	978	1,511 (1,629)	2,625 (2,799)
団体数	31	90	147	207	318	444	673

※各年度の特別交付税ベース。
※隊員数のカッコ内は名称を統一した「田舎で働き隊（農林水産省）」の隊員数を
　加算。
出所：総務省資料より。

らず，質的評価も求められる。そして，協力隊の政策効果を高めるためにも，協力隊員の活動の内容に踏み込んだ質的アプローチは，これからますますその重要性を高めていくものと思われる。以上のような視点に立って，長島町における協力隊の活動の具体的な姿の記述を進めていくことにする。

（2）長島町における地域おこし協力隊の活動

　長島町では，2016 年 12 月（現在）で 8 名の協力隊員を採用している。町では募集に当たって，全国の自治体ではじめて，インターネット求人大手ビズリーチのスタンバイのサービスも活用するなど，幅広く人材を求めた。長島町の協力隊員は，すべていずれかの分野の専門性と実績，人脈を持っており，豊富な経験を有している。8 名の専門分野や年齢構成にはバラツキがあるが，最年長は 65 歳，多くは 30 歳前後で，最年少は 22 歳である。その専門分野としては ICT，教育関係が多い。隊員は役場総務課地方創生室に所属し，それぞれの活動を行っている。各隊員の具体的な取組の内訳は以下の図表 12 － 3 に示すとおりである。さらに，2017 年 2 月 13 日に長島町と慶應義塾大学 SFC との間で「地方創生に関する連携協力協定」が締結され，今後，フィールドリサーチを志す大学院生も協力隊員として受け入れていく予定である。

第 12 章　地域社会における組織学習 | 229

図表 12 - 3　長島町の協力隊員の内訳（2016 年 12 月現在）

氏名 （敬称略）	専門分野	着任時期	取組んでいる主な業務
土井　隆	ICT，マーケティング，事業戦略	2015.10	1 次産業の 6 次産業化，イベント企画，人材募集，教育・交流，ICT を活用した新たな市場開拓，クラウドファンディング
太田良冠	食の情報，マーケティング	2016.2	シェフ・ツアー，食のブランドづくり，キッチンカー
丸山啓志	理科教育，イルカの化石研究	2016.4	小中学校の理科教育支援，教育・交流
明石照久	教育，防災・減災，まちづくり，ワークショップ	2016.5	空家プロジェクト，防災，職員研修，法制執務等に関するコンサルティング，教育・交流
神明竜平	ICT，教育，ワークショップ	2016.6	N センター[7]，教育・交流
鬼氣悟士	トレーニング，体力づくり，健康増進	2016.6	じゃがじゃがジム
益田菜央子	トレーニング，体力づくり，健康増進	2016.2	じゃがじゃがジム
間瀬海太	ICT，教育，ワークショップ	2016.11	N センター，教育・交流，食べる通信

出所：著者作成。

（3）長島町の協力隊の特徴

　長島町の協力隊の大きな特徴は，隊員数が 8 名と多いことと，8 名がそれぞれの経験やスキルを活かしながらチームで活動しているところにある。このことを理解するためには，2015 年 4 月に総務省から派遣されてきた井上貴至副町長[8]と協力隊員第 1 号の土井隆氏の取組から説き起こさなければならない。土井氏は慶應義塾大学 SFC の出身で，現在 31 歳，ICT を活用したマーケティングなどの分野に造詣が深く，楽天における勤務を経た後，自らのベンチャー企業を立ち上げた起業家であり，慶應義塾大学 SFC 研究所社会イノベーション・ラボ（代表：玉村雅敏教授）をはじめ，非常に多彩で豊かなネットワークの持ち主でもある。土井氏は井上副町長の招きに応じて，2015 年 10 月に協力隊員第 1 号として長島町に着任した。

　個性豊かな井上副町長と土井氏が協働して，長島町における協力隊の基本的なコンセプトと地方創生に関する戦略を組み立てていったことからすべては始まった。長島町では協力隊員は地方公務員法の制約を受けない非常勤の特別職

として位置づけられており，協力隊員は副業も認められているほか，自由に活動することが許されている。ここに他の団体ではあまり例を見ない長島型協力隊の特徴がある。つまり，一律に午前9時から午後5時までの役場内勤務を求められることはなく，各隊員は自らの活動拠点で自由に行動することを保障されている。さらに着任の時期も，他の多くの団体に見られるような4月の同時一斉着任ではなく，各隊員の都合に合わせて着任時期を任意に選択できる柔軟な運用が行われている。そして，このような協力隊員の運用方針は，コア人材である井上副町長と土井氏によって練り上げられた基本的な戦略と，それをしっかりと受け止める役場の対応によって，その礎が形作られたのである。

　さらに長島町では地方創生戦略に相応しい人材を得るための努力が払われており，多くの工夫が凝らされている。先にも述べたとおり協力隊員の募集に当たっては，井上副町長や土井氏の人脈を活かしてインターネット人材募集大手のビズリーチのサービスなどを用いて，24職種の公募が実施された。応募者は自ら取り組みたいと考えている事業の内容に関してプレゼンテーションを行い，そのなかから適格者が選考される体制が整えられた。町の協力隊員に対する基本的なコンセプトが明確であるために，選考基準にはブレがなく，40名近い応募者のうちからチームを構成するに相応しい人材の確保が実現できた。このほか，既に採用されている協力隊員が新たに，これはという人材を呼び寄せるルートも有効に機能しており，チームの凝集性の向上と能力の拡充に大いに力を発揮している。

（4）つながりの場づくりと協力隊の活動

　長島町における協力隊の活動は，情報発信と交流と教育にかかわる業務を中心に進められている。これらの業務に共通する要素は「つながり」である。地方創生において「つながり」が大事なことは，今さらいうまでもないが，この「つながり」と協働について深く掘り下げていくと，ソーシャル・キャピタル（社会資本，社会関係資本と訳されることが多い）の概念に行き着く。

　地域に存在する多様な人材，資源，伝統などをつなぎ，組み合わせることで地域の活性化が図られ，地方創生のプロセスが進んでいく。そして，その根底

には相互の信頼関係が存在する。パットナム[9] (2009) は「社会資本は，調整された諸活動を活発にすることによって社会の効率性を改善できる，信頼，規範，ネットワークといった社会組織の特徴をいう」(p.206) と述べている。このパットナムの定義をはじめ多くの研究者によって，ソーシャル・キャピタルの定義が行われているが，それらの定義に共通する構成要素は「社会における信頼・規範・ネットワーク」[10] である。

　パットナムは，イタリアにおいて，地方分権の受け皿として1970年に州政府が創設されて以降，州政府のパフォーマンスに大きな差異があることに着目した。同じ制度，同じ資源を用いながら，なぜある州はうまく機能しているのに，他の州はそうではないのかをパットナムは明らかにしようとした。そして，長い歴史を背景にした「良いつながり」が地域にあるかどうかで，コミュニティーの安定性と住民の満足度に大きな違いが生じることを実証的に明らかにした。パットナム (2009) は「現代のように複雑な環境の下では，社会的信頼は，相互に関連する2つの源泉—互酬性の規範と市民的積極参加のネットワーク—から現れる可能性がある」(p.212) と述べている。

　パットナムが指摘したとおり，北イタリアのように，人々の間に信頼関係があり，人々の行動を律する互酬性（お互いさま）の規範が形成されて，人々をつなぐネットワークが構築されているコミュニティでは，安心して商取引も行えるし，お互いに助け合うこともできる。しかし，南イタリアのように常に外国勢力に支配されていたため，人々の間の信頼関係が得難いところでは，規範を遵守する意識も育たず，お互いに相手を出し抜くような行動をとるようになる。そして，そのような環境では機能的なネットワークの構築も困難となり，人々が安心して暮らせるコミュニティは形成されない。

　以上は，わが国においても十分に当てはまる説明である。地方創生において，重要となるのは，地域におけるソーシャル・キャピタルの現状把握とその再構築である。長島町における協力隊の活動は，まさにその部分に焦点を合わせているということができる。

　長島町は，先に述べたとおり水産業をはじめ，農業などが堅調に推移しているため，近年，町の人口は微減で留まっており，むしろ潜在的には相当な住宅

ニーズがあることから，人口の増加も期待できる状況にある。町外からの通勤者もあるため，若年者の姿を街中で見ることも多く，活力が感じられる町である。そして，水産業者，農業者，醸造業者，福祉施設関係者など，町内では若手の起業家精神（企業家精神）にあふれる人材が多数活躍している。さらに消防団，自主防災組織の活動も他の地域よりも活発に進められており，伝統的な共同体機能は健在である。

　これらの地域の資源を機能的につなぎ合わせ，持続可能な仕組みとして組み立てるためには，つながりの場が不可欠である。多彩で多様な人々の交流を通して，新たな気づきと学びが得られるのであり，より良いコミュニティの形成と維持に深くかかわるソーシャル・キャピタルの蓄積が進んでいく。そして，このような過程を経て，長島町の取組を対外的に発信していくことで，人材も含めた外部の資源の呼び込みが可能となり，さらなる発展に移行する好循環が始まっていくことになる。

　以上のようなプロセスを進めるうえで，協力隊員はその専門性とネットワークを最大限に活用して取り組もうとしている。その活動を整理すると，先にも言及しているとおり，①情報発信，②交流の場づくり，③人材育成・教育の3つの領域に集約することができる。そして，これらの領域は相互に関連しており，相互のシナジー効果が発揮できるように個々のプログラムがデザインされている。

　たとえば，2016年11月に開催された島TECHでは，遠く福岡県や滋賀県から参加した人も含めて3名の高校生が長島町の商品を紹介するWebページ作りにチャレンジした。彼らは，5泊6日の日程で長島町に滞在し，起業家精神に富む地元の若手味噌醸造家の石元淳平氏から味噌づくりについて学んだほか，協力隊員からWebページ作りの手ほどきを受け，最終的には，Webページ作りの成果の発表を行った。このプログラムは，石元氏との交流だけでなく，島内見学やパーティなども組み込まれており，楽しく気づき，学ぶことのできる豊かな内容となっていた。さらにワークショップ技法の体験学習などもプログラムに盛り込まれており，教育方法論的に見ても興味深い取組が展開された。

第12章　地域社会における組織学習 | 233

　写真1　起業体験プログラム風景　　　写真2　起業体験プログラム風景

　さらに12月17日と18日の両日，高校生17名が参加する起業体験プログラムも実施された。これは，起業体験プログラム「StartupBaseU18」と協働して，東京以外の地方で初めて実施されたもので，参加した高校生たちは5つのチームに分かれて，会社を興す提案に取り組んだ。各チームは町内外の関係者に聞き取りや現地取材を行い，提案をまとめ上げた。そして，長島在住の起業家・経営者にも「起業家メンター」として参加をお願いし，各チームは実際に町内において水産業や農業，福祉施設で活躍しているメンターからの厳しくも温かい指導と助言を受けた。初日，メンターのコメントに涙を流していたチームが2日目にはメンターの意見をしっかりと受け止めた提案を見事に仕上げた事例に示されるように，わずか2日間のプログラムにもかかわらず，参加した高校生たちに大きな変化が生じていることは明らかであった。最終日の12月18日には，各チームが多くの町民の前でその成果の報告を行った。高校生とは思えない質の高い提案が多く，今後が大いに期待ができる内容となっていた。

　Nセンター事業の一環として実施された上記の各プログラムは，今，全国の大学や高校で取り組みが始まっているPBL[11]やアクティブ・ラーニングのロールモデルともなり得る試みであると言える。

　このほか，「長島大陸食べる通信（以下，「食べる通信」という）」編集会議などが「つながる場」としての機能を果たしている。「食べる通信」は全国的に各地で発行されているものと同様の食べ物付き情報誌である。季刊誌であるので，年に4回発行されているが，編集にあたっては，井上貴至副町長を編集長として，町内外の意欲的な農業者，漁業者，福祉サービス関係者，主婦，デザ

写真3　じゃがじゃがジム風景

イナー，陶芸家等を編集委員に依頼し，編集会議で各号のテーマを設定するとともに，取材，原稿執筆なども各編集委員が分担する体制がとられている。この編集会議では編集委員以外の町内外の人の飛び入りも歓迎される。「食べる通信」の取材や編集作業が多彩な地域人材と協力隊員，町役場職員などをつなぐ場としての機能を果たしており，地域人材の発見，さらにはNセンターにおける教育プログラムとの連携，そして情報発信の面で成果をあげている。

　また，Nセンターにおける教育プログラムとはやや対象を異にするプログラムとして，健康づくりの面に焦点を当てた取組も進められており，脳こうそくなどの生活習慣病対策のための体操教室（じゃがじゃがジム）が町内各所の活動拠点において実施されている。このプログラムにおいても，豊富な実践経験を持つトレーナーとその補助者が2名体制で，協力隊員として，受講者の指導に当たっている。そして，個人的な健康増進の目的を超えて参加者が相互のつながりを再確認し，信頼関係を構築するプロセスが進行している。

7．考　察

（1）長島町の取組の特徴

　以上，見てきたとおり長島町では，独創性に富んだ多彩なプロジェクトが進行中である。長島町の取組は，各方面の有識者，マスコミ関係者などの注目を集め，さまざまな形で紹介されている。本章では，長島町の取組の特徴とその

第 12 章　地域社会における組織学習 ｜ 235

可能性について考察を加えることとしたい。

　長島町の取組の特徴の第 1 は，多数のプロジェクトが同時に進行していることと，それぞれのプロジェクトが相互に密接につながっているところにある。各プロジェクトは，ロジックモデルに沿って，その政策目的が達成されるように設計されているとともに，相互に連携して相乗効果が発揮できるように組み立てられている。たとえば，動画作成で知り合いになった町民の方から，その所有にかかる空家の活用を認めてもらった事例に示されているとおり，協力隊の活動を通して入ってくる情報が別のプロジェクトの事業展開につながっていく例は決して少なくない。これは各プロジェクトが密接につながっている 1 つの証であるといえる。

　第 2 の特徴は，それぞれのプロジェクトが町の内外の豊富な人脈に支えられているということである。現在，少子高齢化の渦中にある自治体では複雑で難しい課題が山積しており，多様な人材，スキル，主体を結集しないと効果的な政策展開が困難な状況となっているにもかかわらず，地方の特に小規模団体では，なかなか人が集まって来ないという現実がある。ところが，長島町には毎日のように多くの人が訪ねて来ている。

　この点に関していうと，まず，総務省から派遣されている井上副町長が非常に大きな役割を果たしている。井上副町長は，これまでに多くの地方を訪れ，地方創生に関して豊富な知見とアイデアを持っているため，マスコミの取材等も多く，テレビ番組やマスコミ各紙で取り上げられる頻度は非常に高い。これは井上副町長が培ってきた人脈をもとに各所で情報発信をしている成果ということができる。全国からの講演依頼も多く，井上副町長は，これまでに築きあげてきた豊富なネットワークをフル活用して，地域をつなぐミツバチとして全国を飛び回り，マスコミ取材にとどまらず，外部から多くの企業や人材を長島町に引き寄せている。

　大学関係者の来訪も多く，慶應義塾大学 SFC の玉村正敏教授をはじめ多くの研究者が長島町を研究のフィールドとしている。特に慶應義塾大学 SFC 研究所社会イノベーション・ラボ（代表：玉村雅敏教授）から町の事業展開に関して，継続的に指導と助言を受ける体制が確立されており，長島町の取組に独創

性と豊かな可能性を与える大きな力となっている。

　さらに認知症予防を目的とする共想法の研究を進めている千葉大学の大武美保子准教授の研究室が 2016 年夏に，長島町においても共想法を活用して町民の健康増進に役立てることができるよう町内各地で，役場保健衛生課の協力も得て実践活動に取り組んだ。この試みを通して長島町においても共想法の有効性が示されたほか，町民の交流と学びのツールとしても共想法が有効であることが明らかとなった。今後のさらなる展開が期待されるところである。

　そして，総務省の制度である「地域おこし協力隊」の隊員として，現在までに 8 名が採用されており，町の進める各種のプロジェクトに携わっていることは先にも述べたとおりであるが，各協力隊員は，これまでに培った経験，スキル，人脈を活用し，町の外と内をつなぐ要として，それらのプロジェクトに深くかかわっており，外部の視点，経験やスキルを町の政策に反映させるうえで特に重要な役割を担っている。

　このほか，地元の信用金庫と連携した「ぶり奨学プログラム」や阪急交通社長島支店が長島町役場の一角に開設されたことに象徴されるとおり，民間企業のノウハウや企画力，資金などを積極的に取り込もうとする姿勢も明確であり，投入できる行政資源の不足を嘆くのではなく，民間の力を活用して，隘路を打開していこうとする強い意志が感じられる。

　第 3 の特徴は，長島町のプロジェクトは単発の人寄せイベントではなく，継続性のある制度とすることを目指しているところにある。地域おこし施策については，単発のイベントでは効果が長続きせず，地域活性化に及ぼす影響には限界があることは明らかであり，安定した制度として個々のプロジェクトを構築していくための工夫が求められる。そのためには広義の教育が果たす役割には大なるものがあり，人材の発掘と育成がその成否のカギを握っているといっても過言ではない。長島町の事例では，ぶり奨学プログラム，N センター，獅子島子落とし塾の取組などで示されているとおり，教育機能の充実についても配慮されている。

　第 4 の特徴は，漁業や農業等，町の基幹産業がしっかりとしており，活性化しているところにある。行政による地域活性化支援が十分な効果を発揮するた

めには，受け皿としての地域産業や家計が元気であることが不可欠である。たとえば，規模の大きなバイオエネルギー事業を進めるためには，しっかりとした地元の民間主体が必要であるが，長島町では，パートナーとなる企業が存在しており，計画を進め得る下地があるといえる。

　第5の特徴は，他の自治体と競争するのではなく，他地域の自治体などとの連携志向が強いことである。たとえば，「ぶり奨学プログラム」は町の基金からの助成と地元の信用金庫の進学ローンを組み合わせたユニークな内容となっているが，このプログラムに関してホームページなどで幅広く情報発信を行っているだけでなく，他の自治体などからの問い合わせに対しても丁寧な受け答えを行い，全国的に同様の制度の拡充を目指していこうとする明確な姿勢が示されている。殊に特筆すべきは，ぶり奨学プログラムに関して，富山県氷見市と鹿児島県長島町との間で，慶應義塾大学 SFC 研究所社会イノベーション研究ラボの助言のもと，2015 年 8 月 3 日に覚書が締結されている事実である。その後，2015 年 11 月 27 日に，全国に先駆けて長島町と鹿児島相互信用金庫との間で「ぶり奨学金制度に関する連携協定書」が締結され，次いで，2016 年 12 月 22 日には，長島町の制度をモデルとして，氷見市と市内のすべての金融機関との間で「ぶり奨学プログラムに関する協定書」が締結された。このことは自治体間の広域連携，さらには地域の産官学金労言連携の 1 つのロールモデルとなり得る画期的な試みである。

　このほか，秋田県湯沢市の藤井延之副市長（井上副町長と同じく，総務省から派遣されたキャリア官僚）のラップがユーチューブに投稿され，話題になっていたのを受けて，そのアンサーソングとして，2016 年 9 月に「長島大陸ぶりラップ」[12) が作成され，全国的に話題を集めたが，これも広域の自治体間連携の興味深い一例である。

　以上のとおり長島町では，少子高齢化が進むなかでさまざまな取組が進行中であるが，その背景に明確な戦略と政策展開を支える豊富な人材ネットワークが存在していることが大きな特徴である。明確な戦略に基づいて，資源を動員し，つないでいくことの重要性をこれらの事例から読み取ることができる。

（2）中と外をつなぐことの重要性

　「中と外をつなぐ」とは井上貴至副町長の言葉であるが，これまでに見てきたとおり長島町の取組は，このキーワードを中心に組み立てられていることがよくわかる。協力隊員の一番大きな使命は，中と外をつなぐことにある。各メンバーがこれまでに培ってきた人脈，経験，スキルを最大限に発揮して，さまざまなコミュニティをつなぐインターフェイスとして機能することに大きな期待が寄せられているのである。

　さらにいえば，協力隊員は決して漁業者や農業者となって地域に定着することを求められているわけではない。現に協力隊の8名のメンバーのなかに農業者や漁業者になることを直接目指している者はいない。各メンバーは自らかかわっている企業，行政，大学，学会，その他の教育機関などのコミュニティとの関係を維持しながら，それらをつなぎ合わせ，新たな価値創造を誘発するための触媒の役割を果たすことを期待されている。つまり，各協力隊員は，自らが持つマーケティング，ICT，マネジメント，教育・研究，コーチングなどのスキルとネットワークを最大限に活用することによって，長島町の魅力を高め，地域産品のブランド確立や販路拡大を図るとともに観光振興にも努め，地域経済の活性化，さらには地域産業の将来の担い手となるべき人材の誘致と育成に努めているのである。

　多様で多彩な異なるコミュニティをつないでいくことで新たな価値が創出される。一般にアントレプレナーの世界ではその傾向が顕著であり，つなぎ，つながるための手段として，ICTと教育・学習が大きな力を発揮する。長島町の取組は「明確に姿の見えない様々な理念や価値，願いをつなぎ合わせ，新たな価値を生み出すための安定した仕組みを世に送り出すこと」を目指しているということができる。まさに中と外をつなぐミツバチの役割を果たそうとしているのである。

　そして，長島町の協力隊員は全国各地を飛び回って結実に貢献するミツバチのような役割を果たしているため，協力隊員が勤務する役場地方創生室のレイアウトはベンチャー企業によく見られるようなフリーアドレスの方式が採用されている。このため，各隊員が役場地方創生室に出勤して来ても，そこに自分

第12章　地域社会における組織学習 | 239

の固定席は存在しない。フリーアドレスには，もちろんメリットとデメリットがあるが，自由に動き回ることを本質とする長島町の協力隊員には相応しいオフィス形式である。また，協力隊員の自由な活動に大きな期待を寄せている役場側の意識を空間的に表現したものということもできる。各隊員はお互いに顔を合わせることが難しい場合もあるので，随時の会議や飲み会のほか，メール，フェイスブック，スカイプを用いたテレビ会議などの手段を用いてお互いに頻繁に連絡を取り合っている。

（3）新たな教育の方向性と可能性

　今，従来型の受け身の詰め込み型の教育ではなく，学習者自らがチーム学習を通して課題を発見し，その解決策を考えだし，実践していく，いわゆるアクティブ・ラーニングの必要性が声を大にして叫ばれている。これは激変する社会経済環境のなかにあって，必要とされている人材がまさにそのようなタイプの人材であるからである。

　しかし，現実にはアクティブ・ラーニングの取組は順調に進んでいるわけではなく，教育現場では少なからぬ混乱が生じている。この点に関していうと，現場の教員が忙しすぎて，手法を学ぶ時間が取れなかったり，教員が具体的な手法について実践的な学習を行い，切磋琢磨したりする機会があまりないという現実をあげることができる。大学や小中高校では，アクティブ・ラーニングの取組が始まったばかりで手探りで何とか凌いでいるというのが現状である。

　その意味では，先に紹介したNセンターの各プログラムや子落とし塾の取組は，アクティブ・ラーニングをはじめ新たな教育の在り方を探る格好の実践事例であり，また，現職教員の学びと気づきの場となる可能性を秘めていると思われる。高校生起業体験プログラムに参加した高校生に付き添ってきた複数の現職高校教員から「今回のプログラムに参加して非常に勉強になった。高校現場ではなかなか今回のような機会はないので，高校サイドとしてNセンター事業と連携して，新たな教授法の開発や教員のスキル向上に役立つような取り組みにつなぐことを真剣に考えてみたい」との意見を聞くことができた。

　センゲ（2011）は「今成長している子供たちの中には，かつては見られなかっ

た，世界を全体としてとらえる視点や意識をもつ子供たちがどんどん増えている。これまでのどの世代よりも，今の子供たちは世界中で起きていることを目にしており，これまでとは違って外国の人々や文化に自然と共感を寄せている。そして自分たちの未来についても深い関心を寄せている」(p.521) と述べている。

　長島町でも地元特産のブリは世界 29 か国に輸出され，既に身近なところで国際化は着実に進んでいる。このような変化に対応することのできる新しい教育プログラムを町の事業と大学や小中高校との連携を進めていくなかで開発していくことも十分に可能であると思われる。さらに，イルカの化石研究者でもある協力隊員の丸山啓志氏（京都大学大学院在籍）が町内の小中学校に出向き，理科教育の支援活動を行っている。科学的なものの見方，考え方などを比較的早い時期から身に付けていくことには十分な意味がある。対象となっている児童・生徒にとっては，自然科学の若い研究者である協力隊員から直接に科学的な考え方を楽しく学べるだけではなく，将来の進路についても大きな示唆を受けることのできる良い機会になっている。

　このほか，学生・生徒の教育にとどまらず，社会教育や町職員の研修においても，新たな動きが始まっている。まず，2016 年 9 月 4 日には，鈴木寛元文部副大臣（東大・慶應義塾大学教授）を長島町にお招きし，「これからの日本の教育」をテーマとする講演会が開催された。会場には多くの町民が詰めかけ，熱心に聴講した。さらに 2016 年 11 月 9 日には，島根県海士町において，高校魅力化プロジェクトを手掛けた教育界の若きリーダー藤岡慎二氏をお招きして，海士町の高校再生について熱く語っていただき，参加者との間で教育や地方創生に関する深い議論が展開された。今後とも，企業社員，大学教員，ベンチャー経営者など，多彩なゲストスピーカーを招聘して講演会や意見交換会が予定されているほか，地元の漁業者，農業者，福祉施設長などによる講演も順次実施される予定である。

　町民や町職員を直接の対象とするプログラムでは，2016 年 4 月の熊本地震を身近に経験して，町民の間で大規模災害への備えの必要性が深く認識されるようになったことを受けて，11 月 13 日には，協力隊員の協力を得て，地震防災等をテーマとする避難訓練と研修会が実施された。また町の職員研修において，

熊本大学政策創造研究教育センターの田中尚人准教授をお招きし，ワークショップの実践体験学習を行った後，「地方創生を支える人材のあり方」をテーマに，私がコーディネーターを務め，田中准教授，熊本県大津町職員，神明竜平氏（協力隊員）の３名をパネリストとするパネルディスカッションが実施された。

　以上の通り，教育や人材育成に深くかかわる多様な取組がほぼ同時並行で進められており，長島町では，町民を巻き込んだ産・官・学・労・金・言の大きなうねりが生まれつつある。これまでの記述から，「多様なつながりを作り出すこと」が長島町における地方創生の重要な目的の１つであることが明らかとなった。見えないものを見えるようにすることが組織マネジメントの基本である。そのためには課題を正確にとらえたうえで，明確な戦略のもとに，さまざまな資源を動員し，具体的な事業として「見える化」していく活動が何よりも必要となる。そこでは「つながり」を確認し，認識を共有していく組織学習のプロセスが大きな役割を果たしていくのであり，互いの信頼関係の存在が学習効果を左右する。そして，少なくとも長島町においては，協力隊員は地域における「事業の見える化」の部分で十分にその役割を果たしているということができる。

　そして，最後に協力隊員がミツバチとして全国とつながるためには，受け皿としての役場の受け入れ体制の確立も不可欠であることを強調しておきたい。協力隊員の活動をしっかりと支えてくれる川添健町長をはじめとする役場職員の全面的な協力なくしては，協力隊員の自由な活動はあり得ない。また，井上副町長が地方創生担当の副町長として自由に動くことができるのも，もう１人の石塚政廣副町長がしっかりと組織内部を固める体制が確立されているからである。近年，複数の副市町村長を置く団体が増えてきているが，長島町の事例は，特に小規模団体における副市町村長２名体制の有効性を示すものといえよう。トップを補佐するナンバーツーの役割や機能についてはもっと注目されて良いと考える。そしてトップである首長と補佐役である副町長を含めた役場職員との協働を通して，さまざまな気づきや学びが日常的に発生するのであり，受け入れ側の意識と体制も協力隊の活動の成否を決する重要な要素の１つであることは間違いない。

8．おわりに

　私が長島町に来てから早くも 1 年近くになる。この間，協力隊や役場職員はもちろんのこと，多くの町の人々と自由に意見交換のできる関係作りが進んだ。エスノグラフィーを書く上で，おそらく多くのエスノグラファーが最も苦労するのは対象となる人々との安定した関係性の構築にあると思われるが，私の場合，幸いなことに地域おこし協力隊の一員となることで比較的順調に関係者に受け入れていただくことができた。改めて，関係する皆様にこの場を借りてお礼を申し上げたい。今，これまでの期間を振り返ってみると，改めて関係する人々とのラポール（信頼関係）構築の重要性を痛感させられる。信頼関係こそは，エスノグラフィーを書くための研究戦略上の重要な要素であるに止まらず，これまで述べてきたように地域におけるソーシャル・キャピタルを支える基盤でもあるのである。

　国際化，情報化が激しい勢いで進むなか，安定した持続可能な環境と国民生活を維持していくためには，少子高齢化の荒波にさらされている地方圏の自治体のあるべき姿を真摯に模索していくことが今後ますます重要となっていく。本章では，長島町の取組事例を簡単に紹介した。長島町の事例では，多彩で独創的な仕組みが立ち上げられているものの，決して汎用性のない事例ではない。他の地域でも応用することは十分に可能である。現に富山県氷見市において，先にも述べたとおり，2016 年 12 月に市と地元金融機関との間において協定が締結され，長島町の「ぶり奨学プログラム」をモデルとした制度が近く発足する予定である。

　長島町の取組事例は，現在もまだまだ進行中であり，課題も多いのは確かであるが，地域社会におけるイノベーションのあり方など，他の地域の参考となる要素も多分に含まれると考える。特に情報発信と教育に焦点を合わせた取組は，全国のどの地域であっても参考となるものと思われる。同じ悩みを持つ自治体同士で実りの多い情報交換や人材の交流が今後さらに進むことを期待したい。深刻の度を増しつつある少子高齢化への対応を迫られている自治体の政策

第 12 章　地域社会における組織学習　｜　243

展開に本稿がいささかでもお役に立てば，幸いである。

【注】

1) 増田寛也（2014）『地方消滅』中央公論新社は，地方消滅の論理を展開している。一面的な側面もあるが，世の大きな注目を集めることになった問題提起として興味深い内容となっている。

2) Senge, P.（1990）*The Fifth Discipline: The Art and Practice of the Learning Organization.*（枝廣淳子・小田理一郎・中小路佳代子訳（2011）『学習する組織—システム志向で未来を創造する』英治出版）

3) ここでは，「企業，個人，行政等，地域社会を構成する組織や個人が協働して，地域課題を明らかにしながら，解決に向けての取り組みを進めるための学習」と定義しておく。

4) 空き家対策の促進に関する特別措置法（平成 26 年法律 127 号）第 2 条第 2 項において，特定空家などは「そのまま放置すれば倒壊等著しく保安上危険となるおそれのある状態又は著しく衛生上有害となるおそれのある状態，適切な管理が行われていないことにより著しく景観を損なっている状態その他周辺の生活環境の保全を図るために放置することが不適切である状態にあると認められる空家等をいう」と定義されている。

5) 地域に存在する多様な要素をつなぎ合わせ，都市を都市らしくする機能をはたす機関のことを結節機関という。具体的には人々の暮らしの利便性を高める交通機関，教育機関，医療機関，行政機関などである。金子（2016）は「地方創生に期待できる結節機関の一つとして郵便局ネットワーク」（p.28）をあげている。

6) 東町漁協が立ち上げた漁協が設置する全国初の株式会社。水産物だけでなく，農産物など島の特産品の販路開拓にも取り組んでいる。

7) カドカワとドワンゴが手がける N 高等学校と連携して人材育成に取り組むプロジェクト。役場庁舎の一角に施設を整備し，教育と交流の拠点として活用することを目指している。この施設を N センターと呼んでいる。本文 P.7 参照。

8) 井上貴至副町長は東京大学出身のキャリア官僚で，現在 31 歳，総務省に勤務するかたわら，自費で全国を行脚し，地方創生に関する豊富な知見を有している。総務省の地方創生人材支援制度創設にかかわり，自らその第 1 号として総務省から長島町に派遣されている。

9) Putnam, R.（1993）*Making democracy work: civic traditions in modern Italy*, Princeton University Press.（河田潤一訳（2009）『哲学する民主主義：伝統と改革の市民的構造』NTT 出版）

10) 稲葉陽二（2008）「ソーシャル・キャピタルの多面性と可能性」（p.13），稲葉陽二編著『ソーシャル・キャピタルの潜在力』日本評論社.

11) PBL：Problem Based Learning の略。問題解決型学習を意味する。近年，多くの

大学や高校などで取組が始まっている。

12) 動画作成については，井上副町長，協力隊員の神明竜平氏，そして私の3人で鹿児島市内の会議に出席した帰り道，食事をしていたときに，席上，湯沢市のラップ動画のことが話題になり，長島町でアンサーソングを作ろうということになったのが発端である。その場で神明氏から東京大学の同窓生沢村氏に協力を依頼し，地元の方々の協力も得て作成したものが「長島大陸ぶりラップ」である。

参考文献

明石照久（2002）『自治体エスノグラフィー』信山社.

安部敏樹・竹中平蔵（2016）『日本につけるクスリ』ディスカバー・トゥエンティワン.

稲葉陽二編著（2008）『ソーシャル・キャピタルの潜在力』日本評論社.

稲生信男（2010）『協働の行政学』勁草書房.

金井壽宏・佐藤郁哉・ギデオン・クンダ・ジョン・ヴァン・マーネン（2011）『組織エスノグラフィー』有斐閣.

金子勇（2016）『「地方創生と消滅」の社会学　日本のコミュニティのゆくえ』ミネルヴァ書房.

佐藤郁也（1999）『暴走族のエスノグラフィー　モードの叛乱と文化の呪縛』新曜社.

佐藤郁哉（2002）『フィールドワークの技法』新曜社.

佐藤徹（2005）「市民参加の基礎概念」佐藤徹・高橋秀行・増原直樹・森賢三『新説市民参加—その理論と実際』公人社.

田尾雅夫（1990）『行政サービスの組織と管理』木鐸社.

田尾雅夫（2007）『自治体の人材マネジメント』学陽書房.

高橋秀行（2005）「参加と協働」佐藤徹・高橋秀行・増原直樹・森賢三『新説市民参加—その理論と実際』公人社.

玉村雅敏編著（2016）『ソーシャルパワーの時代「つながりのチカラ」が革新する企業と地域の価値共創（CSV）戦略』産学社.

玉村雅敏・井上貴至（2016）「産官学金労言で新機軸の地方創生プログラムを構築—鹿児島県長島町「ぶり奨学プログラム」—」『地方行政』第10649号，pp.14-19.

中野民夫（2001）『ワークショップ—新しい学びと創造の場—』岩波新書.

野中郁次郎・紺野登（2001）『知識経営のすすめ』筑摩書房.

野中郁次郎・竹内弘高（1996）『知識創造企業』東洋経済新報社.

増田寛也（2014）『地方消滅』中央公論新社.

マッキーバー，R. M., 中久郎・松本通晴監訳（1979）『コミュニティ』ミネルヴァ書房.

吉田洋（2016）『人口と日本経済』中央公論新社.

Arnstein, S. R. (1969) "A Ladder of Citizen Participation," *AIP Journal*, July 1969.

Ellis, C. and A. P. Bochner (2000) "Autoethnography, Personal Narrative, Reflexivity: Researcher as Subject," in Denzin, N. K., Lincoln, Y. K. (eds.),

Handbook of qualitative research: Sage Publications, pp.733-768.（平山満義訳（2006）『質的ハンドブック 3 巻』北大路書房）

Emerson, R., Fretz, R., Shaw, L.（1995）*Writing ethnographic fieldnotes*, University of Chicago Press.（佐藤郁哉・好井裕明・山田富秋訳（1998）『方法としてのフィールドノート：現地取材から物語（ストーリー）作成まで』新曜社）

Geertz, C.（1973）*The Interpretation of Cultures*. New York: Basic Books.

Hayano, D.（1979）"Auto-Ethnography: Paradigms, Problems, and Prospects." *Human organization, 38*(1), p.99.

Jung, T., Scott, T., Davies, H., Bower, P. et al.（2009）"Instruments for Exploring Organizational Culture," *Public Administration Review November/December 2009, 1087-1096.*

Kunda G.（1992）*Engineering culture: control and commitment in a high-tech corporation*: Temple University Press.（樫村志保訳（2005）『洗脳するマネジメント』日経 BP 社）

Putnam, R.（1993）*Making democracy work: civic traditions in modern Italy*, Princeton University Press.（河田潤一訳（2009）『哲学する民主主義：伝統と改革の市民的構造』NTT 出版）

Raz, A.（1999）"The Hybridization of Organizational Culture in Tokyo Disneyland." *Studies in Cultures, Organizations & Societies, 5*(2), p.235.

Rosen, M.（1991）"COMING TO TERMS WITH THE FIELD: UNDERSTANDING AND DOING ORGANIZATIONAL ETHNOGRAPHY." *Journal of Management Studies*, 28(1), pp.1-24.

Salamon, Lester M.（eds.）with the special assistance of Odus V. Elliott（2002）*The Tools of Government: A Guide to the New Governance*, Oxford University Press.

Schratz, M. & Walker, R.（1998）"Towards an Ethnography of Learning: Reflection on Action as an Experience of Experience." *Studies in Cultures, Organizations & Societies, 4*(2).

Senge, P.（1990）"The Fifth Discipline: The Art and Practice of the Learning Organization.（枝廣淳子・小田理一郎・中小路佳代子訳（2011）『学習する組織—システム志向で未来を創造する』英治出版）

Van Maanen, J.（1975）"Police Socialization: A Longitudinal Examination of Job Attitudes in an Urban Police Department." *Administrative Science Quarterly, 20*(2), pp.207-228.

Van Maanen, J.（1979）"The Fact of Fiction in Organizational Ethnography," *Administrative Science Quarterly, 24*, pp.539-550.

Van Maanen, J.（1988）*Tales of the Field*. Chicago: The University of Chicago Press.

Van Maanen, J（2011）"Ethnography as Work: Some Rules of Engagement" *Journal of Management Studies* 48: 1 January, pp.218-234.

索　引

A-Z

authenticity ································ 64
N センター ····························· 225
NPO 法人尾道空き家再生プロジェクト ······ 38
PBL ·································· 233
reversibility ··························· 65

ア

空き家 ··············· 38，139，149，226
空家等 ·································· 42
空き家バンク ··························· 50
空き家法 ······························· 41
アクセラレーション ······· 122，124，127，134
アクティブ・ラーニング ··········· 233，239
アベノミクス ······················· 4，5
天橋立わくわくキッズガイド ··········· 195
アンテナショップ ····················· 140
生きる力 ····························· 203
移住 ·························· 11，46，139
───体験 ·························· 149
遺跡の保存と活用 ····················· 66
一村一品運動 ······················ 9，186
田舎暮らし ··························· 139
イノベーション ··········· 123，127，128，242
インキュベーション ········· 118，124，127，134
インバウンド ························ 7，9
失われた 20 年 ··················· 17，185
宇宙船地球号 ························· 205
営農指導 ····························· 142
エスノグラフィー ··········· 220，221，242
奥駿河湾海浜祭 ······················· 91
尾道市 ······························· 46

カ

隠れた補助金 ························· 160
過疎地域 ····························· 138
価値創造型観光 ······················· 76
学校教育 ····························· 202
観光行政 ····························· 76
観光資源 ························ 74，76
起業家 ············· 116，123，129，134
───精神 ························· 232
企業農業 ····························· 139
キー・コンピテンシー ················· 205
キッズガイドプログラム ··············· 199
教育改革 ····························· 202

局地財 ······························· 44
拠点重視型観光 ······················· 76
クラウドファンディング ··············· 162
クラウドファンド ····················· 163
グローバル化 ······················ 4，6
慶応義塾大学 SFC ····················· 229
現生人類 ····························· 182
耕作放棄地 ··························· 139
国土形成計画 ··················· 189，191
国土のグランドデザイン 2050 ··········· 189
5 条農地転用 ························· 153
国家戦略特区（制度）··············· 10，136
コミュニティ····· 9，61，63，147，186，219，232，238
古民家民泊 ··························· 140
コンテンツツーリズム ················· 80
コンテンツの賞味期限 ················· 85
コンパクト ··························· 190
───シティ ···················· 9，36

サ

三の浦総合案内所 ····················· 88
シェフ・ツアー ······················· 225
市街地再開発事業 ··············· 106，113
次世代育成事業 ······················· 194
持続可能な開発のための教育 ··········· 205
斜面地 ······························· 48
修復 ································· 77
重要伝統的建造物群保存地区 ··········· 63
生涯学習社会 ························· 203
城郭遺跡 ····························· 66
消滅可能性都市 ······················· 138
将来人口の試算 ······················· 190
食育活動 ····························· 164
植物工場 ····························· 141
シルバー人材センター ················· 149
人口ビジョン ························· 32
水耕栽培 ····························· 143
吹田くわい ······················ 156，157
水利権の調整 ························· 142
生活の質（QOL）····················· 12
聖地巡礼 ····························· 80
正の外部効果 ························· 151
正の外部便益 ··················· 162，163
全国総合開発計画 ·················· 7，185
全国総合開発法 ······················· 185
選択と集中 ······················ 18，217
千里ニュータウン ····················· 164

索 引 | 247

組織学習……………………………… 217
ソーシャル・キャピタル………… 230, 231
ソーシャルビジネス……………… 131, 132
租税原則………………………… 178, 180
その他の住宅………………………… 40

タ

大躍進………………………………… 182
棚田…………………………………… 137
地域イノベーション………………… 11
地域おこし……………………… 9, 185
―――協力隊……… 15, 220, 223, 227, 236
地域活性化…………………………… 64
地域経済分析システム……………… 191
地域公共会社………………………… 142
地域コミュニティ…………………… 54
地域住民の集団運営能力…………… 188
地域を支える担い手………………… 191
地方人口ビジョン……………… 15, 18, 191
地方税原則…………………………… 178
地方創生……………………………… 190
―――戦略…………………………… 32
地方版総合戦略………………… 15, 18, 191
地方分権改革…………………… 186, 188
地方分権政策の流れ………………… 185
茶園…………………………………… 48
中央集権から地方分権へ…………… 184
中山間地……………………………… 137
中山間地域…………………………… 149
中山間農業改革特区………………… 136
超高齢社会…………………………… 138
田園都市国家構想…………………… 186
伝統工法……………………………… 65
東京一極集中………………………… 190
特定空家等…………………………… 42
都市再生整備計画…………………… 67
とよさと軽音楽甲子園……………… 87
豊郷小学校旧校舎群………………… 86

ナ

内閣府地方創生推進事務局……… 161, 165
長島大陸ぶりラップ………………… 237
なにわの伝統野菜……………… 156, 164
日本青年会議所……………………… 193
ニューツーリズム…………………… 81
沼津市………………………………… 88
農家レストラン………………… 140, 146
農業委員会…………………………… 141
農業生産法人………………………… 141
農地法………………………………… 141
農地保全……………………………… 140
農地流動化…………………………… 139

ハ

バイオエネルギー…………………… 237
土師祭………………………………… 84
葉っぱビジネス………………… 9, 220
花咲くいろは………………………… 87
半栽培植物…………………………… 165
ひと…………………………………… 193
ヒト…………………………………… 193
分厚い記述…………………………… 222
ファンアート………………………… 84
復元…………………………………… 77
フードバレー構想…………………… 143
フリーアドレス……………………… 238
ぶり奨学プログラム…………… 236, 237
ふるさと創生事業…………………… 186
ふるさと納税………………………… 166
文化遺産………………… 63, 66, 69, 77
文化財保護法………………………… 63
ベンチャーキャピタル………… 118, 128
ベンチャー支援……………………… 115
返礼品競争…………………………… 173

マ

増田寛也………………………… 29, 30
増田レポート………………………… 216
まちづくり協議会……………… 96, 107, 108
まち・ひと・しごと創生本部 … 7, 14, 15, 190
宮津青年会議所……………………… 194
未来の学校…………………………… 207
目利き………………………………… 161
木質バイオマス発電………………… 141

ヤ

野菜工場……………………………… 143
湯涌温泉街…………………………… 87
湯涌ぼんぼり祭り…………………… 87
4 条農地転用………………………… 153

ラ

らき☆すた…………………………… 82
―――神輿…………………………… 84
ラブライブ！サンシャイン!!……… 88
ラポール……………………………… 242
歴史遺産………………… 68, 97, 104
歴史的建造物…………… 30, 136, 148
歴史的構造物………………………… 64
歴史的資産…………………………… 97
レジリエンス………………………… 37
6 次産業化……………… 139, 146

ワ

鷲宮神社……………………………… 82

《著者紹介》（執筆順）

橋本行史（はしもと・こうし）担当：第 1 章
　　編著者紹介参照

石垣泰輔（いしがき・たいすけ）担当：第 2 章
　　関西大学環境都市工学部教授

小川　長（おがわ・おさむ）担当：第 3 章
　　尾道市立大学経済情報学部教授

西形達明（にしがた・たつあき）担当：第 4 章
　　関西大学名誉教授

谷村　要（たにむら・かなめ）担当：第 5 章
　　大手前大学メディア・芸術学部准教授

門坂　章（かどさか・あきら）担当：第 6 章
　　北梅田地区まちづくり協議会代表幹事，茶屋町画廊社長

松本茂樹（まつもと・しげき）担当：第 7 章
　　関西国際大学人間科学部准教授

島田広昭（しまだ・ひろあき）担当：第 8 章
　　関西大学先端科学技術推進機構研究員

鎌苅宏司（かまかり・こうじ）担当：第 9 章
　　大阪学院大学経済学部教授

有馬晋作（ありま・しんさく）担当：第 10 章
　　宮崎公立大学学長

関　隆晴（せき・たかはる）担当：第 11 章
　　大阪教育大学名誉教授

明石照久（あかし・てるひさ）担当：第 12 章
　　熊本県立大学名誉教授

《編著者紹介》

橋本行史（はしもと・こうし）
1953 年兵庫県生まれ。
京都大学法学部卒業。神戸大学大学院経営学研究科修了。
博士（経営学）。
神戸市総務局職員部主幹を経て，甲子園大学助教授・同
教授，京都女子大学教授。現在，関西大学政策創造学部・
同ガバナンス研究科教授。日本地方自治研究学会常任理
事，地域活性学会理事。

（検印省略）

2017 年 9 月 10 日　初版発行　　　　　　　　略称─地　方

地 方 創 生
―これから何をなすべきか―

編著者　橋 本 行 史
発行者　塚 田 尚 寛

発行所　東京都文京区　**株式会社 創 成 社**
　　　　春日 2 − 13 − 1

電　話 03（3868）3867　　Ｆ Ａ Ｘ 03（5802）6802
出版部 03（3868）3857　　Ｆ Ａ Ｘ 03（5802）6801
http://www.books-sosei.com　振　替 00150-9-191261

定価はカバーに表示してあります。

©2017 Koshi Hashimoto　　組版：ワードトップ　印刷：エーヴィスシステムズ
ISBN978-4-7944-3182-0　C3033　製本：宮製本所
Printed in Japan　　　　　　落丁・乱丁本はお取り替えいたします。

―――――――――――――― 経 済 学 選 書 ――――――――――――――

地　　方　　創　　生 ― これから何をなすべきか ―	橋　本　行　史	編著	2,500 円
地 方 創 生 の 理 論 と 実 践 ― 地 域 活 性 化 シ ス テ ム 論 ―	橋　本　行　史	編著	2,300 円
地域経済活性化とふるさと納税制度	安　田　信之助	編著	2,000 円
日 本 経 済 の 再 生 と 国 家 戦 略 特 区	安　田　信之助	編著	2,000 円
地 域 発 展 の 経 済 政 策 ― 日 本 経 済 再 生 へ む け て ―	安　田　信之助	編著	3,200 円
テ キ ス ト ブ ッ ク 地 方 財 政	篠　原　正　博 大　澤　俊　一 山　下　耕　治	編著	2,500 円
財　　　　　政　　　　　学	望　月　正　光 篠　原　正　博 栗　林　隆 半　谷　俊　彦	編著	3,100 円
福　 祉　 の　 総　 合　 政　 策	駒　村　康　平	著	3,000 円
グ ロ ー バ ル 化 時 代 の 社 会 保 障 ― 福 祉 領 域 に お け る 国 際 貢 献 ―	岡　　　伸　一	著	2,200 円
環 境 経 済 学 入 門 講 義	浜　本　光　紹	著	1,900 円
マ　 ク　 ロ　 経　 済　 分　 析 ― ケ イ ン ズ の 経 済 学 ―	佐々木　浩　二	著	1,900 円
マ　　 ク　　 ロ　　 経　　 済　　 学	石　橋　春　男 関　谷　喜三郎	著	2,200 円
ミ　　 ク　　 ロ　　 経　　 済　　 学	関　谷　喜三郎	著	2,500 円
入　　 門　　 経　　 済　　 学	飯　田　幸　裕 岩　田　幸　訓	著	1,700 円
マ ク ロ 経 済 学 の エ ッ セ ン ス	大　野　裕　之	著	2,000 円
国　 際　 公　 共　 経　 済　 学 ― 国 際 公 共 財 の 理 論 と 実 際 ―	飯　田　幸　裕 大　野　裕之志 寺　崎　克　志	著	2,000 円
国 際 経 済 学 の 基 礎「100 項 目」	多和田　　眞 近　藤　健　児	編著	2,500 円
フ ァ ー ス ト ス テ ッ プ 経 済 数 学	近　藤　健　児	著	1,600 円

（本体価格）

―――――――――――――― 創 　 成 　 社 ――――――――――――――